为迈向人类最美好的理想社会而奋斗

俞家宝 著

中国言实出版社

图书在版编目（CIP）数据

为迈向人类最美好的理想社会而奋斗 / 俞家宝著
. -- 北京 : 中国言实出版社 , 2021.6
ISBN 978-7-5171-3399-5

Ⅰ . ①为… Ⅱ . ①俞… Ⅲ . ①中国特色社会主义—理
论研究—文集 Ⅳ . ① D610-53

中国版本图书馆 CIP 数据核字（2021）第 117522 号

出 版 人　王昕朋
责任编辑　张　朕

出版发行　中国言实出版社
　　　　　地　　址：北京市朝阳区北苑路 180 号加利大厦 5 号楼 105 室
　　　　　邮　　编：100101
　　　　　编辑部：北京市海淀区花园路 6 号院 B 座 6 层
　　　　　邮　　编：100088
　　　　　电　　话：64924853（总编室）　64924716（发行部）
　　　　　网　　址：www.zgyscbs.cn
　　　　　E-mail：zgyscbs@263.net
经　　销　新华书店
印　　刷　北京温林源印刷有限公司
版　　次　2021 年 6 月第 1 版　　2021 年 6 月第 1 次印刷
规　　格　710 毫米 ×1000 毫米　1/16　20 印张
字　　数　316 千字
定　　价　98.00 元　　ISBN 978-7-5171-3399-5

前　言

2004年，在第一次癌症手术后的康复过程中，我看到国内有些刊物登载的对民主、共产主义等问题的文章有多种不同观点，感到有些观点不符合马克思主义的共产主义理论，值得商榷，于是萌生了写一本书阐述自己认识的想法，并重新系统学习了马克思、恩格斯、列宁的著作，以及毛泽东、邓小平、江泽民、胡锦涛、习近平等党和国家领导人的著作，对共产主义理论的认识有了进一步提高。

在学习原著后，为了掌握共产主义思想在人类思想史上的发展，我又学习了社会主义思想史、哲学史、经济学说史，进一步认识到人类进入阶级社会后，随着阶级矛盾尖锐化就产生了关于批判私有制、建立公有制和世界大同的思想，而这种思想随着社会发展而不断发展。进入资本主义社会后，产生了空想社会主义。在马克思、恩格斯领导工人阶级的斗争中产生了科学社会主义理论。马克思、恩格斯根据唯物史观对人类社会发展进行深入分析，得出了生产力的发展决定着生产关系的发展是人类社会发展的基本规律这个基本论断。生产力的发展是绝对的，是任何力量阻挡不了的。生产关系必然随着生产力的发展调整、变革。上层建筑也必须随着经济基础的变革而变革。任何阻碍经济基础发展的政治势力都将被淘汰。从而把社会主义思想从空想变成了科学，并且找到了实现这一思想的阶级力量和政治力量。马克思、恩格斯的这一思想是对资本主义社会深入研究中得出的。他们揭示了资本主义社会不可调和的阶级矛盾、不可克服的基本矛盾，决定了资本主义社会也是一个过渡性社会，是人类社会发展的一个阶段，必将要被它培养起来的工人阶级所埋葬，被共产主义社会所取代。

这本书是在我十多年三次患癌症的养病过程中完成的，由五大部分组成。

第一部分回顾了人类追求理想社会、追求世界大同思想理念的产生。在中国封建社会，农民起义军在控制的区域提出或执行"无处不均匀，无人不饱暖"的平等口号和朴素的公有思想。资本主义社会发展早期，空想社会主义者对理想的社会做了详细的描述。著名的三大空想社会主义者还绘制了未来理想社会制度的蓝图，并做了一些共产主义试验。马克思、恩格斯论证了共产主义社会是人类的理想社会，而且是人类社会发展的必然趋势，是人类社会发展的必然结果。"各尽所能、各取所需"是其基本特征。

第二部分是本书必须回答的第一个问题，就是世界上第一个以马克思列宁主义建立起来的苏维埃社会主义国家解体，执政的苏联共产党解散。究其原因可以找到很多条。但最根本的原因是放弃了马克思主义指导和共产党领导。

第三部分论述了马克思主义在中国的胜利。毛泽东同志坚持把马克思主义基本原理同中国革命的具体实践结合起来，创造性地发展了马克思主义，取得了新民主主义革命的胜利后，又取得了社会主义革命的胜利。虽然经历了一些曲折，中国共产党在邓小平同志的领导下，运用马克思主义思想拨乱反正，实现了在经济尚不发达的中国快速地发展了社会主义生产力，并提出了马克思主义的新理论、新观点。中国经济又得到快速发展，人民生活得到了很大提高。

第四部分揭露批判资本主义社会的基本价值观、民主、自由、人权的虚伪性。论述中国在中国共产党的领导下做到了人民当家作主、心情舒畅、思想自由、人民利益至上的民主、自由和人权。只有到了共产主义社会才能实现真正的完全的平等、自由、人民自己管理自己的社会。

第五部分论述了资本主义走向衰落和马克思主义再度兴起。资本主义社会从一诞生，就把人类互相残杀的战争推向国际，而且一旦自己成为地区强盛国家就要侵略、征服邻国。直到今天世界超级军事大国——美国，仍然不断地发动战争侵略小国，挑动世界各国之间的矛盾，支持各种各样的反对派制造动乱、制造舆论，企图发动大国战争，从中谋取私利。人类社会只有消灭资本主义制度，进入共产主义社会才能永远消灭战争，进入人类最理想的美好社会。当前，马克思主义指出的资本主义基本矛盾仍然正确，资本主义社会仍然是两大阶级。资本主义社会已经走向衰退，新的生产力冲击资本主义生产关系。马克思主义在中国的胜利，让全世界人民重新认识到马克思主义是指导人类走向最理想的美好社会唯一正确的理论。

本书写作过程中引用了大量文献资料，在引证中免不了个人倾向。在批评资本主义自由、民主的虚伪性等证明资本主义社会已经衰退，我大量引用了《参考消息》报道中资本主义国家具有正义、公正、有科学研究精神的学者的文章和数据。这些文章虽然多数是为挽救资本主义制度而提出对资本主义的批判，而他们提出的对资本主义国家的特别是美国的民主变质和资本主义制度腐朽的事实和数据很有说服力。由于自己学识水平和经历所限，以及年过八旬身患重病精力所困，书中不免多有疏漏和不全，敬请读者指正。

在此，我要感谢中国医学科学院肿瘤医院院长赫捷院士的诊治和关照，使我能有十多年的时间完成这本书的写作。本书完稿后，肖海峰同志、郑五福同志、杨满沧同志看后提出宝贵意见和鼓励。我的老伴詹玉荣同志在照顾我身体的同时，还帮助我修改文字、打印书稿，付出了很大努力。还有很多亲朋好友给了我很大的支持鼓励。一并致以衷心的感谢。

在人类社会发展的浩瀚历史中，先进的思想总是与非凡的事业彼此辉映，科学的理论总是与伟大的实践相互激荡。在庆祝中国共产党成立100周年之际，我坚信在引领中国、影响世界的当代中国马克思主义、21世纪马克思主义——习近平新时代中国特色社会主义思想指引下，在习近平总书记坚强领导下，中国共产党始终不忘初心、牢记使命，带领全国各族人民乘风破浪、勇往直前，将不断从胜利走向更大的胜利。我也坚信世界劳动人民为摆脱剥削和压迫、过上美好生活的愿望，将会永远激励着世界劳动者努力斗争。在这里，借用《国际歌》最后一句歌词："英特纳雄耐尔就一定要实现！"共产主义一定会实现。

谨以本书庆祝伟大的、光荣的、正确的中国共产党成立100周年！

俞家宝

2021 年 6 月

目 录

共产主义社会是人类
最理想的美好社会

一、"理想国"与大同思想

  无论是二十世纪九十年代国际共产主义运动遭受挫折的时候，还是二十一世纪初国际金融危机引起共产主义运动再度兴起，我都始终坚信人类最终必将迈入共产主义社会。因为共产主义社会是人类最美好的理想社会，它是人类社会发展的必然趋势和必然结果。

（一）"理想国"与大同思想

1.《理想国》

  共产主义社会的理想是在人类社会思想发展过程中逐步形成的，是人类先进思想家们对人类社会发展的不断探索预见，是对人类社会发展规律的揭示。

  早在2500多年前，人类社会发展到奴隶社会。奴隶主、自由民与奴隶的矛盾日趋尖锐的时候，先哲们就开始寻找出路。古希腊的伟大思想家柏拉图（公元前427—前347年），为了保护大奴隶主的利益、缓和社会矛盾，提出了一个新的社会制度设想。在其所著的《理想国》中，向世人提出了一种否定现存社会形式而代之以新模式的改革方案。赞扬理想国的人民不追求私利，使国家变得强大而不可战胜，批判现实国家和社会中，人人追求私利，导致了各种罪恶的行为和景况，国家必然出现内讧，直至灭亡。

  《理想国》一经出版，举世震惊。在短时间内便被译成20多种文字，很多国家乃至城邦的统治者视其为瑰宝，后人甚至称之为震古烁金之书。

  柏拉图在《理想国》中首先说什么是国家，他说："我们每个人都有许多欲求，需要很多人来帮助我们，我们必须群居在一起，互相帮助，同舟共济，形成一个整体，这个整体可以称之为国家。国家有农民、建筑工、医生、商人、士兵、管理者。每个人都应该做他感兴趣的适合他的工作。自觉地全心全意地去做，还要力争做好。共同创造财富，制造各种生活用品，满足他们的需要。合家团聚，其乐融融，在和平的条件下尽享天年，传宗接代，这就是理想的生活方式。"

柏拉图指出，我们建立的这个国家的理想目标并不是为了某一个阶级独自享有的幸福，而是为了这个国家全体百姓的幸福。国内各行各业的人民都以国为荣，守卫者都尽职尽责地工作，这个国家就会得到有序和谐的发展，并且整个国家各种阶层的人都将得到自然赋予他们的每一份幸福。

柏拉图认为国家用人要因人而异，全国公民无一例外，每个人的天赋适合做什么就应派他去完成什么任务，以便大家都能发挥其所长。这样，整个国家或城邦就成为统一的，而不是分裂成多个的国家了。

小孩从小要受教育，树立起良好的遵守法律的精神，长大了就知道如何为国家稳定应该做什么，知道尊敬长者，为父母尽孝，举止礼仪，在这样的国家里法律也不用很多。

柏拉图认为理想的国家应该是："全体人民团结得像一个人，民众之间能建立起共同的感情，利益与共，有福同享，有难同当。在这种国家里统治者与被统治者互称公民。或称统治者为保护者扶助者，统治者称他的人民为供养者或衣食父母。"

理想国中统治者治理国家，不是为了自己，而是为了民众，一心想着人民的利益，那么，这个国家的君主也就更有理由把这个国家的一切事物看作是"我的"，并且因之与公民有着共同利益的关系，他就会和老百姓同苦同乐。"他们除了自己国家的人民，就再也没有什么私有财产"，"他们之间也就不存在诉讼与抱怨，为金钱，子女，亲情争吵，也不会发生袭击或侮辱人的事件"。管理层内部不发生什么矛盾，国家的政局稳定，公民也就会自然地把分裂相互斗争的危险降到最低限度，这样国家也就没有内忧外患了。

理想国还有一部分骁勇善战的将士，他们有一种关于什么可以害怕，什么不可以害怕的信念，不论处于快乐还是痛苦，都坚持这种信念。

国家的保卫者没有必要拥有私人的土地或其他财产。因为他们的报酬来自国内的人民，他们的食物也是人民给的。

财产和家庭的共有，这能使保护者名副其实。他们不用把心思放在区分"我的"和"非我的"利益归属问题上，如果他们这样做，势必会把国家弄得四分五裂。国家守卫者、统治者都具有这样的知识，形成一个具有智慧的强大国家。

柏拉图认为应让哲学家当上国王，以使政治的伟大与智慧结为一体，并把无能之辈清除。哲学家有天赋、善于学习、追求真理，他们善于分辨正义与非正义，善与恶，他追求知识，"直至他的思想与事物的真正属性相结合，并把自己的心灵融入事物中，并由此产生了智慧和真知"，有健康而正义的心灵和理性的节制。他认为一个好的城市守卫者的性格，该刚烈时刚烈，该温和时温和，他还要有哲学的智慧。这就需要教育，而对人的初始教育十分重要，会影响他的一生，这就需要建立一个审查制度。而现实中的很多教材不是好故事，要摒弃掉，绝不能让那丑恶的东西向年轻人和性格未定型的孩子灌输。不能让有毒素的故事在我们的国家流传。在理想国"对孩子们早期的教育应该是从美好的道德思想熏陶开始"。"受过良好教育的守卫者他们最勇敢，最有智慧的灵魂，也就最不容易被外界最不好的事物所影响"。

在理想国，人们不贪图名利，金钱对他们没有吸引力。每个人都做他自己分内事。经商的人、国君辅臣、国家守卫者，这三种人互不干扰，各自干好自己的事。不允许占有他人的东西，也不让他人占有自己的东西。

交给他金银财宝，不会被侵吞盗用，不会出卖朋友，不会背叛祖国，他不会干通奸等罪恶的事。他孝敬父母，信守誓言，他受理智支配，不受欲望的冲动。在理想国里，无论国君还是公民都能做到把一些快乐的欲望有秩序有理性地得到控制，"自己做自己的主人"，这就是人们灵魂中较善的部分控制较恶的部分。这就是人们有节制的美德。国家就成为一个完善的国家，在理想国"注重对公民们的品质培养，就是采用善的管理制度""理想国的人们是智慧的、勇敢的、有节制的、正义的，充满知识和能力"。

"在理想国里人们的认识也发生了改变，每个人工作时是为对象的利益而不是为自己的利益。就好比一个医生开处方时他考虑的不是他自己的利益，而是病人的利益。"

"一个正义者不会希望自己比其他正义者取得更多的利益，只有非正义者才希望比其他人取得更多利益。"

一个统治者去征服另一个国家或一个城邦，他认为是正义的，而人民认为是非正义的，因为任何一个正义者都不会去征服另一个正义者。只有非正义者才会去想战胜正义者取得利益。他认为正义是善良和智慧，非正义是罪恶和愚昧，所以正义比非正义强大。正义比非正义更明智，更近人情，而非正义连基本合作的精神都没有。

非正义制造分裂、仇恨和内讧是祸根。正义是快乐而幸福的，非正义是痛苦而悲惨的。非正义将永远不会比正义更为有利于人了。

柏拉图在《理想国》中赞扬理想国的同时，对病态城邦和现实国家中的私有制进行了批判。他说在"病态的城邦"中，很多人想获得更多的精美的甜点，香水，香料，歌姬，更多的生活用品，画家的画，刺绣，成堆的黄金，象牙，更多的仆人，奶妈，护士，丫鬟，厨子等等。自己本国土地和产品不够用了，要去占有邻国的土地和牧场。于是战争发生了。这就是"战争的根源"。

柏拉图在这里指出了战争的根源就是一些人无限扩大的私欲，把一切财富据为己有的私有制。他又指出了私有制造成生产退化，如果一个人只顾自己享乐而不工作，农夫不再成为农夫，陶工不再成为陶工，士兵只是名义上的守卫者。如果"制陶者发了财"他还会"发挥他的手艺吗？"他就会"越来越懒""很快就腐败了"。"贫穷和财富"是生产退化的原因，也是另一种罪恶的发源地，即生产停滞、退化的发源地。人因为财富而奢侈，却也因为贫困而懒散。生产自然就会退化。

柏拉图指出，私有制下，那些灵魂腐败者不择手段地捞钱，放高利贷，捞足了钱给自己的女人去花。在一个没有良好政治制度的国家里就会看到叫花子、流氓、小偷、窃贼各种各样的恶根。如果一个人"把钱财尊为心中帝王"他的理性只被允许用于计算和研究如何挣更多钱，激情也只被允许崇尚手中拥有的财富，这就是不良政体国家社会景况的一种缩影。他们的价值观，就是崇拜金钱，成为一个贪得无厌的家伙。

柏拉图说，统治者既然知道自己的政治地位靠财富得来，他就不会用法律禁止出现败家子的现象，让人去挥霍。而统治者让他们用财产作抵押，收购他们的产业，让这些人沦为贫民，负债累累或成为草寇，互相仇恨。而商人们夜以继日地挣钱，把金钱的毒饵抛出去，放高利贷牟取暴利，统治者自己越来越富，置人们于水深火热之中，自己养尊处优，骄奢淫逸，这样的国家都分成相互敌对的两部分：一为穷人的，一为富人的，这两部分各自为政，水火不相容。这还不够，就这两部分的人群各自内部还分成若干个更小的对立部分，这样的国家一有机会就会发生内乱，"这个国家也就病入膏肓"。

柏拉图说："无论通过暴力还是和平手段建立起民主政体的国家，自由了，言论也好，行为也罢，都可以随心所欲了，自由成了这个国家的总称。别人要和平，你可以要战争，你完全可以我行我素，在这样的国家里不实行理想国的庄严原则，把对国家真正有益的理想统统踩在脚下，即便天天喊与民为友，这种民主政体可以说这是无政府状态，而人民处在一种不平等的状态。"在一个病态的城邦中，制定各类烦琐的法律，并不断修改，就像一个纵欲无度的人，总是服药一样，其病情必然越来越复杂，"即使采用符咒来为他们辟邪镇魔，也无济于事"。在一个病态的城邦，希望用不断修改条文，期盼着能找到一个办法来杜绝市场上的一切既不合情也不合理的弊端……他们这样做无异于拿刀砍九头蛇的脑袋，只会越砍越多呀。柏拉图在这里明确地指出了法律再多，也拯救不了一个病态的城邦。

柏拉图还用现实中正义与非正义的辩论批判私有制。他说在现实国家中"正义就是强者的利益"，现实中国家制定的这些法律说到底都是为了照顾统治者自己的利益，"谁违反政府的法律，就会被作为非正义者加以处罚""正义就是统治者立法让民众去服从""谁是统治者，谁就是正义。独裁者利用欺诈和暴力掠夺别人的财产，而且不管所掠夺的财产是神圣的还是世俗的，是公有的还是私有的，他一概吞没，他不仅不要承担各种恶名，人们甚至还会很敬畏他，在这种国家里正义就是为强者的利益服务的"。

柏拉图说，在现实社会中好像非正义的人的日子过得比正义的人好得多。而非正义者用一张假面具明目张胆地干非正义的事，他可以不费吹灰之力就能拥有万贯家产，然后他让他的朋友吃他的俸禄，结盟，挫败敌人，而这一切都是正义者无法做到的呀。

柏拉图说："每个人都有七情六欲和快乐的追求，而有些欲望和快乐是低级的，在有些人身上这些低级的欲望和快乐被法律和理性控制。但在有些人身上得不到控制，于是各种罪行就发生在他身上，失去节制。"他就会用丧心病狂来主宰自己的灵魂，"变得放荡不羁，酗酒，宿妓，掠抢，挥霍"。他不会听人对正义的颂扬，拜倒在正义面前。他会尽其所能地去干非正义的事。在这种邪恶的政治环境下哲学家也会变坏。柏拉图还说："一个最好的天性如果处于不利的条件下，所受的伤害比差一点的天性受的伤害要多。"一个很有天赋的人，如果没有受到良好的教育，也很可能会变得比谁都邪恶，也可能不良的教育毁掉了天赋，让其做出最大的恶行，所以哲学家也会变坏。同时他也指出，在这样的环境中也有的人能看到或学到世界中最明亮的事物。也就是善者，所以黑暗的环境中也会有智者脱颖而出。

在公元前300多年，柏拉图就看出了私有制存在的问题。当然，他所说的理想国的社会制度和我们今天主张的共产主义理想社会是根本不同的。柏拉图的伟大之处在于，当私有制在奴隶制社会刚刚发展起来的时候，他就对私有制社会的弊端给予了揭露和批判。

2.中国的大同思想

柏拉图提出理想国的几乎同一时期，老子在《道德经》中也提出无私的思想；我国古代伟大的思想家、政治家、教育家孔子提出了大同思想。还有其他诸子也提出了相应的思想。

（1）大同思想的基本内容

"大道之行也，天下为公，选贤与能，讲信修睦，故人不独亲其亲，不独子其子，使老有所终，壮有所用，幼有所长，矜、寡、孤、独、废疾者皆有所养，男有分，女有归。货恶其弃于地也，不必藏于己；力恶其不出于身也，不必为己。是故谋闭而不兴，盗窃乱贼而不作，故外户而不闭，是谓大同。"意思是说，政治制度上要天下为公，选贤与能，实现尧舜的禅让制度，不以天下私于一家。在经济生活上，主张钱不必藏于己，劳动不必为己，生产资料和劳动果实为社会所有。在人与人的关系上，没有尊卑贵贱之分，人人都有工作，都必须从事劳动，生产资料公有，人类社会是没有阶级，没有剥削，平等互助的理想社会。①

老子反对私有制，主张"生而不有，为而不恃"。这句话应用到社会经济制度上来，就是说，人们从事物质资料的生产，但并不要占有生产资料及其产品。"因为私有观念的存在，不能使人'见素抱朴'。天地所以能长久者，以其不'自生'故能长生，'是以圣人后其身而身先，外其身而身存，非以其无私邪'。不先考虑自己，也不考虑自己，就是所谓无私。但老子并不绝对否认私人利益，而是以不私有达到私有的手段。"②此外，老子还提出：无欲、寡欲，去奢崇俭，均富等观念。

在《道德经》中老子提出了一个小国寡民的理想社会，说："小国寡民。使有什伯之器而不用，使民重死而不远徙，虽有舟舆无所乘之，虽有甲兵无所陈之，使人复结绳而用之。甘其食，美其服，安其居，乐其

① 俞家宝主编：《农村合作经济学》，北京农业大学出版社1994年版，第20页。
② 胡寄窗著：《中国经济思想史》，上海人民出版社1982年版，第211—212页。

俗，邻国相望，鸡犬之声相闻，民至老死不相往来。"意思是在一个小国内，人口稀少，人们从事农业生产，人们之间和平相处，互不往来，退回原始结绳记事的时代，过无欲、无知、幸福、宁静的生活。[1]

墨子提出的是以仁爱为核心的理想社会，主张兼相爱、交相利，天下兼相爱则治，交相利则乱。摩顶放踵，利天下为之，不应有亲疏贵贱之别。墨子批评当时权贵们的繁饰礼乐、奢侈享乐的生活，意识到劳动是人类生活的基础，重视生产，主张非乐、节用、节葬、尚贤、尚同的生活理想。

农家则提出并耕而食的学说。在农家的理想中，人人劳动，人人自食其力，人们从事农业生产，织席，捆履，按市价进行交换，没有剥削，没有压迫，不存在欺诈和掠夺。全体社会成员都从事体力劳动，国君与民并耕。

（2）历代农民起义提出和实现的社会理想

在中国历代农民起义中，由于农民阶级本身的局限性，大同思想只以不同的形式和内容出现，但也得到了继承和流传。如东汉时期张鲁领导的农民起义，宣传："天之有道，乐与人共之；地之有德，乐与人同之；中和有财，乐以养人。"在其占领地区废除了官吏，"设祭酒分管部众，各祭酒辖区设义舍，放置义米、义肉，供行人无偿取用等"。此举在汉中坚持了30年。再如北宋时王小波、李顺领导的农民起义宣称："吾疾贫富不均，今为汝辈均之！"南宋钟相、杨幺起义宣称"等贵贱，均贫富"，明末李自成起义提出"均田免粮""平买平卖""公平交易"。清代太平天国起义更是提出了有详细内容的农民平均主义理想的《天朝田亩制度》，提出了"凡天下田，天下人同耕""有田同耕，有饭同食，有衣同穿，有钱同使，无处不均匀，无人不饱暖，天下人人不爱私物，物物归上主，则主有所用，婚娶弥月喜事，俱用国库……通天下皆一式，鳏寡孤独废疾免役，皆由国库以养，达到处处平均人人保暖"的主张。

---

[1] 《辞海》经济分册，上海辞书出版社1980年版，第76页。

（3）历代文人的社会理想

在历代文人中，孔子的大同思想、道家的无私思想在文人中也得到了广泛的继承和流传。如魏晋时期的文学家嵇康（公元223—262年）在其《答向子期难养生论》中指出，理想的社会应是君道自然的至德之世，"耕而为食，蚕而为衣，衣食周身，则余天下之财犹渴者饮河，快然以足，不羡洪流"，人们过着群生安逸、自求多福的生活。

魏晋诗人阮籍（公元210—263年）则提出一个"太初"的理想社会，这个社会是指一个无君无臣，无等级贵贱，没有欺压尔虞我诈的社会。他说："明者不以智胜，暗者不以愚败，弱者不以迫畏，强者不以力尽。"人人互相关心，处处融洽，人们无欲无求，福无所得，祸无所处，各从其命，保身修性，人们过着安乐自在的生活。

晋代著名大诗人陶渊明（公元365—427年）在其著名的《桃花源记》中也表达他的理想社会是一个风景优美，土地平旷，居舍俨然，有良田美池，桑竹之属，阡陌交通，鸡犬相闻，人们在田间耕作，过着无忧无虑、悠闲自在、没有剥削、没有压迫和战争、没有纷争、和睦相处、相敬如宾、和平宁静的生活。其文字优美，至今仍被人咏诵。

（4）康有为的《大同书》

清代晚期，康有为所著《大同书》既继承了儒家的大同思想，又吸纳了西方资产阶级的民主博爱和空想社会主义的思想。《大同书》共30卷、10部，约20万字。其内容认为现实世界是一个大苦海，其诸多苦的根源在于"九界"，破除"九界"，要《去国界合大地》，《去级界平民族》，《去种界同人类》，《去形界保独立》，《去家界为天民》，《去产界公生业》，《去乱界治太平》，《去类界爱众生》，《去苦界至极乐》，人们才能去除以苦生苦的无穷无尽的根源。

康有为对君主专制和资本制度也进行了批评。他说："君之专制其国，鱼肉其臣民，视若虫杀，恣其残暴。"赋税日益繁苛，摧抑民生，凌锄士气，违背天下国家为天下人公有平等之理。他在《法兰西游记》中说，法国现实并不像启蒙思想家、革命家所说的"理想王国"："法人虽立民主，而极不平等……议院党派之繁多，世爵官吏之贪横，治化污下，逊于各国。不少受益徒遭惨戮。……穷夜歌舞，惰窳侈佚，非兴国者也。"他还说："欧美号称富盛，英国恤贫之费岁糜千万磅，而以工厂商本皆归大富，小本者不足营业，故贫者愈贫。试观东伦敦之贫里，如游地狱，巴黎、纽约、芝加哥亦然。"

康有为说："在私有制下的农业不仅耕率不均、劳作不均，更是销率不均，无从定其自耕之地及种之宜。"工业，工人各自为谋，相互竞争，多则共业，少则无以足用，资本家盲目生产，互相竞争，以次充好，偷工减料，作伪欺人，坏其心术。资本操纵工人之口食而控制之，或抑勒之，于是贫者愈贫，富者愈富。康有为设想的大同世界，是一个废除了私有财产的公有社会。他说，"举天下之田，皆为公有，人无得私有而私卖之"，农民是"公农"；工业上，"凡百工大小之制造厂，铁道、轮船皆归于公，不许有独人之私业"，工人是"公工"；"大同世之商业，不得有私产之商，举全地之商皆归公政府商部统之"，商是"公商"。康有为设计的大同社会是一个至平、至公、至仁的社会，没有国家，全世界设置一个大地合一的公议政府，按经纬管理，总政府、区政府皆由民选，人有所教老有所养，生产力高度发达，人们的衣食住行、精神生活都做到尽善尽美，人们无贵贱、无贫富、无人种之殊、无男女之异，无所谓君、无所谓国、人人皆于公产，太平盛世、外不闭户、不知兵戈的大同世界。

（5）三民主义中的大同思想和蔡元培的理想社会

中国伟大的民主革命家孙中山先生提出的三民主义贯穿着大同思想，他认为，社会国家者，互助之体也；道德仁义者，互助之用也。他提倡的民族主义是以自由平等为起点，以世界大同为目标；民生主义就是大同主义。人民衣食四大需要，国家皆有一定经营，为公众谋福利，幼者有所教，壮者有所用，老者有所养；民权主义就是大道之行，天下为公，民为贵，君为轻，人民的权利便是公天下，即全民政治。三民主义体现的就是人民共有，共治，共享。他提出的平均地权，节制资本，也体现了大同思想。[①]

民国时期大教育家蔡元培先生说："我们理想的世界，就是全世界的人都能合于'各尽所能、各取所需'的公则，尽所能，便是工，不管他是劳力，是劳心，凡是有益于人类的生存、文化的进步的都是。……就要先来实行'工学并进'的生活。"[②] 大同思想也被后人称为中国古代的社会主义思想。

《理想国》和大同思想都出现在早期的人类思想里，说明在私有制出现不久，其不可克服的矛盾，虽刚刚暴露，就被先进的思想家们看到了它的局限性，在中国源远流长的历史长河中，人们就以各种形式表达着要平等，均贫富，无剥削，无压迫，过和平安宁生活的愿望，抨击着阶级社会的各种弊端。不管他们的主观意识上是否存在共产主义理想，但客观上确有类似于向往美好的共产主义社会的早期愿望和向往，这预示着以私有制为基础的社会制度最终要被理想的社会，被公有制取代。

（二）空想社会主义思想

1. 早期的空想社会主义思想

（1）托马斯·莫尔的乌托邦思想

资本主义社会早期是处在资本原始积累阶段。一些站在无产者立场上的思想家们，把原始的社会主义思想进一步发挥，设计出完美的、理想的共产主义社会。其中，著名的如托马斯·莫尔的《关于最完美的国家制度和乌托邦新岛的既有益又有趣的金书》，亦称《乌托邦》。

托马斯·莫尔（公元 1478—1535 年）堪称是空想社会主义的"鼻祖"和空想社会主义最伟大的代表人物之一，他的《乌托邦》是最早明

---

① 林伟功：《孙中山与中国传统之大同思想》，《团结》，2003 年第 6 期；《孙中山的大同伦理思想浅谈》等文章。

② 《参考消息》2012 年 3 月 2 日。

注：中国大同思想一节除了已注明的引文和参阅文章外，还包括如下文章：蒋锐、鲁法芹《康有为大同学说与中国传统大同学说》，王杰、任松峰《儒家大同思想与中国梦》，卢天鹏《康有为的大同思想》。

确描述空想社会主义原理的一本书，详尽地批判了私有制给人类带来的灾难，细致地描述颂扬了公有制给人类带来的幸福生活。他说："任何地方私有制存在，所有的人凭现金价值衡量所有的事物，那么，一个国家就难以有正义和繁荣。除非一切最珍贵的东西落到最坏的人手里，你认为这符合正义；或是极少数人瓜分所有财富，你认为这称得上繁荣——这少数人即使未必生活富裕，其余的人已穷苦不堪了。""所以，当我心头思考乌托邦人的非常贤明而神圣的制度时，想到他们中间法令极少而治理得宜，善必有赏，可是由于分配平均，人人一切物资充裕。"①

　　他认为，达到普遍幸福的唯一道路是一切平均享有。他怀疑当个人所有即是私人财产时，一切平均享有能否达到。如果人人对自己能取得的一切财物力图绝对占有，那就不管产品多么充斥，还是少数人分享，其余的人贫困。在一般的情况下，穷人倒很应该享有富人的境遇，因为富人贪婪、肆无忌惮，毫无用处，而穷人则正派、直率，终日辛勤劳动，牺牲自己为国家作出贡献。他深信，如不彻底废除私有制，产品不可能公平分配，人类不可能获得幸福。私有制存在一天，人类中绝大的一部分也是最优秀的一部分将始终背上沉重而甩不掉的贫困灾难担子。莫尔认为，只要有私有制存在，即便"可以规定一项条例，任何人拥有的地不得超过若干亩，任何人货币收入不得多于法定的数目。还可以通过特定法律，防止国王权力过大和国民傲慢不逊，以及禁止卖官鬻爵，不许因公务而个人得以铺张浪费。不如此，就会产生机会，使人想通过欺骗及掠夺去充实私囊，而且本应该由贤人担任的官职，势必要委任富人担当。我的意见是，犹如得不治之症的病人不断医疗可获得拖延，因此用这种立法，那些弊端也可以减轻，较为缓和。然而只要每人是自己财产的主人，彻底治好和恢复健康是无望的。并且，当你专心某一局部的治疗，你会加重其他部分的病情。因此，你治好甲的病，乙又转而生病，其原因是所有给予甲的都是取之于乙的。"莫尔认为：

---

① 托马斯·莫尔著，戴镏玲译：《乌托邦》，商务印书馆1995年版，第43、44页。

"在别的国家人们固然谈说公共福利，但所奔走打算的却只是私人的利益。""不管国家怎样繁荣——如果他们不为自己另作打算，他们就要挨饿。因此，他们势必把个人利益放在国家利益之上，亦即放在别人利益之上。""我敢保证，在那些国家中，我找不到关于正义以及公道无私的些微影踪。"

他写道："现今各地一切繁荣的国家，无非是富人狼狈为奸，盗用国家名义为自己谋利。他们千方百计，首先把自己用不法手段聚敛的全部财富安全地保存起来，其次用极低廉的工价剥削所有穷人的劳动。等到富人假借公众名义，即是说也包括假借穷人的名义，把他们的花招规定为必须遵守的东西，这样的花招便成为法律了！""欺骗、盗窃、抢劫、吵架、骚乱、喧闹、叛乱、暗杀、变节、放毒等虽然每天受到惩罚却只能施以打击而不能制止的罪行，就不发生了？"莫尔借用《乌托邦》一书批评私有制下人成了金钱的奴隶。他还写下一段非常有趣的话："乌托邦人又觉得奇怪的是，黄金从其本身性质说毫无价值，竟在世界各地目前如此受到重视，以致人比黄金贱得多，而黄金之所以那样昂贵是由于人力所致以及供人使用所致。这是非常实在的情况，所以一个木偶般的傻子，不正直，不懂事，只因为他手头有非常多的金币，就可以奴役大批聪明人和好人。然而如果由于某种运道或是某种法律骗局（这种骗局如运道一样易于使贵者贱者互换地位），黄金从其主人手中转到他全家最卑微的杂役手中，这个主人无疑不久会去伺候他的旧仆人，似乎他是金币的附属品或外加物。而乌托邦人更感到惊奇而且也憎恨的是某些人的疯狂，这些人给富人几乎以神圣的荣誉，只是由于富人有钱，他们自己既不欠富人的债，也并非在富人权力掌握之中。这些人又很清楚富人吝啬小气，深信富人只要还活在世上一天，决不会从成堆现钱里取出一分钱给他们。"①为了证实只有在公有制下，人们才能过幸福生活，莫尔设计了一个实行公有制的乌托邦，下面摘引《乌托邦》一书中莫尔的设想和

---

① 引自《乌托邦》一书，第45，16，18，19，115，117，71页。

描述。莫尔说：乌托邦居民都生活在城市中，从事自己喜欢的工作，家庭是一个生产单位，男女都工作。大家轮流到农村从事农业生产和居住，每家都有一个花园每 10 年调换一次住房。每 30 户居民选举一名官员叫飞拉哈（希腊语，意指部落首长），每 10 名飞拉哈选举一名首席飞拉哈，再由首席飞拉哈选举一名总督。总督为终身制，其他官员一年一换。首席飞拉哈每 3 天和总督商量公务，重要事务由飞拉哈召集居民讨论，有的要全岛大会审议。飞拉哈的主要工作是让每个人都有一份工作，没有一个闲人。乌托邦人无论男女都要从小学习务农，除务农外，每个人都要学习一门手艺，一般是作纺织或作冶炼，等等。乌托邦人每日工作 6 小时，空闲时间做个人爱好的活动或学术讨论。每日早晨举行公共演讲，由个人选择听哪种讲演或做个人喜欢的工作。晚餐后有一个小时的文娱活动。只有从事各种科学技术研究的人可以不做体力劳动。乌托邦每个家庭由 10—16 个成年人组成，年纪最大的为家长，人口超出这个数字的，须把一个过多的人口抽出，或到其他家庭或调到其他城市，在一家中由年轻人照顾老年人。

城市由四个大小一样的部分组成，每个部分的中心是百货市场，每户把自己制成的物品运到市场，领回本家需要的物品。每 30 户的中心点设一个厅馆，飞拉哈居住在这里，居民集中在这里用餐。由伙食经理到市场按需领取食品。乌托邦人因在公有制度下生活，他们认为金银的有用性远逊于铁，无铁，人类难以生存。乌托邦人认为构成人类的全部或主要幸福是快乐，而健康是快乐的基础和根本。莫尔批判了私有制下虚假的快乐——穿着高贵，空虚无益的荣誉，出身名门，追求财富，金银珠宝等损害他人利益的快乐。

在乌托邦的社会里，人们之间也会有矛盾，如男女之间的犯罪，但乌托邦没有那种操纵案情和曲解律文的律师，莫尔说："当一个人未经律师欺骗手法的教唆、自理讼事，法官则容易权衡各种陈词，帮助老实人挫败狡狯分子的诬告。"莫尔还说："战争是唯一适宜于野兽的活动，然而任何一种野兽不像人那样频繁地进行战争，因此乌托邦人很恨战争。"[1]

但乌托邦人积极军事训练保卫自己的国家，也支持正义战争。乌托邦也有宗教信仰自由，可以宣传自己的宗教，但不能强迫别人入教。(2)

最后，莫尔高度赞扬公有制，批判私有制。他说："在乌托邦内一切归全民所有……这儿看不到穷人和乞丐，每人一无所有，而又每人富裕，当人们毫无忧虑，快乐而安静地生活……以及绵绵不绝的无穷尽后代的生活和幸福都感到放心，那么，还有什么对他们来说是更大的幸福呢？"这就是最大的财富。(3)①

莫尔赞扬公有制、批判私有制的语言让人们了解到，在几个世纪前，空想社会主义思想家对公有制社会主义的憧憬和已发现私有制社会的弊端。随着社会的发展，私有制下发生的各种罪恶，至今仍在一切私有制的国家广泛存在。即便在现代发达的资本主义国家，生产过剩、贫穷和罪恶也都存在，而且还相当严重，如美国的法律多如牛毛，但是"医治"不了私有制造成的罪恶。②当今现存的生产力水平还无法取消私有制，我们只能为取消私有制而努力，不断地让全体人民都过上幸福的生活。

（2）托马斯·康帕内拉的《太阳城》

意大利人托马斯·康帕内拉（1568—1639年）所著的《太阳城》一书中阐述的一些共产主义原则，与《乌托邦》基本一致。只是康帕内拉对太阳城的社会生活描述的更加详细。太阳城中废除了私有制，没有阶级区分，人人劳动，没有商品货币，实行按需分配。

恩格斯对康帕内拉的共产主义思想的评价是"一种还没有很好加工""颇为粗陋"的共产主义。③从空想社会主义发展史上看，《太阳城》无疑是一本对后来空想社会主义影响很大的，具有伟大历史意义的一本著作。它和莫尔的《乌托邦》一书可以相提并论。下面也从《太阳城》一书中做些摘引，看一看这本传世之作的伟大思想。

---

① （1）（2）（3）参见《乌托邦》一书，第94、105、115页。
② 《参考消息》2014年12月20日。
③ 马克思、恩格斯：《共产党宣言》单行本1972年版，第17页。

康帕内拉说，他设想的太阳城是建立在哲学和自然规律之上的，所以它的一切都规定得非常好。他说："我们所描述和竭力追求的不是国家的大小，而是太阳城所依据的道德"，"我们描绘的我们的这个国家，不是上帝所提供的国家制度，而是通过哲学家的推理所发现的国家，而且我们是从人类可能具有的智慧出发"，"这个国家的生活基础是受天赋理智支配的"，"是符合自然规律的"，并引用基督徒的生活证明《太阳城》的设想是可实现的，"太阳城是一个力所能及的可以仿效的榜样"，"基督徒的生活也证明了人类可以回到纯洁状态"。[1]

他严厉批判私有制，认为只有公有制才可以消除国民的叛乱，因为国民通常是由于负责人员的专横、任性，或由于贫困，以及国民太受屈辱和轻视而激发叛乱的。同时由于两种对立的灾难（贫与富）而产生的一切恶习也将消灭。贫与富是国家制度的主要缺点。违反誓约、卑躬屈节、撒谎、偷窃、不整洁等都起源于贫穷；劫掠、傲慢、吹牛、游手好闲等恶习都起源于富贵。一切因滥用爱情而产生的恶习，例如通奸、淫佚、鸡奸、打胎、吃醋、夫妻吵架等都同样会消灭。一切因溺爱儿女和妻子，拥有财产和自私自利而产生的恶习也完全会消灭，属于这类恶习的有：吝啬、放高利贷、爱财如命、憎恨别人、羡慕富人和比自己更好的人。我们要用热爱公社来代替这些恶习，并要根除万恶之源的吝啬所产生的憎恨，要根除讼争、欺骗、伪造遗嘱，等等。"一切因穷人过度劳动，富人游手好闲而产生的肉体和精神上的恶习也会同样地消灭，因为我们在一切人之间平等地分配劳动"。[2]"在我们当中的每个人为了想成为富人或显贵，总是不顾一切地掠夺国家的财产；而在他还没有势力和财产的时候，还没有成为显贵的时候，都是吝啬鬼、叛徒和伪君子"[3]。"由于在他们中间不会碰到抢劫、杀人、暴行、乱伦和淫乱以及我们的人民常犯的其他罪行，所以，他们对于忘恩负义、仇恨、彼此不尊重、懒惰、沮丧、狂暴、小丑行为和撒谎都加以谴责。"[4]"在太阳城他们都是富人，因为大家共同占有一切；他们都是穷人，因为每个人都没有任何私有财产；因此，不是他们为一切东西服务，而是一切东西为他们服务"。(5)康帕内拉在结束《太阳城》这篇短文时，再一次批判私有制。他说："极端的腐败现象笼罩着全世界；人们并没有根据真正的最高的目的来行动；应受尊敬的人受着痛苦，得不到人们的重视，而且受恶人的统治"。(6)太阳城的生产资料、生活资料都是公有的，每个人都可以得到他所需要的一切。由公职人员进行分配和监督，不能让任何人获取超过他所需要的东西。太阳城的按需分配不是自己到仓库索取，而是在监督下分配。康帕内拉说太阳城的食品和日用品非常丰富，人民的消费水平很高，可以很方便地获得他需要的一切，因为大家都掌握知识，享有荣誉和幸福生活，所以谁也不会把东西攫为己有。(7)① 太阳城的房屋、宿舍、床铺，一切必需品都是公有的。每隔 6 个月由主管人安排轮换。太阳城的人们在公共食堂就餐。由医生负责掌握每日的菜单，吩咐厨师给老人、青年人和病人做各种不同的膳食，由医生和各个城区的衣着保管人根据需要的情况来分配衣着。(8)

康帕内拉认为，人们之间的友谊不表现在互相"馈赠"上，而是表现在"战争和生病""科学竞赛"的时候，"彼此帮助，互相启发；要不然，就表现在颂扬和提意见上，在执行义务时，也表现在必要的互助上"。(9)太阳城的人自己不会做生意，虽然他们也懂得货币的价值，也铸有供自己的驻外使节和侦察员用的货币，在太阳城内部是按需分配，所以不需要货币，在外国商人购买他们的剩余产品时，要用自己产品的相应价值进行交换，不用现金交易。只有购买外国产品时使用货币。(10)在太阳城里一切公职、艺术工作、劳动和工作都分配给大家来承担，每个人每天只做不超过四小时的工作，其余时间都用来愉快地研究各种科学，开座谈会，阅读以及从事发展脑力和体力的活动。劳动是义务，科学研究是自己的权利。(11)

太阳城内各种劳动和工作，都根据年龄、性别、专长、身体健康等分配适宜的工作，任何劳动都同样受到尊敬。人人都认为劳动是光荣的

---

① 注：（1）—（7）引自康帕内拉著，陈大维、黎思复、黎廷弼合译：《太阳城》，商务印书馆1997年版，第65、67、68、65、66、10、11、23、24、52、53、10页。

事。[12] 对于手艺出众或做出某种功勋的要授予光荣称号。[13] 太阳城对劳动和工作也有检查和奖惩制度。……由于每个人都热情服务，所以保证了一切工作总是尽善尽美。[14] 太阳城的人们非常注意学习……在城墙里外、上下都挂满了美丽的图表、地图等。在各种建筑物里边，可以看到各种宝石、贵金属、矿物标本以及各种食品物品、气象、各种植物、各种动物等让人们特别是儿童从中直观地学到各种科学的基本知识。[15] 儿童从两三岁开始由四位老人分头带领，四组孩子一边游玩，一边学习。到了七岁送到作坊学习，并了解每个儿童的志向。八岁时开始学习数学、各种自然科学、体育，还要参加农业、畜牧业劳动，把学习和科学研究、工农业生产结合起来。[16]

太阳城的最高统治者是一位司祭，叫"太阳"，下面有三位领导人叫"蓬""信""摩耳"，意思是"威力""智慧"和"爱"。"威力"掌管有关和平与战争的一切事物，"智慧"掌管自由艺术部门、手工业部门和各个科学部门，"爱"首先掌管有关生育的事物，监督两性结合，以便使后代成为最优秀的人物，此外，"爱"还管理教育、医疗、农业、衣食等工作。获得"太阳"称号的人，必须年满35岁以上，他不仅要熟悉各民族的历史、风俗、宗教礼仪、法律等，还要了解天体结构、历史、物理学、数学、占星学、哲学等。"太阳"是终身的，如果又产生了一个更贤明、更有能力治理国家的人，就会更换。其他负责人都是由四个主要统治者选派。任何人不得自己出面竞选，负责人向大会提名后，在大会上每个人都可以对人选表示赞成和反对。负责人的更换，根据人民的意愿来决定。[17] 太阳城负责人的名称、职务都有一个美德的名称：宽大、勇敢、纯洁、慷慨、行事公正裁判、民事公正裁判、热心、诚实、慈善、殷勤、朝气、节制，等等。[18] 太阳城的政权采取会议的形式，每月举行两次20岁以上公民全体大会。每个人都有权对共和国的缺点和政府负责人员执行工作的好坏提出自己的意见。每8天举行一次全体负责人的会议来讨论国事和选出大会预先提名的负责人员。"太阳"和三个最高领导人每天举行会议来处理日常事务并批准有关的决议和检查执行决议的情况，同

时也讨论其他的必要措施。（19）①

以上内容，可以看出康帕内拉对私有制问题的认识更深一些，对公有制社会的设想也更细致一些。尽管受时代的局限，空想社会主义只是一个空想，但也看出当时人们对公有制社会的向往。

（3）闵采尔及18世纪一些较著名的空想社会主义者

托马斯·闵采尔（公元1489—1525年），德国农民起义领袖，他提出的是建立公正的平等的幸福千年太平之国，主张废除私人占有制，产品平均分配，人民是财富唯一的所有者。人民需要的面包、鞋子、衣服等所有生活需要的一切都从公社领取。闵采尔主张采用强制的办法放弃私人财产，由人民选举国家官员。

杰拉德·温斯坦莱（1609—1652年），是英国资产阶级革命时期掘地派领导人，其代表作是《自由法》。他主张实行土地公有制。他认为，真正的共和国的自由就是使用土地的自由，土地应是一切人的共同财产，土地上的一切果实，包括林木、牛羊、五谷也应该共有，这是自然的权利，人们之间没有差别、没有贫困。在自由的共和国里人人参加生产劳动惩治游手好闲，废除货币，禁止私人商业活动。劳动力、土地等一切生产资料都不许买卖。家庭是生产单位也是消费单位，是社会经济组织的一部分。每个家庭都可以从事农业生产或手工业生产，其产品都交送仓库。根据需要领取生产资料和生活资料。他认为《自由法》在全世界取得了胜利就会永远地消灭了战争，实现永久的和平。

到了十八世纪共产主义思想又得到进一步发展，先后出现的著名人物中有约翰·俾勒斯（1654—1725年），他的观点集中反映在其所著的《产业大学设立方案》中。他提出穷人要建立一个合作共产村——理想村。在这个理想村中，废除商品货币关系，实行按劳分配。

另一个著名人物是佛朗西克斯·约瑟夫·郎吉（1743—1793年），他在著作《法朗斯台》中提出建立由消费者与生产者自愿联合起来组成的

---

① （8）—（19）引自康帕内拉著，陈大维、黎思复、黎廷弼合译：《太阳城》，商务印书馆1997年版，第17、11、32、24、32、12、6、9、12、40、11、39页。

合作体——法朗斯台。法朗斯台是一个生产单位，又是交换、分配单位，还是银行和保险公司。法朗斯台的人们各尽所能、按劳分配。中心仓库储存的面粉、蔬菜等食品在两年之内各家自由取用，民主选举领导人。

法国人摩莱里（生卒年月失传）1735年出版了他最著名的作品《自然法典》一书，他主张社会上任何东西都不得作为私有财产属于任何人，但生活用品和进行日常劳动的产品除外。他认为私有制是万恶之源。另一个法国人是格拉克·巴贝夫（1760—1797年）他提出，私有制是真正的社会罪恶，主张通过革命消灭私有制；建立以公有制为基础的平等共和国的国民公社做生产和消费的联合组织；用计划代替无政府状态，人人工作，一切都得到公平对待。[①]

2.十九世纪三位伟大的空想社会主义者

在十九世纪，对共产主义思想的发展做出巨大贡献的是下面三位伟大的空想社会主义者。

第一位是克劳德·昂利·圣西门（1760—1825年）。他的著作很多，最有影响的是《论实业制度》。他认为资本主义不过是由神学和封建制度向实业和科学过渡的中间阶段。他还指出资本主义不过是一种新的"奴役形式"。在法国，利己主义支配着统治阶级，驱使着统治者无耻的鲸吞、霸占穷人的绝大部分劳动成果，供自己挥金如土的生活。这种利己主义对外发动战争，奴役其他民族，最终必然导致整个社会的分裂和瓦解。圣西门的理想社会是实业制度。在实业制度的社会里，用最圆满的方式改善人数最多阶级的精神和物质的需要。在实业制度中，实业家和科学家掌握领导权。实业家包括工人、农民、工厂主、农场主、商人和银行家。人人劳动，按才评定报酬。圣西门的实业制度思想，虽然指出了资本主义制度的过渡性，但在他的实业制度中却保留了私有制和阶级。

---

① 俞家宝主编:《农村合作经济学》，北京农业大学出版社1994年版，第22、23页。

第二位是夏尔·傅立叶（1772—1837年）。他指出资本主义制度不是最好的制度，更不是永恒的制度，它已经陷入不能自拔的"恶性循环"之中，终将被更高的社会所代替。在这种制度下存在着个人反对大众的普遍战争，每个人都企图用不正当的手段为自己谋利。工厂是温和的苦役场所，充斥着资本主义企业经营的寄生性和腐朽性。只有三分之一的人从事生产劳动，其他人都过着寄生生活。他指出资本主义的自由、平等、博爱只是一句空话。失业的工人流落街头，赤裸裸的身体，饿得衰弱不堪的儿女，他们得不到怜悯和帮助，他指出资产阶级的道德是让一个盗窃国家巨款的富商逍遥法外，却处死一个仅仅偷了一棵白菜的穷人。大盗受人尊敬，小偷处以绞刑。傅立叶用大量事实、实例对资本主义制度做了深刻的揭露和批判。

第三位是英国人罗伯特·欧文（1771—1858年），他也是一位伟大的空想社会主义者和空想共产主义的实践家。他原本是一个工厂主，他目睹了资本主义发展给工人带来的贫穷和灾难后，便开始在自己的工厂中进行改革。改革的方面很广，诸如缩短工时、提高工资、修建工人住宅、建公共食堂、幼儿园、医院等。这些改革取得了成功，工作效率得到了提高，获得了更多的利润，工人生活有了显著的改善。他的思想进一步发展，他更深入地看到，工人仍然遭受深重的剥削，是资本主义的奴隶。

欧文认为私有财产和私有制，过去和现在都是人们所犯的无数罪行和遭受无数灾祸的原因。私有制造成了竞争、敌视、嫉妒和不睦，贫富悬殊、道德败坏、欺诈和仇视。私有制使人们产生利己主义的思想，使富人变成没有理性的衣冠禽兽。私有制是战争，是人类遭受大量屠杀的原因。是阶级之间纷争的永久根源。他指出，资产阶级政府是掠夺、暴虐和欺骗的集合体，是蓄意制造犯罪，然后又惩罚犯罪的人。他指责英国政府不断对外进行侵略和掠夺的战争给人民带来无限的痛苦和灾难。资产阶级的选举总是进行各种欺骗，明争暗斗、尔虞我诈，用各种没有理性和令人厌恶的手段，进行贿选舞弊、骗取选票。资产阶级的法律也是为了保护其统治，保护富人利益，凌辱和压迫穷人的工具。①

欧文在其著作《新世界道德书》中，提出了一个完整的理想社会的构思，并在实际中实验他的这一理论设想。1824年他带领4个儿子和追随者在美国印第安纳州购买了3万英亩土地，进行建立"新和谐公社"的"新和谐共产主义移民区"试验。先后有一千多人参加实验活动。"新和谐公社"的组织规定："我们的原则是：所有的成年人，不分性别和地位，权利一律平等。随着体力和智力的适应程度而变化的义务一律平等。财产公有，勤俭办事。"全体公社成员是一个大家庭，任何人的活动都没有高低之分。人人都将按照年龄来区分，在供应所能做到的范围内，得到同样的食物、衣服和教育，只要可以办到，全体社员将住同样的住宅，而且在一切方面都得到同样的安排。"

客观地讲，新和谐公社在办社之初，无论是有共产主义思想，或是想实现共产新村的人，还是有其他想法加入的人，都生活愉快，大家各尽所能的劳动。但时间一长，由于生产力还没有达到高度发达，生产的产品满足不了按需分配，加上人们还存在着私有观念，在这时实行按需分配的生活方式是注定要失败的。试验坚持了四年失败了，其规模扩大过快也是失败的原因之一。尽管"新和谐公社"宣告破产，但这种尝试与思想，为后来马克思主义的产生起到了重要作用。

（三）发达资本主义国家带有共产主义色彩的基层组织

在发达的资本主义国家里，在城市和农村存在着一些带有共产主义色彩的村社和组合，主要有：

1. 以色列的基布兹、莫沙夫

基布兹是以色列的一种集体社区，是以色列建国前1910年由东欧犹太青年移民创建的。目前大约有270多个，平均每个基布兹有450人、500公顷土地。大规模的有2000人左右，小规模的仅60人。全国

---

① 萧贵毓、牛先锋：《社会主义通史》第一卷，人民出版社2011年版，第320—342页。

的基布兹共有 12 万人，占以色列全国人口的 3%，它的农业产量、农产品出口量均占以色列全国份额的 40% 以上。基布兹还从事工业生产，包括农产品加工业和高新技术产业，其工业产值占以色列全国工业产值的 7%。

基布兹实行民主管理。全体成员大会是最高权力和决策机构，负责选举干部、批准预算、决算、吸收新成员等。一人一票，2/3 以上的赞成票算通过。干部无任何特权，无报酬，是义务服务，是成员对他的人品和能力的尊重。

基布兹的土地为国有，成员自己劳动，不雇佣外工。其他生产资料和大部分生活资料实行公有。成员不论从事什么劳动，待遇都一样，食、住、行、通信设备统一供给。一日三餐都在食堂自选食品，食品也较丰富，食堂备有餐具，除了固定厨师，成员轮流帮厨。成年人结婚后都可以得到 50 平方米的住房，并配有冰箱、烧水用电炉等。衣服等生活日用品（包括子女的）由基布兹发零用钱自己选购。成员按规定每年都享有一定的假期，可以到国内外旅游，由集体补贴或报销。基布兹的孩子一生下来便进入育婴室，由专人负责养育，假期可以回家。从出生到高中毕业，基本过集体生活。生活费、教育费由基布兹统一交付，年满 18 岁服兵役。老人到一定年龄退休，由基布兹供应生活。

莫沙夫也是由早期移民创建的一种劳动合作型社区，目前全国的莫沙夫约有 450 个，共 17.5 万人，占以色列全国人口的 3.5%。每个莫沙夫平均由 60 个农户组成。土地和水属于国有，住房和农作物的收获归农户所有，莫沙夫具有行政村和合作社两种职能。生产资料采购、产品销售、医疗、学校教育由莫沙夫统一组织、提供服务。村内行政事务由村务委员会负责，村民大会是最高权力机构。村委会也是合作社的管委会，它的干部除脱产干部外，（每村两个脱产干部，一个对外，一个对内）其余均为兼职干部。村委会下设若干小组，分管农业、教育、医疗等工作。

2. 山岸主义实显地

日本的山岸主义实显地是由山岸主义创始人山岸已代藏和志同道合的 20 多人变卖了私有财产，创建的具有共产主义特色的集体经济组织。第一块实显地于 1958 年开拓建立，到 1998 年时，日本共有 47 个县建有实显地，据估计有 10 万人参加。受其影响，在德国、瑞士、澳大利亚、巴西、韩国、泰国等国也按其观点组建有实显地。实显地没有私有财产，各尽其才，各显其能，各取所需，人人平等。

实显地的物质生活十分丰富。人们在食堂集体用餐，面包、饼干、牛奶、各种饮料、水果等零食自由取食。老人有特殊食谱。村民住房为一户或一室一厅或两室，另有公共浴室、计算机房等。公共场所修建得又大又好。车房有多种型号的车，需要时只需登记就可以使用。老年人 65 岁退休可住在老苏馆，即养老院。有劳动能力者可从事一定的劳作。儿童 1—5 岁同父母同住，6 岁开始过集体生活，每月回家一次。

实显地有 100 公顷土地，用于伺养牛、猪、鸡；种稻、菜、林、茶、草、蘑菇、果树；经营水产业、乳业、木材加工业；设有建筑、运输、印刷、销售、科研等 16 个部门。每个劳动者按个人兴趣参加劳动，半年一轮换。山岸实显地的成员精神生活非常丰富，成员们精神愉快。

这些在发达资本主义国家的实践，像是在资本主义生产关系的汪洋大海中的一些孤岛。在资本主义经济大浪的冲击下，它们经常被一些经济学家预言"他们不久就会灭亡"。然而它们不仅生存了下来，还有了初步发展，这值得我们深思：

第一，它们生存在资本主义政权下，没有无产阶级政权保护，用自己的集体公有分配方式对抗资本主义生产关系。

第二，它们虽然参加资本主义经济流通过程，却实行集体公有制的生产和带有按需分配性质的生活。

第三，它们的生产技术和生活质量高于社会平均水平。

第四，参加的人是自愿的，有进有出，虽然发展缓慢，但总体还在发展。

第五，它们采用最先进的生产方式、生产技术，生产效率相当高。没有出现私有论者所预言——公有制会阻碍技术进步和助长懒惰。产品创新成果显著。

第六，它们虽有信仰，但不是宗教团体。成员间有充分的思想交流和民主生活。

从以上分析可见，共产主义生活方式是人们的自然向往。人类社会必然会走向共产主义社会。而且可能会有多条道路。

二、马克思、恩格斯关于共产主义社会的设想

（一）关于共产主义社会的描述

1. 合作制是可能的共产主义

马克思、恩格斯创始了科学共产主义理论，在他们的著作中提到了一些共产主义社会可能的生活方式，对未来的共产主义社会没有像空想社会主义者那样做过详细描述。马克思在《法兰西内战》一文中写道："如果合作制生产不是作为一句空话或一种骗局，如果它要排除资本主义制度，如果联合起来的合作社按照总计划组织全国生产，从而控制全国生产，制止资本主义生产下不可避免的、经常的无政府状态和周期的痉挛现象。那么，请问诸位先生，这不就是共产主义，'不可能的'共产主义吗？"[①]

2. 工农业结合起来，城乡对立将消失

马克思、恩格斯在《共产党宣言》中指出：在共产主义社会"将把农业和工业结合起来，促使城乡之间的对立逐步消灭。对一切儿童实行公共的和免费的教育，把教育和物质生产结合起来"。

3. 无产阶级的阶级统治将消失

"在资本主义社会和共产主义社会之间，有一个从前者变为后者的革命转变时期。同这个时期相适应的也有一个政治上的过渡时期，这个时期的国家只能是无产阶级的革命专政。"[②]

[①] 《马克思恩格斯选集》第二卷，第379页。
[②] 《马克思恩格斯选集》第三卷，第21页。

"在发展进程中，当阶级差别已经消失而全部生产集中在联合起来的个人的手里的时候，公共权力就失去政治性质"，"消灭了阶级对立和阶级本身的存在条件"，从而也就消灭了无产阶级的阶级统治。

4. 全体社会成员参加生产经营、财富的分配和管理

首先将根本剥夺相互竞争的个人对工业和一切生产部门的管理权。一切生产部门将由整个社会来管理……为公共的利益按照总的计划和"在社会全体成员的参加下来经营。这样竞争将被这种新的社会制度消灭，而为联合所代替。"① "社会的每一个成员不仅有可能参加社会财富的生产，而且有可能参加社会财富的分配和管理，并通过有计划地组织全部生产，使社会生产力及其成果不断增长，足以保证每个人的一切合理的需要在越来越大的程度上得到满足。"②

5. 全体社会成员将得到全面发展，生产劳动将变成一种快乐

"在这个组织中，一方面，任何个人都不能把自己在生产劳动这个人类生存的自然条件中所应参加的部分推到别人身上；另一方面，生产劳动给每一个人提供全面发展和表现自己全部的即体力的和脑力的能力的机会，这样生产劳动就不再是奴役人的手段，而成为解放人的手段，因此，生产劳动就从一种负担变成一种快乐。"③

由社会全体成员组成的共同联合体来共同而有计划地尽量利用生产力；把生产发展到能够满足全体成员需要的规模，消灭牺牲一些人的利益来满足另一些人需要的情况；彻底消灭阶级和阶级对立；通过消除旧的分工，进行生产教育、变换工种、共同享受大家创造出来的福利，以及城乡的融合，使社会全体成员的才能得到全面的发展；——这一切都将是废除私有制的最主要的结果。④

---

① 《马克思恩格斯选集》第三卷，第217页。
② 《马克思恩格斯选集》第三卷，第42页。
③ 《马克思恩格斯选集》第三卷，第333页。
④ 《马克思恩格斯选集》第一卷，第223—224页。

6. 工农业生产将会更快地发展

"摆脱了私有制束缚的大工业将来的发展规模十分宏伟，相形之下，目前的工业状况将显得非常渺小。……现在由于私有制的压迫和土地的分散而很难运用现有改良和科学成就的农业，将来同样也会进入繁荣的新时代，并将给社会提供足够的产品。"①

7. 劳动是丰富和提高生活的一种手段

"在资产阶级社会里，活的劳动只是增殖已经积累起来的劳动的一种手段。在共产主义社会里，已经积累起来的劳动只是扩大、丰富和提高工人的生活的一种手段。"②

8. 每个人都可以做自己心愿的工作，艺术也将成为人们活动的一项

"在共产主义社会里，任何人都没有特定的活动范围，每个人都可以在任何部门内发展，社会调节着整个生产，因而使人们有可能随自己的心愿今天干这事，明天干那事，上午打猎，下午捕鱼，傍晚从事畜牧，晚饭后从事批判。"③

"在共产主义社会组织中，完全由分工造成的艺术家屈从于地方局限性和民族局限性的现象无论如何会消失掉……在共产主义社会里，没有单纯的画家，只有把绘画作为自己多种活动中的一项活动的人们"。④

9. 人将成自由的人

"代替那存在着阶级和阶级对立的资产阶级旧社会的，将是这样一个联合体，在那里，每个人的自由发展是一切人的自由发展的条件。""无产阶级将取得社会权力，并且利用这个权力把脱离资产阶级掌握的社会化生产资料变为公共财产。通过这个行动，无产阶级使生产资料摆脱了它们迄今具有的资本属性，给它们的社会性以充分发展的自由。……人终于成为自己的社会结合的主人，从而也就成为自然界的主人，成为自

---

① 《马克思恩格斯选集》第一卷，第222页。
② 《马克思恩格斯选集》第一卷，第266页。
③ 《马克思恩格斯选集》第一卷，第37页。
④ 《马克思恩格斯选集》第三卷，第460页。

己本身的主人——自由的人"。①

10. 生活资料的个人占有

"我们决不打算消灭这种供直接生命再生产用的劳动产品的个人占有，这种占有并不会留下任何剩余的东西使人们有可能支配别人的劳动。"

11. 民族矛盾将消失

"人对人的剥削一消灭，民族对民族的剥削就会随之消灭。民族内部的阶级对立一消失，民族之间的敌对关系就会随之消失。"②

（二）恩格斯对共产主义社会的全面描述

恩格斯在《共产主义原理》一文中，对共产主义社会提出了以下见解：

①第一个问题：什么是共产主义？答：共产主义是关于无产阶级解放的条件的学说。

②将根本剥夺相互竞争的个人对工业和一切生产部门的管理权。一切生产部门将由整个社会来管理。也就是说，为了公共的利益按照总的计划和在社会全体成员的参加下来经营。

③私有制也必须废除，代替它的是共同使用全部生产工具和按共同协议来分配产品，即所谓财产共有。

④教育可使年轻人很快就能够熟悉整个生产系统，它可使他们根据社会的需要或他们自己的爱好，轮流从一个生产部门转到另一个生产部门。因此，教育就会使他们摆脱现代这种分工为每个人造成的片面性。这样一来，根据共产主义原则组织起来的社会，将使自己的成员能够全面地发挥他们各方面的才能，而同时各个不同的阶级也就必然消失。

⑤城市和乡村之间的对立也将消失。从事农业和工业劳动的将是同样的一些人，而不再是两个不同的阶级。

---

① 《马克思恩格斯选集》第三卷，第443页。
② 《马克思恩格斯选集》第一卷，第273、266、270、210、217页。

⑥所有的儿童从能够离开母亲照顾的时候起，由国家机关公费教育。把教育和工厂劳动结合起来。

⑦在国有土地上建筑大厦，作为公民公社的公共住宅。公民公社将从事工业生产和农业生产，将把城市和农村生活方式的优点结合起来，而避免二者的片面性和缺点。

⑧由社会全体成员组成的共同联合体来共同而有计划地尽量利用生产力，把生产发展到能够满足全体成员需要的规模。

⑨通过消除旧的分工进行生产教育、变换工种、共同享受大家创造出来的福利，以及城乡的融合，使社会全体成员的才能得到全面地发展；——这一切都将是废除私有制的最主要的结果。

⑩由私有制所产生的现代婚姻的两种基础，即妻子依赖丈夫、孩子依赖父母，也会消灭。

恩格斯在《爱北裴特的演说》中对共产主义社会进行如下描述："在共产主义社会里，人与人的利益并不是彼此对立的，而是一致的。……在共产主义社会里，无论生产和消费都很容易估计，……那也就不难按照需求来调节生产了。……商品也可按批购的方式直接在产地订购……不必经过中间人，……大大节省了劳动力。而且不必付给投机商、大小商人以利润。""耗费无数人力的行政机关和司法机关。在共产主义社会……也将无限地加以简化。""在共产主义的、和平的社会里，……在每一人的身体上和精神上的需求都得到满足的地方，在没有什么社会隔阂和社会差别的地方，侵犯财产的犯罪行为自然而然地就不会再发生了。刑法会自行消失，民法也会不再存在。现在的各种争端……到那时就只是罕有的例外，并且很容易通过仲裁法庭来调解。"恩格斯在演说中还指出："共产主义的组织因利用目前被浪费的劳动力而表现出的优越性还不是最重要的。把个别的力量联合成社会的集体力量，以从前彼此对立的力量的这种集中为基础来安排一切，才是劳动力的最大节省。"这样，"由于利用了现在完全没有利用的或者利用得不够恰当的劳动力，每个人的一般工作时间就会比现在缩短一半。"① 恩格斯还说，共产主义同人的本性、理智、良心是一致的。

（三）共产主义社会的本质

马克思在《哥达纲领批判》中提出共产主义社会的根本特征，他指出："在一个集体的、以共同占有生产资料为基础的社会里，生产者并不交换自己的产品；耗费在产品生产上的劳动，在这里也不表现为这些产品的价值，不表现为它们所具有的某种物的特性，因为这时和资本主义社会相反，个人的劳动不再经过迂回曲折的道路，而是直接地作为总劳动的构成部分存在着"。②

"社会一旦占有生产资料并且以直接社会化的形式把它们应用于生产，每一个人的劳动，无论其特殊用途是如何的不同，从一开始就成为直接的社会劳动。那时，一件产品中所包含的社会劳动量，可以不必首先采用迂回的途径加以确定；日常的经验就直接显示出这件产品平均需要多少数量的社会劳动。"③

"我们这里所说的是这样的共产主义社会，它不是在它自身基础上已经发展了的，恰好相反，是刚刚从资本主义社会中产生出来的，因此，它在各方面，在经济、道德和精神方面都还带着它脱胎出来的那个旧社会的痕迹。"④ "所以，每一个生产者，在作了各项扣除之后，从社会方面正好领回他所给予社会的一切。他所给予社会的，就是他个人的劳动量。例如，社会劳动日是由所有的个人劳动小时构成的；每一个生产者的个人劳动时间就是社会劳动日中他所提供的部分，就是他在社会劳动日里的一份。他从社会方面领得的一张证书，证明他提供了多少劳动（扣除他为社会基金而进行的劳动），而他凭这张证书从社会储存中领得的和他所提供的劳动量相当的一分消费资料。他以一种形式给予社会的劳动量，又以另一种形式全

---

① 《马克思恩格斯全集》第二卷，第1页。
② 《马克思恩格斯选集》第三卷，第10—11页。
③ 《马克思恩格斯选集》第三卷，第348页。
④ 《马克思恩格斯文集》第三卷，第434页。

部领回来。"① "生产者的权利是和他们提供的劳动成比例的；平等就在于以同一的尺度——劳动——来计量。这种平等的权利，对不同等的劳动来说是不平等的权利。"②

在共产主义社会高级阶段上，在迫使人们奴隶般地服从分工的情形已经消失，从而脑力劳动和体力劳动的对立也随之消失之后；在劳动已经不仅仅是谋生的手段，而且本身成了生活的第一需要之后；在随着个人的全面发展生产力也增长起来，而集体财富的一切源泉充分涌流之后，——只有在那个时候，才能完全超出资产阶级法权的狭隘眼界，社会才能在自己的旗帜上写上：各尽所能，按需分配！③ 这一段话是马克思对共产主义社会本质特征的基本描述。它指出了共产主义社会生产力发展水平、物质生产条件、人与人之间的关系、人与社会的关系、人本身的道德修养，几乎把人类有史以来对共产主义社会的理想描述，都包含在里面了。

各尽所能、各取所需，这就是为什么共产主义理想社会吸引人们的根本原因，这就是广大共产党人为之奋斗、为之献身的根本原因，这就是为什么必然会有越来越多的人相信共产主义社会是最理想、最美好的社会形态，并愿意为之奋斗的原因。共产主义社会是人类社会发展的必然结果，是人类理性的最高表达，是人性与生产力发展的必然结果。共产主义社会是不可阻挡的，也是阻挡不了的。尽管也许要经过漫长的时间，但随着生产力和科学技术的飞速发展和人类为实现此目标的共同努力奋斗，时间也许会缩短，不过或快或慢，造福全人类的共产主义社会必然会实现。

---

① 《马克思恩格斯选集》第三卷，第10—11页。
② 《马克思恩格斯选集》第三卷，第13页。
③ 《马克思恩格斯选集》第三卷，第10—13页。

第二部分

共产主义理想的
第一次伟大实践

一、苏联社会主义运动与发展

（一）苏联社会主义体制的建立与经济的快速发展

1. 苏联十月革命前的社会经济状况

苏联十月革命前，俄国在欧洲是一个经济落后的国家。1913 年是俄国经济发展最好的时候，在国家财政收入中，农业收入占 54%，工业收入占 29%。城市人口占 15%（1914 年数据）。同期欧洲其他国家的城市人口：英格兰——威尔士为 78%、挪威 77%、德国 56.1%、法国 41.2%、意大利 26.4%、匈牙利 18.6%。

工业品生产量按人口平均计算就更落后，生铁：俄国为 30 公斤 / 年，英国为 228 公斤 / 年，美国 326 公斤 / 年。煤：俄国为 0.200 吨 / 年，德国为 2.8 吨 / 年，英国为 6.3 吨 / 年，美国为 5.3 吨 / 年。俄国的电力工业，机器制造业刚刚建立，没有机床工业、化工业和汽车制造业。1914—1917 年俄国参加第一次世界大战时期为 1500 万军人，只生产了 330 万支步枪。俄国工业产值仅为世界工业总产值的 4.7%，几乎是美国的 10%，德国的 40%，不到英国的 50%，仅为法国的 66%。其他方面也都落后于主要资本主义国家。如教育和文化方面，在 20 世纪初识字的人只占总人口的 21.1%，可以说 80% 的人是文盲，每千人受普通教育的人数仅为 66.5 人。而当时美国为 197 人，德国人，英国 142.3 人。医疗卫生方面，每千人医生数：俄国为 0.18 个，美国 1.44 个，德国 0.5 个，法国 0.5 个。婴儿死亡率：每千人俄国是 237 个，英格兰——威尔士 130 个，法国 155 个，意大利 157 个。人均寿命：俄国仅 32 岁，美国 49 岁，英国为 45 岁，法国 47 岁，德国为 48 岁。可以说，十月革命前俄国是一个落后的农业生产大国，农业生产中使用的工具主要是木犁、木耙，铁犁不多，拖拉机几乎没有。谷物单位面积产量仅为德国的 1/3，法国 1/2。

棉花俄国人均只有 3.1 公斤、英国为 19 公斤、美国为 14 公斤。按美国作家安娜·路易斯·斯特朗的说法:1928 年的时候,俄国的农民还在用中世纪的方法,甚至是公元初期的方法耕种。他们住在村庄里,要走很长的路才到田里。一个农户的 10 英亩到 20 英亩土地常常被分为十几块,散布得很广而且常常被分成连钉耙都无法转过身来的可笑的长条子。1/4 的农民没有马匹;半数以下的农民只有一匹马或者牛。所以翻耕的次数很少而且很浅,通常用自制的没有金属铧的木犁耕种。播种是用手从围裙里把种子撒到地上,常常被鸟吃掉或者被风刮走很多。1928 年农业生产仍很落后,特别是经过 7 年的战争,国民经济遭到极大的破坏,到 1920 年农产品产量已下降到只有 1913 年的 65%,工业产值只有 13% 多一点,而且只能生产最简单的产品。7 万多公里铁路停运,一半列车无法使用。重要工业产量都有很大幅度的下降:铁产量不到 1913 年 1/3,钢只相当于 3%。石油减少 3/5,棉织品相当于 1857 年的水平,产业工人减少将近一半。[①] 战争导致大约 700 万—1500 万人死伤。1918—1921 年伤寒病又夺走了 200 万人的性命。因饥饿死亡的人数在 500 万人左右。斯特朗女士曾这样描述当时情况:沙皇俄国并没有现代的生产机器,也没有充裕的财富。当它在第一次世界大战中垮台时,那里既没有多少工业品,也很少粮食。同时,也没有熟练工人;农民还过着中世纪的生活。这时的俄国已经破产了,没有粮食,没有原料,也没有机器。农民的牲畜被宰杀了,农具在七年战争期间已用坏了。1920 年和 1921 年两个饥荒的年头夺去了成百万的生命。我在 1921 年访问过的那一度曾是肥沃的伏尔加河流域的乡村,即使当时有学校,也没有一个农民的儿童能够上学。农家儿童既没有鞋子也没有衣服;他们穿得单薄褴褛,整个冬天蜷伏在炉灶顶上,出不了门。苏联共产党就是在这样一个破败的社会经济基础上,领导苏联人民进行社会主义建设的。

---

① 王伟光主编:《社会主义通史》第四卷,第 116、117 页。

2.十月革命后的苏联

十月革命成功以后，苏维埃俄国在经历三年的国内战争后，仅用了四年时间恢复国民经济，到 1924—1925 经济年度，农业达到 1913 年水平的 87%。大工业产量达到战前的 3/4 左右。1927 年 10 月苏共党代会上通过了第一个五年建设计划。（从 1928—1932 年），用四年三个月的时间完成了第一个五年计划的各项指标，共建起了 1500 个冶金、汽车、拖拉机、机械制造、化学、电力、煤炭、石油、航空等大型企业，并扩建了纺织工业和国防工业。重工业年平均增长 27.1%，轻工业年平均增长 12.9%。1932 年发电量达到 135 亿度，生铁 620 万吨，钢 592.7 万吨（美国是 1390 万吨、英国是 535 万吨、德国是 562 万吨）。煤 6400 万吨，汽车 2.4 万两，拖拉机 4.9 万台。工业产值相当于 1913 年的 234.5%。

从 1933 年至 1937 年执行第二个五年计划，同样以四年零三个月完成。在"二五"计划期间，有 4500 个大企业投入生产，工业产量比 1932 年增加 120%，比 1913 年增加了将近 5 倍。而同一时期，资本主义世界工业产量比 1913 年仅增长 44.3%。到 1937 年，在工业总产值中，公有经济在工业总产值中占 99.8%，农业总产值中占 98.6%，商品流通中占 100%。与此相适应，在阶级结构上除工人阶级、农民和知识分子之外，苏联已不存在其他阶级了。1917—1940 年，共建起 9000 多个现代化工业企业，工业产值增长 14 倍，国民总收入增长 7 倍。其中机器制造和金属加工业的增长超过 34 倍，发电量超过 24 倍，由一个技术落后的农业国变成世界工业强国之一。其中 1928—1940 年的 12 年间，苏联工业以每年增长 21% 的速度发展。苏联工业总产值 1937 年比 1913 年增加了 7 倍。其中，"一五"计划期间年增长率达 19.2%，"二五"期间年增长率为 17.8%，"三五"期间年增长率为 13.2%。而世界资本主义则经历了严重的经济危机和萧条阶段，1937 年才勉强达到 1924 年的水平。资本主义世界的工业产值 1937 年只比 1913 年增长 44.3%，其中美国增长 54.3%。苏联的经济增长速度超过了所有发达国家，工业总产值的绝对值超过了英、法、德诸国，从原来的欧洲第四位、世界第五位一跃而为欧洲第一位、世界第二位，仅次于美国。与沙俄时代相比，20世纪30年代的苏联经济取得了历史上任何时期都无法比拟的发展，根本改变了国家的面貌。高速发展工业，使苏联只用十几年时间就完成了各主要资本主义国家花了几十年甚至一百多年时间才完成的工业化。据当时苏联官方公布的统计资料，在工业化时期，苏联工业的发展速度比历史上任何西方国家在工业化时期的最高速度都高得多。如美国在1880—1885年的年增长速度为8.5%，西欧在1870—1900年为3.7%，日本在1907—1913年为8.6%。沙皇俄国的工业在19世纪90年代末的发展速度是当时世界上最快的，在1895—1900年的年均增长速度也只有9.2%，而苏联工业在1929—1940年的年均增长速度为16.8%，其中在1929—1932年工业化高潮时期的年均增长速度为19.2%。[1]

1913—1937年苏联工业产值及重要工业产品在欧洲和世界所占的地位[2]

	1913年		1928年		1932年		1937年	
	世界	欧洲	世界	欧洲	世界	欧洲	世界	欧洲
工业总产值	5		5		3	2	2	1
机器制造业	4		4		2	1	2	1
拖拉机	无		4		2	1	2	1
联合收割机	无		无		2	1	1	1
电力	15		10		7	4	3	2
煤	6		6		4	3	4	3
石油	2		3		2	1	2	1
生铁	5		6		5	4	3	2
钢	5		5		5	4	3	2
水泥	6		8		7	5	4	3

---

[1]　王伟光主编：《社会主义通史》第五卷，人民出版社，第50页。
[2]　《苏联国民经济建设计划文件汇编（第二个五年计划）》，人民出版社1957年版，第732页。

苏联在"一五"期间高等学校由 1928 年的 148 所增至 1932 年的 832 所，学生由 16.9 万人增至 50.4 万人。五年中毕业 17 万人，同期中等专业学校由 1037 所增至 3509 所，毕业生达 62.3 万人。在 1933—1937 年的"二五"期间，开办了两万所新学校，相当于沙皇俄国 200 年办学校的总和，1928 年 8 岁至 50 岁的文盲下降到 48.9%，1939 年下降到 18.8%。从 1918—1928 年受过中等教育、受过完全和不完全的普通和职业教育的人有 73.8 万人。（每年约 6.7 万人）1929—1932 年达到 57.7 万人，（每年约 14.4 万人）1933—1937 年达到 110.9 万人，（每年 22.2 万人）1938—1940 年达到 140.5 万人，（每年约 46.8 万人）1937—1938 年度，苏联大学生人数超过英、德、法、意大利和日本大学生人数的总和（如 1940 年苏联大学生人数为 81.2 万人，英国 4.4 万人，德国为 4.97 万人、法国 7.65 万人、意大利 12.7 万人、日本 24.5 万人，合计 54.22 万人）。第一个五年计划前工人和职工人数占国内居民总数的 17.6%，1939 年达到 50.2%。1926 年城市人口占 18%，1938 年达到 30%。

3. 从第三个五年计划开始到 20 世纪 80 年代，经济始终保持较快的发展

苏联在完成第二个五年计划后又开始了第三个五年计划（1938—1942），但因第二次世界大战被迫中断。不过苏联利用战前三年半的时间又建成了 3000 个大型企业，并开始生产先进的飞机、大炮、坦克。1941 年德国入侵苏联，进行了三年多的战争，使 31850 个企业、1710 座城市、27000 个村庄大部或全部被毁。大约 6 万多公里的铁路被毁。顿巴斯矿井 90% 遭到破坏和水淹。巨大的第聂耳水坝以及周围的工业消失了；急流重新在河道上出现，航行已经停止。700 万匹马、1700 万头牛、2000 万只猪被屠宰或者被牵走、600 万个以上建筑被毁灭、3000 个以上的工厂必须予以重建。

苏联与发达资本主义国家工业生产发展指数 [1]

年份 国别	1938—1950		1950—1980		1980—1989	
苏联	100	166	100	1624	100	136
美国	100	233	100	310	100	130
日本	100	60	100	2600	100	142
英国	100	131	100	190	100	119
法国	100	111	100	391	100	113
联邦德国	100	92	100	516	100	117
意大利	100		100	637	100	113

最严重的是人力的损失。牺牲的人数有各种各样的说法，从 700 万到 2000 万不等。如果再加上平民中的死亡数，那就是 2000 多万。每一个家庭都有人牺牲。2500 万人无家可归。物资方面的损失总量达 26000 亿卢布，相当于战前 14 个年度预算。到 1945 年大战结束时，苏联的工业总产值降低到战前水平的一半，工业生产的许多指标降到 30 年代初期的水平，农业总产量也只有战前水平的 60%。苏联人民是在没有接受任何外援的情况下，依靠共产党的领导和社会主义制度，发扬艰苦奋斗的精神，仅用四年零三个月的时间，便提前完成了第四个五年计划（1946—1950 年），1950 年工业产值比战前增长了 73%。[2]

根据西方经济学家计算：苏联国内生产总值从 1929 年到 20 世纪 50 年代初年增长 6.7%，1966 年到 1970 年年均增长 5.3%。[3]

在整个斯大林时期，苏联工业总产值 1953 年比 1913 年增长了 20.43 倍，国民收入增长 12.67 倍。[4] 斯大林去世后，经济发展速度降低了，但仍然较快，只是在解体前 10 年才逐步降低了。

---

① 中国社会科学院世界经济研究所，《世界经济统计简编 1978》，三联书店 1979 年版；国家统计局，《国际经济和社会统计提要 1990》，中国统计出版社 1991 年版。
② 王伟光主编：《社会主义通史》第五卷，人民出版社，第 289 页。
③ 谭天宇：《苏联社会主义建设及其取得伟大成就》。
④ 王伟光主编：《社会主义通史》第四卷，人民出版社，第 415 页。

苏联社会总产值、国民收入、工农产值年均增长速度[1]（%）

年份\项目	1951—1955	1956—1960	1961—1965	1966—1970	1971—1975	1976—1980	1981—1985	1986—1990
社会总产值	10.8	9.1	6.5	7.4	6.4	4.2	3.3	1.8
国民收入	11.4	9.1	5.7	7.2	5.7	4.2	3.2	1.3
工业总产值	13.1	10.4	8.6	8.5	7.4	4.4	3.7	2.5
农业总产值	4.0	5.7	2.7	3.9	2.5	1.7	1.0	1.9

苏联、美国国民生产总值年平均增长速度比较[2]（%）

年份\国别	1981—1985	1986	1987	1988	1989
苏联	3.7	3.3	2.9	5.5	3.0
美国	2.8	3.2	3.5	4.5	2.8

对比苏美两个超级大国，在 80 年代苏联经济发展速度降下来之后，从 1981 年至 1985 年比美国快得多，用另一个对比方法，1913 年（苏联疆域内）工业产值仅相当于美国的 6.9%，1985 年达到了美国的 80%。许多工业产品的产量超过了美国。见下表：

1985 年苏美主要工农业产品产量比较[3]

产品\国别	钢（万吨）	煤（万吨）	原油（万吨）	电（亿千瓦小时）	载重汽车（万辆）	水泥（万吨）	化肥（万吨）	硫酸（万吨）
苏联	15476	64711	59500	15450	90	13100	3003	2604
美国	7925	80386	44136	25252	336	7028	2208	3587

---

① 许新：《超级大国的崩溃——苏联解体原因分析》，社会科学文献出版社 2001 年 1 月第一版。

② 陈之骅主编：《苏联演变的历史思考》，中国社会科学出版社 1994 年版，第 94 页。

③ 《中国统计年鉴》，中国统计出版社 1987 年版，第 867—868 页；《社会主义通史》第八卷，第 61、64 页。

续表

产品 国别	塑料 （万吨）	化学纤维（万吨）	糖 （万吨）	谷物 （万吨）	猪牛羊肉 （万吨）	棉花 （万吨）	牛奶 （万吨）	鸡蛋 （万吨）
苏联	412	139	835	19921	1471	255	9777	432
美国	1576	368	541	31370	1762	213	6495	404

（1913 年全苏谷物总产量为 8500 万吨）

这里需要提醒的是，苏联在第一次世界大战、第二次世界大战期间，以及从 1917—1921 年的外国武装干涉中遭受了巨大的损失，而美国却在战争中发了财，在二战中经济增长了一倍。在第一次世界大战中，工业总产值增加了一倍半多，外贸出口增加 2 倍多，黄金储备增加 1 倍多。大战结束时，美国掌握了世界 1/3 的黄金储备。

各主要国家农业生产指数[①]
（1979—1981 年 = 100）

年份 国别 和地区	1978	1980	1981	1982	1983	1984	1985	1986
美国	94.5	95.3	105.7	104.4	88.1	101.8	106.8	101.0
日本	108.7	96.1	97.6	98.6	98.8	107.7	108.0	108.2
联邦德国	99.2	101.0	100.5	109.3	105.2	113.2	108.1	111.7
英国	93.8	102.5	100.7	102.3	104.9	114.2	107.6	107.6
法国	91.6	100.9	98.9	104.9	101.4	109.7	108.6	106.3
意大利	91.8	102.5	101.6	99.4	109.4	102.3	104.4	103.2
加拿大	102.2	98.9	108.5	116.3	109.9	107.9	110.8	119.3
澳大利亚	110.3	92.7	100.8	90.4	113.1	109.0	109.7	109.6
苏联	110.6	99.7	98.8	104.9	110.4	109.8	110.6	116.6

---

① 《中国统计年鉴》，中国统计出版社 1987 年版。

续表

年份 国别 和地区	1978	1980	1981	1982	1983	1984	1985	1986
民主德国	94.7	98.5	102.1	95.3	97.6	105.7	107.0	109.4
捷克斯洛伐克	103.5	102.5	102.1	109.1	113.8	120.2	121.3	116.8
波兰	107.1	95.4	95.9	99.1	103.8	107.0	107.2	111.4
匈牙利	96.8	102.1	101.5	111.9	108.8	115.5	106.6	101.6
罗马尼亚	97.7	100.1	98.1	105.3	103.5	115.6	110.1	110.7
保加利亚	94.4	95.8	102.1	109.5	99.0	107.2	93.2	101.3
南斯拉夫	93.9	99.3	100.9	109.8	103.8	107.7	94.3	102.6

注：国外农业生产指数只包括种植业、畜牧业和初步加工，按增加值计算。

1986 年，按农业生产指数增长排序：加拿大、捷克斯洛伐克、苏联、联邦德国、波兰、罗马尼亚、澳大利亚、民主德国、日本、英国、法国、意大利、南斯拉夫、匈牙利、保加利亚、美国。除加拿大外，农业生产增长指数多数社会主义国家都快于资本主义国家。我们再看工业生产增长速度（见下表）。

1978—1986 年各国工业生产指数 [①]

（1980 年 = 100）

年份 国别和 地区	1978	1981	1982	1983	1984	1985	1986
美国	98	102	95	101	1102	114	115
日本	89	101	101	105	117	122	122

---

① 《中国统计年鉴》，中国统计出版社 1987 年版。外国资料来源：《联合国统计月报》1987 年 4 月。

续表

年份 国别和 地区	1978	1981	1982	1983	1984	1985	1986
联邦德国	95	98	95	96	99	104	107
英国	103	96	98	102	103	108	110
法国	96	98	97	98	99	98	101
意大利	89	98	95	92	95	97	99
加拿大	96	101	92	97	104	109	111
澳大利亚	94	101	90	94	98	102	
苏联	94	103	106	111	115	120	126
民主德国	91	105	108	113	117	122	127
捷克斯洛伐克	93	102	104	107	111	115	118
波兰	99	86	85	90	95	99	103
匈牙利	99	103	105	106	109	110	111
罗马尼亚	87	103	104	109	117	123	
保加利亚	91	105	110	115	120	124	127
南斯拉夫	89	104	104	105	111	114	119

从上表1978年至1986年工业生产指数看（波兰、匈牙利由于社会动荡发展较慢），除日本外，苏联、东欧国家工业生产增长速度都高于资本主义国家。

以上分析表明，苏联经济从1970年以后发展速度缓慢下来，一直到1980年的10年中经济还是保持了较高的发展速度。这种经过较高速度的发展后，经济发展速度降下来（如果没有特殊原因，譬如社会动荡），是有一定合理性的。1980年以后开始较大幅度下降，特别是1985年以后（戈尔巴乔夫执政以后），下降很快。但从1980年至1985年工业生产发展指数看，除日本外，也较其他发达资本主义国家快。即便是戈尔巴乔夫执政时期，苏联的国民生产总值年均增长速度也高于美国。

（二）苏联经济高速发展的原因——苏联社会主义经济制度的优势

1. 公有制与计划经济的优势

公有制经济计划体制具有许多私有制经济所没有的优势：

第一，在贫穷落后的国家，民间资本很少，如果通过私人企业办轻工业逐步积累再发展重工业则要很长时间。而实行国家所有制高度集中的计划经济就可以在短时间内集中大量资金，用于发展先进技术，发展经济效率高的大型工业和重工业。并取得时间短、发展快的效果。

第二，公有制经济可以根据预测，在看不到盈利的情况下，以长远利益为目标，并根据预测的需求变化调整国民经济结构。

第三，公有制企业承担更多的社会责任，如安排过剩的劳动力，为了国防和社会可以不计较盈利和亏损。

第四，公有制企业有利于工人直接参加企业管理，培养有政治觉悟、技术过硬、爱国、爱厂的工人阶级队伍。

第五，企业可以按国家需要进行投资、生产、平衡市场需求，避免像私人企业那样完全根据利润决定投资、增减产、盲目竞争的弊端。

第六，可以根据国家资源优势（包括自然资源优势、社会资源优势）按照最优方案，在全国范围内配置生产力。

2. 创建了许多有利于社会主义社会发展的新制度

第一，建立了最低工资制度，实行按劳分配。1919 年制定了全国统一的工资等级制度和最低工资保障制度。实行按劳分配，提高了工人、技术人员、干部和党政领导的工资水平。激励了广大工人去努力追求更大的劳动成果和努力学习技术、钻研业务、提高技能的热情。在全国掀起了斯达哈诺夫运动。新的工资制度大大提高了工人的积极性，推动了全社会的社会主义经济建设。

从 1968 年至 1972 年把最低工资由 40 卢布提高到 60 卢布（食品和轻工业、国营农业部门最低为 60 卢布，其他部门都高于这个数字。如机器制造业最低工资为 62.5 卢布，煤炭为 82 卢布，冶金为 67.5 卢布。

1972 年又把最低工资提高到 70 卢布）①最低工资制度保证了从事最简单劳动的工人，实现有尊严的、达到一定程度的美好生活。

第二，建立了社会福利制度。苏联建国之初，即 1917 年至 1921 年列宁领导苏联期间，审批、签署了许多有关劳动者社会保障的法律法规，肯定了劳动者享有各种社会保障的权利。卫国战争期间又提高了军人的各种社会保障待遇。1956 年 10 月 1 日开始实行保证法，扩大了保证范围。1969 年又对集体农庄实行了社会保障，1970 年颁布了《劳动立法原则》，规定了各加盟国家社会保障待遇。1977 年通过了《苏维埃社会主义共和国联盟宪法》统一了苏联公民的社会保障制度。

苏联的社会福利（或社会保障）主要包括以下八个方面：1. 免费教育，高等院校学生还有助学金。2. 免费医疗。3. 免费疗养、休养、度假，每年有大批劳动者到疗养地疗养，职工有 35 天假期、实行五天工作制，休假一般占全年 1/3。4. 对基本生活必需品实行价格补贴。做到了必需品零售价几十年不变。如 1986 年物价补贴占到国家预算的 18%。5. 住房补贴，从 1928 年起，一直实行低房租政策，房租只占其年工资的 3%。6. 基本免费的自来水、电力、电话费。如电话费全年为 17 戈比，而苏联职工人均收入为 250—300 卢布。7. 退休、养老制度。职工、集体农庄庄员年老后都可享有退休养老。8. 补助金制度：对于生病，暂时无法工作的劳动者提供生活保障，对生小孩、家庭成员死亡增加开支，提供补助，补助金数额一般占原工资的 50%—100%，或有固定数。

第三，建立了妇女权利保障制度。1919 年苏联妇女就有了投票权。美英两国于 1920 年才给妇女投票权。苏联是主动为妇女解放进行立法制定平等权利的国家。作家斯特朗女士曾描述：妇女地位的变化是苏联各地重要的社会变化之一。革命给妇女带来了法律上和政治上的平等；工业化为男女同工同酬提供了经济基础。

第四，建立社会主义民主制度，这是苏联共产党在国内战争和经济建

---

① 赵玉玲：《苏联工资制度演变及其新改革》。

设中战胜敌人、克服经济困难、激发全国人民的政治热情和劳动热情的原因之一。

1935 年 2 月 6 日，全国苏维埃代表大会决定修改宪法以适应已经改变了的国家生活。以斯大林为主席的，由三十一名史学家、经济学家和政治科学家组成了一个专门委员会被指定草拟一部更加符合人民意愿的、更加适合于社会主义国家的新宪法。

专门委员会花了一年工夫研究了人们为了共同目的把自己组织起来所曾经采取过的一切历史形式——不论国家的或是自愿结社的形式。随后在 1936 年 6 月，宪法草案由政府试行通过，并且印了 6000 份提交给人民。这个草案经过了 3600 万人参加的 527000 次会议的讨论。好几个月里，每一张报纸都载满了人民的来信。提出的修正意见约有 154000 条——当然，其中有许多是重复的，而且还有许多是更适用于法典而不适用于宪法的。但是宪法草案的确根据人民的创意而作了 43 处修正。1936 年 12 月，2016 名代表在克里姆林宫的雄伟的白色大厅里举行了创意大会。这是在工业、农业、科学工作中涌现的"新人"的大会。到这里来的农民，再也不被列在一般化的"谷物生产者"一类了，而是作为专家、拖拉机手、联合收割机驾驶员出现的——他们之中大多数都曾经创造过记录。这里面有大工厂的厂长，著名的艺术家和外科医生、科学院院长。这就是第二个五年计划将近结束时苏联的新代表。①

人民不仅是有投票权，而且可以直接提出要政府办的事情，政府要在三个月内做出答复，人民直接参加宪法修改的讨论，提出修改意见，工人、农民、士兵可以当选为全国苏维埃代表大会的代表。看了斯特朗的这段描述使人理解了为什么在苏联肃反扩大化，世界资本主义经济危机的同时苏联实现了工业生产的高速度发展。

---

① 《斯大林时代》，第 53—57 页、61—64 页。

（三）苏联的社会主义革命和建设对世界的影响

1. 推动了世界社会主义运动发展

苏联的社会主义革命和社会主义建设，对促进人类社会发展和世界局势的变化，起到了积极的推动作用。

1921 年成立了中国共产党，经过 28 年的努力奋斗，成功地取得了政权。二战后，南斯拉夫、阿尔巴尼亚、罗马尼亚、保加利亚、匈牙利、捷克斯洛伐克、波兰、中国、朝鲜、越南、古巴等国的共产党先后取得了政权。一些殖民地人民的独立斗争在苏联的支持下，国家纷纷独立。

2. 苏联在二战中对战胜法西斯做出了重要贡献

由于苏联预见到战争迫近，利用自己的制度优势，在实施第二个五年计划中进一步强调了发展重工业和国防工业。从第三个五年计划开始到德国入侵的三年多时间内，工业产值年均增长 13%，1940 年，苏联生产煤炭 1.66 亿吨，生铁 1500 万吨，钢 1800 万吨，石油 3100 万吨，电力 483 亿度[①]。国防工业年均增长 39%。到 1940 年上半年苏联共生产了 6000 多架各类型的飞机，近 5000 辆坦克，约 2 万门大炮，20 多万只机枪和自动步枪等现代化武器。武装力量达到 537.3 万人，装备坦克 1861 辆，作战飞机 2700 架，野战炮和迫击炮 6.7 万门，主要舰艇 276 艘。而当时的德国武装部队总人数已达 725.4 万人，装备各种坦克 5639 辆、飞机 1 万架、火炮和迫击炮 6.1 万门、主要战舰 217 艘，其中潜艇 161 艘。德国集中了 460 万人、4000 辆坦克、4.2 万门火炮、4000 架飞机，连同芬兰、罗马尼亚、匈牙利等仆从国家的 550 万人实施进攻。侵略军在人数上几乎占两倍优势，坦克和飞机都接近苏联 3 倍，向苏联进攻，[②] 苏联则利用自己的优势在战争开始 9 天内动员 530 万人，1 个月内征召预备役军官 65 万人，加上战前已有兵力，总动员兵力达到 1055 万人。同时，迅速把经济转入战时轨道，将 1360 个大型工业企业转移到东部。1941 年 6 月到 11 月，德国陆军在苏联战场上死伤、失踪人数就

---

① 王伟光主编：《社会主义通史》第四卷，人民出版社 2011 年版，第 420 页。
② 王伟光主编：《社会主义通史》第五卷，人民出版社 2011 年版，第 50 页。

达 75 万人以上，空军损失飞机 5180 架。苏联在 5 个半月内歼灭德军 26 个师和 13 个旅。这个损失几乎超过了德国在西线历次战役中总损失的两倍。当整个夏秋战局结束时，德国精锐部队和兵团在苏联战场上伤亡近 80 万人，而 1941 年 6 月至 12 月之间在其他战场仅伤亡 9000 人。[①]1944 年 6 月前，希特勒及其仆从国在苏德战场的军队，比在与美、英联盟作战的其他战场（在北非、意大利）上的军队，平均约多 14—19 倍。从 1944 年 6 月起，在欧洲战场对美、英、法军队作战的德国国防军的兵团数量，有了很大的增长。但是就在这时也比苏德战场上少 36%—56%。[②]

苏联对世界反法西斯战争胜利的决定性贡献还在于，德国法西斯军队在同苏联武装力量的交战中所遭受的损失，占总数百分比分别为：官兵的 73% 以上，坦克和强击火炮近 75%，飞机 75% 以上。在苏德战场，德国法西斯侵略者损失的官兵，坦克、飞机和火炮约均占德国官兵和武器装备总数的 3/4。德国法西斯军队在苏德战场上的人员损失，比在西欧和地中海战区的损失多 3 倍。苏联打败德国法西斯后，又对日宣战，向驻在中国东北的关东军发起猛攻，在很短的时间内歼灭日军 68 万余人，粉碎日本法西斯想利用中国东北顽抗的梦想，迫使日本法西斯投降。

3. 在苏联的示范下资本主义国家的工人工资和社会福利被迫有了提高

法国著名经济学家、《21 世纪资本论》作者托马斯·皮凯蒂说："我认为苏联体制实际上对资本主义国家不平等现象的发展产生了重要的作用，我在书里对此写了很多。比如，在法国，在 1914 年之前征收所得税受到了共和国精英们的抵制，只是在 1914 年 7 月 15 日为资助战争才进行了仅有的一次国会投票。但是在一战结束以后的 1920 年，征收所得税被同一批共和国精英们投票通过，开始对资本征收 60% 的税。为什么？我认为苏联布尔什维克的革命让传统精英们认识到实行累进税率比发生布尔什维克革命要好。所以共产主义制度作为一种不同制度的存在，在整个冷战时期对资本主义精英们接受社会和税制改革起了很大的作用。

---

① 王伟光主编：《社会主义通史》第五卷，人民出版社 2011 版，第 53 页。
② 同上书第 62 页。

另一方面，我认为柏林墙的倒塌和苏维埃模式的垮台也对金融监管和传统税制带来很大的冲击，特别是在一些国家，不平等现象加剧，意识形态回归，认为市场作用可以解决所有问题。"①斯特朗女士也在她的著作中说："斯大林把俄国建成了一个强国，建成为世界上第一个社会主义国家，从而他也加速了和形成了亚洲的，特别是中国的，兴起的民族主义运动和西方的争取'福利国家'的运动。"霍华德·史密斯指出："他使西方对工人的整个态度起了变化。"因为凡是有关政府计划的想法、美国的"新政"和英国的"福利国家"的想法，都是由于要同俄国的五年计划竞争而产生的，以使 1929 年的世界经济危机不至于导致革命。②

4. 苏联在推动和维护世界和平方面起到了一定作用

苏联在二战中与美、英形成了密切的同盟关系，摆脱了长期被孤立的状态。丘吉尔在他写的战争史中讲到斯大林在雅尔塔几乎是天真地"为我们三大国的巩固同盟而干杯"，并且说"但愿这个同盟坚强而稳定。但愿我们尽可能地坦率相处……盟国不应该互相欺骗……在外交史上我不知道有过这样密切的三大国同盟"。

1946 年 12 月 21 日罗斯福之子埃利奥特·罗斯福访问斯大林时问道："你是否认为，像美国这样的民主制有可能同像苏联现在的那样的共产主义的国家政体在这个世界上和平地并肩相处，而且任何一方也不会企图干涉对方的内部政治事务？"斯大林回答说："当然可能，这不仅是可能的，而且是合理的，完全可以实现的。在战时最紧张的时候，政体的不同并没有阻碍我们两国联合起来并战胜我们的敌人。在和平时期，维持这种关系就更加可能了。"③

苏联希望和平还因为希望在二战后得到美国的帮助和贷款，恢复遭受巨大损失的经济。但是，在战后美国并没有执行和平的外交政策。

美国凭借单独掌握原子武器，战后对苏联采取一系列的遏制政策：

---

① 《参考消息》2014 年 7 月。
② 《斯大林时代》第 140 页。
③ 王伟光主编：《社会主义通史》第五卷，人民出版社，第 188 页。

例如在西欧已形成的共产党和资产阶级联合的反法西斯统一战线，战后美国压制西欧各国不准许共产党人加入内阁，在东欧则强制保加利亚、波兰等国在政府成员中加入亲美、亲英人士；并停止对苏联的援助和贷款的许诺，在舆论上制造苏联扩张领土、侵略等罪名；单独占领日本处理日本投降、后给日本制定宪法、排除苏联参加，等等。苏联对此强硬政策都做出让步，希望得到美国的援助和贷款。但不仅贷款的许诺被取消了，已经装船的物资又重被卸了下来。苏联想继续与美国的同盟关系失望了，由于新中国的成立，苏联又看到了和平的希望。在中国出兵抗美援朝的战争正在进行的时候，1952 年斯大林仍然发表了坚持"和平共处"的谈话，并提出了禁止原子武器的和平创意书。1952 年 4 月还在莫斯科召开了有 400 多位代表参加的国际贸易会议，提出许多有利于资本主义国家的贸易计划。这都是为了和平共处的一些努力。

（四）苏联经济模式的缺陷

1. 单一公有制经济的缺陷

苏联共产党夺取政权后经过了三年国内战争，驱除出外国武装干涉，经济损失很大。而且实行"战时共产主义政策"引起了农民的不满，于是新经济政策应运而生。新经济政策实施效果明显，"短短两年时间，苏维埃俄国的经济就得到恢复，呈现出经济发展和政治稳定的局面"[①]。到 1924—1925 年，农业达到战前（1913 年）水平的 87%，1925 年大工业产量达到战前的 3/4 左右。[②] 由于苏共党内对新经济政策存在不同认识，经过争论最终以新经济政策的任务已完成而终结，转入向资本主义进攻的观点成了主导思想，从 1929 年开始对资本主义成分发起总攻。1932 年工商业中的中小私有企业被完全消灭。30 年代中期，与外资合营经济基本上被消灭。农业基本生产资料、农业机械设备（拖拉机、收割机、汽车）都集中在国有企业——机器拖拉机站手中。据 1936 年统计，全国生

---

① 王伟光主编：《社会主义通史》，人民出版社 2011 年版。
② 同①。

产基金中，国家所有制占 90%，集体农庄合作社所有制只占 8.7%。在工业产值中，国家所有制占 97.3%，集体农庄合作社所有制只占 2.6%。在农业产值中，国家所有制占 76%，集体农庄合作社所有制占 20.3%。到 1937 年，公有经济在工业总产值中占 99.8%，在商品流通中占 100%。到 1950 年，社会主义经济成分比重在国民收入中占 99.8%，在工业总产值中占 100%，在农业总产值中占 98.1%，在零售商品流转中占 100%。[①]

单一公有制经济并不完全符合马克思主义经济理论。马克思主义认为，资本主义大工业生产是与资本主义私人占有相矛盾的。虽然股份制、托拉斯、工业集团的出现缓解了这一矛盾，但解决这一矛盾的办法是建立公有制。斯大林这样做了，实行工业生产的国家所有制。苏联的大型工业企业、重工业、军事工业都得到了超常发展。

马克思主义基本原理认为生产关系决定于生产力发展的水平与性质。当一种生产关系或一种生产制度，还能容纳生产力继续发展的时候，它是不会灭亡的。苏联原本是一个经济落后的国家，生产力水平远较西方发达资本主义国家落后，而西方资本主义经济还在继续发展，虽然缓慢但仍有活力，还能容纳生产力的发展。俄罗斯采用的新经济政策促进经济较快增长的事实也证明私有制还有活力。苏联过早地用行政的方法取消私有制经济，既不符合苏联经济发展的实际，也不符合马克思主义基本原理。在经济发展落后的国家，私人企业虽然资本较少很难做到快速发展重工业和大型工业企业。但私人企业是为利润生产，注重投资效果和经营效果，在竞争中主动降低经营成本，采用新技术，提高产品质量、精益管理，对工人监督严格，并为国家提供税收，对社会经济发展是有利的。私人经济剥削工人是事实，但存在大量农民要向工业转移时，私人经济提供的工资比农民从事农业收入高，有利于农民提高收入，也有利于向工业、向城市转移劳动力。公有制企业所获得的利润属于国家，国家将其用于对全国人民有益的事业，任何个人都不能占有或用于个人

---

① 王伟光主编：《社会主义通史》，人民出版社 2011 年版。

私利，不存在剥削。但国家兴办经营企业，政府机关要增加大批行政人员进行管理研究资源开发、生产力布局、投资分配、产品调拨、计划审批，制定产品质量标准、生产指标、产品价格、任命管理人员、规定管理人员权限，等等，要消耗掉企业上交的大量利润。这些国家行政人员，如果个个思想品德好、认真负责工作、执行各项指令切合实际，则会有利于生产发展，否则就会造成一定范围甚至全国性的损失。特别是方针政策性的错误，如果得不到纠正，就有可能造成更大的社会损失。即使一个环节出现官僚主义，也会拖累整个工作流程，影响生产发展的速度。随着经济越向前发展，规模越大，种类越多，环节越多，这种国家直接管理经济的模式的效率就越低。当然受到生产力发展水平，特别是技术手段的限制，例如信息传递手段落后也是导致其工作效率、经济效率低的原因。

2. 忽视发展地方经济的积极性

苏联在工业建设中集中精力发展国有经济的另一个问题是，忽视了发挥地方发展经济的积极性和提高经济效率。比如，1936 年全国工业总产值中，中央工业占 90%、地方工业只占 10%。苏联工业实现了工业产值的高速度增长，主要是靠提高积累和提高投入实现的。苏联工业化前夕 1925 年积累率为 16%，工业化时期为 26%—29%（大多数国家同期为 7%—10%，景气年份为 12%），工业产值已跃居欧洲第一、世界第二，仅次于美国。但劳动生产率在"二五"计划期间只提高了 82%，相对较慢。根据苏联国家计委的计算，第二个五年计划末，苏联的社会劳动生产率仅相当于美国的 40%，国民收入增长也相对较慢。工业总产值 1953 年比 1913 年增长 20.43 倍，国民收入增长 12.67 倍。这与国家高度集中发展国有经济，影响了各加盟共和国发展经济的积极性，投资效益较低，造成国民收入增长慢不无关系。①

---

① 王伟光主编：《社会主义通史》第四卷，人民出版社 2011 年版，第 320、312、327、419 页。

3. 实行行政命令式的高度集中的计划管理体制的问题

马克思主义认为克服资本主义生产的无政府状态，解决资本主义有规律的不断出现的经济危机，必须有计划地发展经济，使生产或供应与需求均衡发展，才能使生产力配置合理，资源得到科学开发。苏联按照马克思主义学说实行计划经济取得巨大成果后，就认为社会主义社会有计划按比例发展生产是经济规律，把有计划发展经济的科学论断转化为计划指标，并把它行政化、法律化，基本上取代了市场在资源配置协调经济发展的作用，这就带来一系列的问题。

第一，计划指标的制定是根据党中央和中央政府认识到的国家和人民的需要，国家实际能力，国内外环境等因素提出计划任务。在党和政府官员密切联系群众的年代，深知群众的需求，制定的指标还能反映实际。当官僚主义、主观主义出现，脱离实际判断错误时，提出的任务、计划指标就会成了瞎指挥指标，就会导致一系列的经济管理失误。

第二，在信息系统还不够发达的年代，上情下达反应的时差大，不及时，再加上中央集中审查，批准时间较长，计划指标调整变更时效差，以致错过最佳时期。例如，国际市场变化快，价格变化大，中央下达批准时间长，以致有利的进出口贸易价格，变成了不利的价格。

第三，社会需求千差万别，经济越向前发展，个性化需求就越多，需求种类就越多，即使计划编制几百个几千个指标也难覆盖全面。当需求不断增加和迅速改变时，计划指标往往滞后跟不上需求变化，造成不少产品供求失衡。

第四，在国家计划体系中，企业只是完成各项指标任务的单位，中央经济管理部门直接控制企业的人财物和产供销。企业的厂长由中央委派，企业的财务收支要经过中央批准。企业的物资供应要由中央统一调拨。企业的年度计划、季度计划，甚至月度计划都要由中央审批，甚至每一块砖头每一双皮鞋或每一件内衣都要由中央调配。企业缺乏自主权而失去活力。[1]

---

[1]　王伟光主编:《社会主义通史》第四卷，人民出版社，第395页。

第五，计划经济体制的财政制度是统收统支。企业的纯收入上交国家，企业扩大再生产资金由国家拨款，留给企业可以自己支配的资金很少。企业基本上处于无财权的地位，根本不可能依据市场变化主动发展生产，主动采用新技术。

第六，自然资源的分布与行政区域、民族分布往往不一致。如果根据自然资源的地理位置进行区划发挥各地区的优势，就要打破民族行政管辖界限进行经济开发，虽然符合经济发展需求，但往往损害地方和民族利益，若长期得不到解决必然制约经济全面发展。

第七，国家计划虽然是由国家计划部门统一制定，但由政府各部门分别下达、分别管理。实际上，企业成了部门所有，部门管理。统一的国民经济计划被分割了，给企业带来很多困难。典型的例子如某产品的供需属两个企业，虽在同一城市，由于分属不同部门，两个企业不能交换，而都要通过各自所属上级把产品调出调入，无形中加大了交易成本。

第八，公有制、计划体制使得同行业企业间只有竞赛没有竞争。竞赛只是在完成计划中显示高低、优劣，不直接关联企业的生存，落后企业往往只强调设备落后，不检讨管理落后而获得投资，实际上保护了落后。相比资本主义市场经济，企业若落后了就可能亏本、倒闭或被先进企业兼并，刺激企业改善经营管理，积极投资和改进技术、引进新设备。从这个角度看市场的作用比计划手段更有优势。

第九，当生产力发展水平还比较低的时候，人们的需求也比较简单。随着经济的发展人们的消费需求越来越高越多样化，特别是消费品需求进入个性化快速变化的阶段，中央计划要把千百万种纷繁多变的消费品纳入计划几乎是不可能的。而销售企业又没有权力根据市场变化调整产品结构。即使有调整的愿望，也要逐级层层上报，最好的结果也只能在下一年度中做出反应。如果决策者对市场变化的敏感度不高，或存在官僚主义就会延误产品开发，影响经济增长。计划体制造成市场呆板的这些缺陷，有体制的原因，也与技术手段和领导者的知识水平、领导能力有关。此外，计划体制下制定价格的机制也不灵活，不能根据市场需求利用价格杠杆调节供求，也起不到提高新产品定价，促进新产品有效发展的作用。

4.农业集体化政策既不适应小农经济发展的要求，也不适合农业生产的特点

小农是小私有者，有自己的小块土地、耕畜和农具，他们是劳动者，他们极力保护自己的小块土地，他们知道没有土地就无法生存，希望通过自己的劳动自给自足发家致富。为了保卫苏维埃政权分配给他们的土地，他们参军，支持苏维埃政府赶走外国武装干涉者，平息国内叛乱，不惜牺牲自己的生命保卫苏维埃。集体化和土地国有化后，虽然土地仍由农民无偿使用，但牲畜、农具归集体所有、集体使用、集体获利，他们是集体的一员也获得利益。只是他们不再把集体财产视为他们的个人或家庭的财产。一些极端者宁可杀掉役畜家畜也不愿意供集体使用，宁可挨饿也不肯在集体生产中卖力工作。虽然这是极端者，却不是少数。资料显示，集体化过程中大批牲畜被农民宰杀了。1933年马牛羊猪总数比1929年分别下降50%、43.2%、65.5%、41.6%。马匹从3400万头减少到1660万头，牛从6810万头减少到3860万头，羊从14702万头减少到5060万头，猪从2090万头减少到1220万头。集体化不但没有使农业生产增长反而下降了，限制了农民生产积极性和经营自主权，束缚和破坏了生产力的发展，导致1931—1933年的严重饥荒和许多农民饿死。农业集体化后农业就一直停滞不前。到斯大林逝世的1953年苏联的粮食产量还低于1913年水平，特别是在第一个五年计划期间，在工业产值迅速发展的同时，1933年农业总产值比1929年下降了23%。①

马克思主义者曾经根据资本主义社会早期发展的事实，认为农业生产家庭经营会产生两极分化，造成一些农民破产失去土地，一些农民购买土地雇工经营，出现资本主义农业。苏联当时也是出于这种认识，发起了农业集体化和消灭富农的运动。当代资本主义农业发展已经证明：

---

① 王伟光主编:《社会主义通史》人民出版社，第395、318、336、424页。

随着工业化生产的发展，大批廉价农业机械的出现，大批农业劳动力不断向工业转移，劳动力价格不断提高，而农业生产有农忙农闲的间隙性，不需要付高薪常年雇工。使用机械耕种一个人就可以经营几公顷、几十公顷到几百公顷土地。一些大型家庭农场也只需要在农忙时（主要是在收获和采摘时），才雇用临时工。发达资本主义国家的事实证明，农业生产中仍然可以进行家庭生产。农民仍是个体劳动者，是私有者，但他们是不同于资本家的个体劳动者。只要共产党的政策得当，在社会主义国家不实行集体化经营，承认农民阶级的生产特点，放手让农民发展经济，农民完全可以成为农业生产发展的促进者，成为建设社会主义经济的一支强大力量。

在农业经济管理上，苏联除了集体化这一体制性错误外，还有一系列政策性错误。例如，对集体农庄下达指令性计划指标，既不符合集体农庄的集体所有制性质，也不符合农业生产的特点。农业是受自然条件影响大的生产部门。特别是旱、涝、低温等人们还不能控制的自然条件，对农业丰歉影响很大。即使计划留有余地，也不适合下达指令性指标。只可下达一些参考性指导性指标，或不下达指标由集体农庄自主安排决定生产计划。刚性计划只能脱离实际，影响因地制宜多样化生产的农业特点。再如，国家通过义务交售和机器拖拉机站以实物报酬的方式收购集体农庄的产品，这种方式其实是国家半无偿或近于无偿地占有集体农庄的大量（占收购量的80%）农产品。例如，1940年每公担谷物的收购价为8卢布63戈比，而国营农场每公担谷物生产成本为29卢布70戈比，国家收购价格不到成本的30%，这种收购体制实际上带有课税性质。斯大林曾公开称之为农业"贡税"，是为了发展为全国（包括农民在内）服务的工业而向农民征收的一种"额外税"。这种额外税严重影响了农业生产的发展和农民的收入。农民从集体农庄得到的报酬中现金部分平均只占20.3%。直到1950年仍然有22.4%的集体农庄甚至根本不向农民支付现金报酬。1951年4月提前完成第四个五年计划，国民收入比战前提高46%，（西方认为国民收入只比战前1940年增加23.1%或15.7%。工业生产只增加23.1%或46.4%，农业生产只恢复到1940年的99%，一些地方甚至出现了饥荒）。[①] 而按第四个五年计划的要求农业应超出战前27%。当然影响农业生产发展也可能有多种原因，但主要原因还是集体化的体制和额外税制约的作用造成的。

　　苏联也曾出现在不改变集体所有制的框架下的一种有效的农业生产经营形式。例如，1947年春乌克兰库尔斯克州首先实行包产到组，以小组为核算单位，受到农民的普遍欢迎，并很快在乌克兰推广。1948年乌克兰农业获得大丰收，上缴的粮食超过了1940年的水平。乌克兰的经验在全国得到推广。但在1950年初包产到组的形式受到了批判，农业经营形式又退了回去。马克思主义认为农业是国民经济的基础，苏联领导人也认同过这种观点。那么初步找到了有利于农业生产发展的形式为什么不采用呢？是怕包产到组打开公有制的缺口。一种错误的思想占据了人们的头脑，即认为小农经济每时每刻都产生资本主义。而实践证明了这不是真理。

5. 重工业比例过大、军费开支过高影响经济发展速度

　　（1）过分强调发展重工业影响人民生活水平的提高

　　马克思主义扩大再生产理论认为，生产资料应该优先发展，保持第一部类和第二部类的比例关系。苏联根据马克思主义和帝国主义国家可能将要发动战争的国际环境，优先发展重工业、国防工业是有道理的。事实也证明，由于优先发展重工业，建起了强大的国防力量，有了战胜入侵者的物质基础，取得了对德、日法西斯战争的胜利。但苏联过分发展重工业，影响轻工业和农业的发展，必然影响两大部类的均衡发展，影响人民生活的改善和资金的积累，也违背了马克思主义第一部类、第二部类的理论。在苏联整个工业化时期，全部工业投资的84%用于重工业。在社会投资总额中重工业投资一直占30%左右，有时高达40%。轻工业最多也未越过7%，有时只占4%，农业投资"一五"期间为15.5%，"二五"期间为11.8%，"三五"期间为10.7%，1926—1940年重工业增

---

　　① 王伟光主编:《社会主义通史》，人民出版社，第四卷第398页，第五卷第298、294、295、296、297页。

加 18.4 倍，年均增长 21.2%，轻工业增长 6.2 倍，年均增长 14.1%，农业只增长 26%，年均增长只有 1.5%。[①] 由于劳动生产率提高较慢，加上高积累必然影响广大人民群众的切身利益，工人的实际工资 1937 年只相当于 1928 年的 28%[②]。人民生活长期得不到应有的改善，必然挫伤人民大众的热情和积极性。

（2）军费支出过高挤占了国民经济发展的投资

苏联建国后处于资本主义国家的包围中，随时都有政权被颠覆的危险。20 世纪 30 年代，德、日法西斯准备发动第二次世界大战的借口就是消灭苏联和反共。苏联为了保卫国家，反对外国侵略集中力量发展重工业、军事工业，应该说是恰当的、合理的、正确的。二战后特别是抗美援朝战争胜利后，大多数资本主义国家都处于经济恢复阶段，只有美国有发动战争的能力，但发动世界大战的能力也只能心有余而力不足。特别是当时世界人民包括美国人民反对战争要求和平的呼声很高，朝鲜战争的教训也让美国看到用武力消灭社会主义国家已不可能。一些有高度智慧的政治家已看到世界进入一个相对和平的发展时期。尽管美国发动了冷战，但苏联完全可以适当减少军费开支，降低在国家财政支出中的比例，从事民用经济的发展。但苏联领导人在苏联经济实力低于美国的情况下却展开了军备竞赛，使军费支出和国防费用支出比重越来越大。1940 年国防开支在国民收入所占比重为 15%，1942 年达到 55%。工业中用于战争的成品份额由 26% 增加到 68%。[③]1955 年上升到 70%（赫鲁晓夫时期），1960 年上升到 72.5%（勃列日涅夫初期），[④] 还有统计数字显示，1965 年军费为 326 亿卢布，1981 年为 1550 亿卢布，占国民生产总值的 12%—14%，占财政支出的三分之一。军事支出比斯大林时期还高，其代价是耗尽了自己的力量。正如 1984 年 10 月 22 日邓小平同志在一次

---

① 王伟光主编：《社会主义通史》，人民出版社，第 320 页。
② 王伟光主编：《社会主义通史》，人民出版社，第 312 页。
③ 王伟光主编：《社会主义通史》第四卷，人民出版社，第 421、422 页。
④ 王伟光主编：《社会主义通史》第六卷，人民出版社，第 141 页。

讲话中说:"据说苏联是百分之二十的国民生产总值用于国防,为什么他翻不起身来,就是负担太沉重。"① 俄罗斯前总理普里马科夫说:"我们曾有过一个巨大的脓肿:以某种形式同军工生产有联系的国内生产总值占70%。"②

---

① 王伟光主编:《社会主义通史》第七卷,人民出版社,第19页。
② 王伟光主编:《社会主义通史》第七卷,人民出版社,第18页。

二、戈尔巴乔夫与苏联解体

（一）关于戈尔巴乔夫

1. 戈尔巴乔夫身边人对他的看法

领导苏联进行改革的是苏共中央总书记戈尔巴乔夫，改革失败了戈尔巴乔夫负有不可推卸的责任。

戈尔巴乔夫是苏联共产党的领导者，但是不是苏联共产党的有权威的领袖，对他的个人品质和改革理念需要做一些分析和评价找到一些失败的原因。

看他身边的人对他的评价。戈尔巴乔夫在任总书记时，苏联总理雷日科夫说：后来的事实证明就其气质和性格，戈尔巴乔夫不能成为真正的国家首脑。他不具备充当国家首脑的素质，完全不愿做出权威的决断，总是无休止地争论，吸取各种不同的意见，没完没了地争论，并借机不做最终的决定，花言巧语，不置可否，不明确表示赞成或反对。他从不对任何错误决定承担责任，总是以所谓集体研究通过决定为掩护推卸责任。正是在戈尔巴乔夫左右摇摆，不知所终的改革下，苏联发生了剧变。

从这段话看出雷日科夫认为：第一、他虽是一个领导，但不能成为一个真正的领袖；第二、他没有能力，对不同意见不能做出明确的判断，提不出权威意见；第三、意志不坚定，左右摇摆，不承担责任。从这段话还看出戈尔巴乔夫虽然提出了改革，但改革的方向不明确，所以才左右摇摆。在他所著《改革与新思维》18 万多字的著作中也没有提出改革如何实施、导向何方。正像俄罗斯一位作家所说：我们的改革好像一架飞机，起飞了，都不知道飞向何方，飞行的目的地，是否也有着落的地方。

戈尔巴乔夫不是一个称职的党和国家的领导人，因改革失败已经证明了无须再做分析。他的人品、作风，对他的成功、失败固然很重要，但起决定作用的是他的思想和理论即他的"新思维"。

2. 戈尔巴乔夫频繁地调整中央领导层干部

戈尔巴乔夫调整干部迅速而果断。1985 年 3 月任总书记。1986 年 2 月召开苏共二十七大。在这短短不到一年的时间里，戈尔巴乔夫对苏共最高领导层进行了四次重大的人事变动：有 2 人由中央政治局候补委员递升为政治局委员（切布里科夫，谢瓦尔德纳泽）；有 2 人由中央书记处跃升为政治局委员（利加乔夫，雷日科夫）。有 2 人由中央委员升为政治局候补委员（塔雷津，索科洛夫，），有 3 人从地方调任中央书记（尼科诺夫、叶利钦、扎伊科夫），有 3 人被解除政治局委员职务（格里申、吉洪诺夫、罗曼诺夫），解除了 76 岁的鲁萨科夫的书记处书记的职务。与此同时，对最高苏维埃、部长、政府各部委、各共和国、市和州的领导班子也进行了大调整。使苏共中央有三分之一是新人。[①]

最高苏维埃主席团的 17 名正副主席中有 8 人被撤换，部长会议 13 个正副主席中有 7 个退休，新提拔了 7 人；有 3 个共和国的党中央一把手被解职，6 个共和国的部长会议主席，9 个共和国的最高苏维埃主席团主席易人，35 个部长，46 个区委第一书记易人。据统计在戈尔巴乔夫上台的第一个月，就有 6 个州委第一书记被撤换，政治局委员 12 人，8 人是戈尔巴乔夫的亲密支持者。后来证明关键时刻支持苏联，苏共解散的是他提拔成了政治局委员的谢瓦尔德纳泽，促进解体，宣布苏共非法的是叶利钦，仇恨社会主义的是当选为政治局委员的雅利夫列夫[②]。戈尔巴乔夫调整干部的力度是史无前例的，戈尔巴乔夫牢牢地掌握了苏联党和国家的领导权。[③]

[①]　王伟光主编:《社会主义通史》第七卷，人民出版社 2011 年版，第 45 页。
[②]　王伟光主编:《社会主义通史》第七卷，人民出版社 2011 年版，第 45—46 页。
[③]　引文同上。

3. 戈尔巴乔夫的理念和思路变化快

1985 年 4 月在苏共中央全会上，戈尔巴乔夫强调解放思想。[①] 在 1986 年 2 月召开的苏共二十七大上，戈尔巴乔夫说改革的目标是完善社会主义，使社会主义、继续向共产主义迈进，依然是党的任务。时隔一年多，苏共中央全会上提出了一些新的看法，当年 11 月出版了他的新书《改革与新思维》。在该书中的改革一词，不是一般意义上的改良，而是"重建""重构"的意思[②]。他在书中说 1985 年 4 月在党的中央全会上得出的结论是："国家正处于危机前的状态"，"承认必须进行根本的变革和改造"。他说；"必须使社会政治思想发生急剧的转折"。"要在走向崭新状态的道路上实现根本改革"。[③] 在这里已从完善社会主义变成了转折和根本改革。

戈尔巴乔夫思想转变很快还表现在，他在 1986 年 2 月在苏共二十七大上，继续肯定苏联已进入发达社会主义阶段。到了 1986 年 10 月仅隔 8 个月后，他在苏联首次提出发展中的社会主义。到了 1989 年 11 月他在发布的《社会主义和革命性改革》一文中又说："苏联现时的社会主义还处在社会主义的'早期阶段'，主要标志是生产力发展水平不高和科学技术发展程度差。现阶段的任务是通过根本性改革，使苏联社会走向人道的民主的社会主义。"[④]1990 年以后，戈尔巴乔夫更多强调要与斯大林模式决裂，实行多党制建立真正的民主的人道的社会主义。[⑤]

戈尔巴乔夫一再强调"良心"，他把产生改革的思想、表述，不是建立在更好更快地发展社会主义社会，而是良心的召唤，不是以一个真正共产党的精神，社会主义精神做好本职工作，而是凭良心做好工作。他在《改革与新思路》一书中提出："从原则上我们可以说改革的最终目的——就是要深刻革新国家生活的各个方面，使社会主义具有最现代化的社会组织形式。最充分地揭示我们的制度在各个决定性方面，即经济方

---

① 雅科夫：《论苏联改革失败的历史教训及其对中国改革的借鉴意义》2004 年引自百度网。
② 王伟光主编：《社会主义通史》第七卷，人民出版社，第 32 页。
③ 米·谢戈尔巴乔夫著，苏群译：《改革与新思维》新华出版社，第 20、53、55 页。
④ 同上书 45 页。
⑤ 王伟光主编：《社会主义通史》第七卷，人民出版社，第 20、21 页。

面，社会政治方面和道德方面的人道主义性质。"① 在这里 1987 年的改革目标已和 1986 年说的改革目标有了惊人的不同。

此后，1989 年 11 月 26 日戈尔巴乔夫又在《真理报》上发表了《社会主义思想与革命性变革》一文之后，他不再提完善和更新社会主义，而是要建立新的社会主义——人道的、民主的社会主义。他也越来越多地接受民主社会主义的理论和主张。②

4. 戈尔巴乔夫经济改革的大体历程

戈尔巴乔夫 1985 年 3 月任总书记，4 月号召人民解放思想，接着进行改革，1985 年 11 月政治局通过了《关于进一步完善农工综合体管理的决定》，中央层面联合 10 个部建立农工综合体管理局，地方也建庞大的机构，高居于集体农庄之上，力图促进农业发展。但没能激发集体农庄和农民发展生产的积极性。没有达到经济好转的效果。1986 年 2 月苏共二十七大，戈尔巴乔夫做出了加速战略。加大对机械制造业的技术改造和投资力度，加剧了经济结构的不平衡，致使经济发展速度下降。

从 1985 年 3 月任总书记到 1986 年 3 月对苏联最高领导层进行了 4 次大规模调整，企图稳定其掌握的领导权。1986 年 11 月通过了《苏联个体劳动法》，允许私人手工业等 27 个行业可以从事个体劳动。但不得经商，不得雇工，不得搞非劳动收入。1987 年 6 月苏共中央全会通过了根本改革经济管理的原则。决定由行政领导转向经济领导，以利益方式进行管理。由高度集中转向民主化，扩大企业自主权，放弃对企业日常工作的干预，还通过了《国营企业（联合公司）法》草案，企业成为商品生产者，内部自治完全经济核算，1988 年生效。1989 年扩大到所有企业。但主要产品的价格、工资、利润仍有国家决定③。1987 年 11 月出版了戈尔巴乔夫的著作《改革与新思维》，与 1985 年上台执政时的改革思路有了新的变化。1988 年 6 月苏共代表大会之后，重心改为政治改革。1988

---

① 米谢·戈尔巴乔夫著：《改革与新思维》，第 61、62、35 页。
② 王伟光主编：《社会主义通史》第七卷，人民出版社，第 32 页。
③ 王伟光主编：《社会主义通史》第七卷，人民出版社，第 25—26 页。

年 7 月 1 日《合作社法》生效。允许农业等多种部门组织各种形式的合作社、集体农庄和国营农场。可以把土地出租给家庭和个人，租期 50 年，农忙时可以雇工。1989 年 12 月在第二次苏维埃代表大会上，雷日科夫提出经济复兴计划，向可调节市场经济过渡。1990 年 5 月叶利钦当选俄罗斯最高苏维埃主席，拟定了一个 500 天计划。1990 年 8 月 2 日戈尔巴乔夫颁布总统令，拟定以 500 天计划为基础，分阶段向市场经济过渡，1990 年 9 月 24 日苏共中央全会通过了《关于苏联国内形势和苏共向市场经济过渡时期的任务》的决定。主张建立多种所有制，多种经济成分的经济。形成市场经济的基础结构。1990 年 10 月苏联最高苏维埃两院联席会议上通过了戈尔巴乔夫提出的《稳定国民经济和向市场经济过渡的基本方针的统一方案》以 500 天计划为基础，提出有步骤地放开物价，逐步实行经济非垄断化，企业非国有化和私有化，稳定劳动力、生产资料和消费品市场，形成市场机制和市场环境，进行工资改革等。但俄罗斯在叶利钦领导下不理睬戈尔巴乔夫的方案仍执行他的 500 天计划。

1990 年 2 月宣布放弃一党制，1990 年 12 月在苏维埃第四次人代会上戈尔巴乔夫提出由总统直接领导内阁，统一协调联盟所有政权机关和管理机关，实行总统制。实际上是放弃了利用党的组织实行对国家的领导。

1991 年 8 月乌克兰宣布独立。1991 年底俄罗斯与白俄罗斯等宣布成立独联体，各加盟共和国纷纷响应。叶利钦宣布苏共非法，戈尔巴乔夫宣布辞职，12 月 25 日苏联国旗在克里姆林宫降下，12 月 26 日苏联最高苏维埃自我解散。

戈尔巴乔夫从 1985 年 3 月上台任总书记执政，到 1991 年 12 月下台，苏联解体、苏共解散，总共 6 年半多一点时间。苏联从一个全世界最稳定的政体，全世界第一个领导工人、农民夺取政权，又领导苏联人民取得辉煌建设成绩的共产党，没有失业，有完整社会保障制度，军事力量强大的霸权大国，尚有 70% 以上人民支持的社会制度就这样毫无反抗地从党的内部、从领导层被攻破了，投降了，解体解散了。

（二）戈尔巴乔夫的民主的人道的社会主义的改革

1. 苏联的社会主义民主建设

苏联在斯大林时期实行生产资料国家所有制和集体所有制，制定了比资产阶级国家更加民主、自由和人民享有更充分的人权宪法，被称为世界上最民主的宪法。实行工、农、兵、直接进入苏维埃的民主制度，直接参与管理国家大事，成了世界上第一个妇女有权投票的国家。

苏联第一个实行由国家负责的劳动者的社会保障制度，并随着社会经济发展不断完善并法律化，实现了劳动者充分就业没有工人失业的国家。劳动者从社会底层提高到国家主人的位置，破天荒地在全国召开劳动者的先进工作者劳动模范大会。工人农民劳动者参加全国大会，向国家领导谈自己的想法和建议。运动员，艺术家有了功勋称号，科学家最受人尊敬。人们羡慕的不是亿万富翁的奢侈生活，而是为人类社会发展做出贡献的劳动者。这才是真正的民主和人权。

苏联无产阶级夺取政权后，立即实行了工人、农民、知识分子直接进入苏维埃和人民代表大会执政、议政，选举中央和地方各级领导人，这是最广泛最真实的民主。同时制定了宪法等各种法律，保证民主制度的执行，但是在苏联还存在着相当严重的封建思想、资产阶级小资产阶级思想，影响着广大领导干部、工农群众。

进行改革是个千百万人民的革命事业，只有动员全国人民的力量，依靠民主作风，依靠人民群众进行改革才能完成。宣传社会主义的民主人道都是无疑的。既然发现社会主义民主遭到了严重损害，那么在改革时期的某个阶段，恰当的时期，重点进行政治改革，建立、健全、完善社会主义民主制度也是必不可少的一课。由于政治改革涉及面很广，应当是稳妥地有步骤地进行。但戈尔巴乔夫的民主化改革民主化进程过急、过快，选择改革的时期又正当经济下滑时期，其最根本的要害是他的民主理念错误，用错误的理念指导民主化改革必然失败。

2. 戈尔巴乔夫的民主化改革

在马克思主义的社会主义概念中就包含着人民享有真正当家作主和广泛的人权，戈尔巴乔夫为什么还要在社会主义前面加上民主、人权呢？这就需要了解他说的民主和人权是什么概念和内涵了。

民主的概念就是人民当家作主，进行社会主义建设。而戈尔巴乔夫提出的民主是一个含义不清的概念。有时候包含群众想怎么办就怎么办，有时候又说言行要受到法律的约束。对民主化评判要有利于巩固社会主义，言行要凭良心，要凭责任心，不能无政府状态。又说法律也要改革民主化。在改革和民主化上他说："在改革和民主化的条件下，批评的标准和性质也在变化，任何人都没有对真理做最后评判的权利。"①

究竟他的民主化是个什么概念，我们还是从他所著《改革与新思维》一书中找出他对民主化的含义的一些具体看法吧！

戈尔巴乔夫认为没有公开性，就没有什么民主可言。公开性就是要人民知道好的，也应该知道坏事，以便扬善除弊。由于公开了好事坏事，人民对公开性感兴趣了，社会的精神力量就调动起来了。从 1987 年 7 月开始，苏联不少报刊开始出现了一股歪曲和污蔑苏联历史的逆流，说十月革命是少数暴徒发动的政变，使俄国离开了人类文明的正道。苏联历史是不光彩的历史，必须与之一刀两断，彻底决裂。说十月革命一点好处都没有，我们的祖父辈在这块土地上毫无意义的受折磨陷入苦海。把列宁说成是"无赖"，斯大林是恶魔，苏联是极权主义，伪社会主义，苏联的历史除了罪恶还是罪恶。对这种反共、反社会主义言论，戈尔巴乔夫虽然感到惊讶，但他认为重要的是，这种言论包含着改革的根源。他认为从历史的教训中得出的结论是：社会主义有自我完善和更充分发展的潜力，但必须进行广泛的、彻底的、果断的改革和民主化再民主化，认为这种民主化的讨论产生了他的民主的、人道的社会主义思想。

当有人怀疑这样的公开性民主化是否会影响社会稳定时，戈尔巴乔

---

① 戈尔巴乔夫著:《改革与新思维》，第37、93 页。

夫却认为需要公开性就像需要空气一样，拒绝了这种担心。他把反共、反社会主义言论当作批评，不准针锋相对的进行批判，不准反击，不让讲事实纠正谎言，放任反对共产党的势力肆意攻击。

戈尔巴乔夫发动的"政治运动"，让社会上出现了新动态，有的地方召开大会或组织游行，在会上有人慷慨激昂地发表演说，有人清算个人恩怨，有人盛气凌人地扣帽子，情绪偏激的派性辩论、对骂，戈尔巴乔夫却认为这是民主化的自发表现。

戈尔巴乔夫号召不论是今天的痛处，还是过去历史上的悲惨事件，都可以成为报纸分析的对象。于是出现了有人把尖锐和痛心的事搬到报纸上，引人注目，引导人们围着它转，把他的想法强加于人。戈尔巴乔夫虽然批评这种指桑骂槐。但是他认为，不能号召给批评园地围上禁止入内的栅栏，即使带有怀疑，也要欢迎。

当有人提出这些批评使社会主义的生活方式威信扫地，西方正用此来反对我们时，戈尔巴乔夫说我不害怕这一点，以批评的态度重新认识自己的经验，这是有力量的表现。

当有人提出，社会上的过分激烈的辩论，谁都认为自己正确、自己是哲学家、自己最有权威、影响正常工作开展时，戈尔巴乔夫却认为属于正常现象，是民主到处展开。最尖锐的问题都应当讨论，最极端的观点也有某种宝贵的合理的东西。不是对抗性，是探索和辩论。

在改革和民主化的条件下，批评的标准和性质也在变化，虽然戈尔巴乔夫说批评应以事实为依据，但这取决于作者和编辑的良心、责任感。

戈尔巴乔夫虽然说不能容忍恣意妄为，混乱的无政府状态，必须严格遵守法律，但是他又说法律还应当为公民、劳动者的集体和团体发挥主动精神提供必要的自由。

戈尔巴乔夫认为，苏联出现反社会主义组织是民主化的改革，是使政治多元化。在他这种思想指导下，反社会主义组织到1990年时，已发展到几万个，并公开活动。

到1990年戈尔巴乔夫的民主化概念，发展到否定共产党的领导地位，实行自由选举的总统制、多党制。

戈尔巴乔夫的民主观的错误就是把资产阶级自由化，即让反对十月革命、反对共产党、反对社会主义的人肆无忌惮地为复辟资本主义造舆论。

3. 戈尔巴乔夫掀起的民主化改革导致了局势动荡

戈尔巴乔夫掀起的这场民主化的政治改革，没有起到发展、促进社会主义经济的作用，只是掀起了工人在车间大辩论，掀起了全国人民的大辩论。在辩论的过程中，出现了利用自己掌握的媒体制造谎言，让人们围着谎言转，把注意力集中在过去的悲惨事件上，用自己的观点左右群众，出现了反对社会主义的对抗性矛盾。出现了与社会主义格格不入的东西，戈尔巴乔夫通过公开化、民主化掀起了媒体丑化否定苏联历史的舆论，搞乱了人民的思想，使人民相信了谎言，导致了苏联解体共产党解散。

最后，要说的一点是，1987年戈尔巴乔夫指示停止对美国之音，英国 BBC 广播进行干扰。美国国际广播委员会认为"苏联停止干扰西方广播，可能比戈尔巴乔夫决定从东欧撤走50万军队更重要。对美国来说它为促进苏联社会的和平演变，提供了难得的机会"。1988年戈尔巴乔夫取消了报刊检查制度。1990年6月通过了"新闻出版法"。决定国家机关、政党、社会组织、宗教团体以及年满18岁的公民都有权创办舆论工具。当年10月已有700家报刊，其中七分之一属于私人，还出现了独立通讯社。①

戈尔巴乔夫的上述举措，一是符合他的民主化多元化思想。二是达到了如俄罗斯作家邦达列夫所说的：在六年当中，报刊实现欧洲装备最精良军队在40年代用火与剑侵入我国时，都未实现的目标。那支军队有第一流的技术装备，但缺少一样东西——这就是千万份带菌的出版物。三是在戈尔巴乔夫的号召、示意下，媒体发起了揭露苏联历史黑暗面和现

---

① 赵强:《舆论失控，苏联解体的催化剂》。

存体制的缺点，直接动摇苏联这一大厦。四是在包括主流媒体在内的直接攻击，抹黑苏共和社会主义的荒诞无稽的谎言下，对知识分子的影响最大。尽管有75%以上的苏联民众要求保留苏联，继续走社会主义道路，但在不准批驳、反击的情况下，在叶利钦假装和戈尔巴乔夫一致的情况下，巧妙地利用了党在群众中的威信骗取了群众支持，在戈尔巴乔夫民主的人道的社会主义的幌子下复辟了资本主义。

（三）戈尔巴乔夫的民主化是经济体制改革失败的重要原因

1. 把苏联经济体制存在的问题看成是民主问题

戈尔巴乔夫看到了单一公有制经济和行政命令式计划经济的缺陷，他把以单一公有制和计划经济体制下的经济发展停滞、资源消耗大、浪费多，科技转化率低，粗放经营，结构失衡等问题，同归于管理体制和经营体制。他的这种认识影响他对社会主义经济模式的看法，局限了他对经济体制改革的深化与方向，他的这种认识束缚了他对苏联社会主义现实中生产力与生产关系深层矛盾的思考。

从戈尔巴乔夫领导的苏联的实践看，也确实是按他的民主化思想进行的；例如选举企业和机关的领导人，工厂、国营农场和集体农庄实行自筹资金，取消对于为本企业生产食品的副业的限制，扩大合作社活动，鼓励小生产和商业中的个体劳动，关闭不赢利的工厂以及不能有效工作的科学研究所和高等院校，企业改行完全经济核算制等。

在不削弱中央作用的同时，对计划的改革，就是实行计划工作民主化；就是从企业和劳动集体开始制定计划，物资分配向批发贸易过渡，使计划工作与社会主义市场刺激相结合。在农业中推行集体承包和家庭承包，租赁承包等。

戈尔巴乔夫把改革定为调动人的积极性、主动性、主人翁精神为核心，应该说抓住了改革的根本。但是他采用民主化的方法，改革公有经济的经营体制和极端集中的计划经济的管理体制，对企业和劳动集体发展生产、改善经营、降低成本、提高利润率会起到积极作用，但是其无法解决单一公有制经济和计划经济的根本缺陷。

2. 在经济体制基本不变的情况下经济民主化改革效果有限

在单一公有制经济和计划经济体制的大环境下，企业完全实行经济核算制，执行起来会有很多困难，给整体经济发展带来一定负面作用。当戈尔巴乔夫认识到的要进行市场体制改革时，又被他的民主化葬送了。"1988年6月苏共第十九次代表大会后苏联改革的重心转向政治体制，经济体制改革的目标则是加速向市场经济转变。但是，接踵而来的激烈的政治斗争使得经济体制改革计划完全落空。"①1990年5月苏联政府提出了在国家的统一调控下从价格入手，全面推进向市场经济过渡，在没有实践经验的情况下，从几十年的计划经济体制，特别是前两年还强调对公有制和计划经济进行民主化改革，会发挥出社会主义制度巨大潜力，发挥出计划经济的优越性的状况下，还不到两年的时间，又要向市场经济过渡了，而市场经济体制一直是被认为是资本主义的东西。这对全党，全民来说是一个思想大转弯，而且也是企业经营管理方式，人民生活习惯的大转弯。只用3—5年的时间完成，不仅很难实现，而且转弯中的每一步都会产生很大风险。譬如几十年的物价稳定，而市场化物价就会上涨，几十年没有失业，现在会出现企业倒闭，工人失业，这都会引起群众不满，闹事和社会动荡，使改革也很难进行。

这种经济体制的根本转变，不能操之过急，要先试点，逐步推进，先易后难，先做起来，让人民群众看到一些成效，成功了再逐步扩大，逐步推开。而戈尔巴乔夫的民主化思想，使他指导的这种转变，不是先从试点做起，而是先从辩论开始。这种辩论只能是空对空，谁也没有事实根据。雷日科夫在1990年5月召的最高苏维埃会议上提出了向可调节的市场经济过渡的纲领。而这一纲领又是在没有道理，没有根据的基础上，遭到叶利钦等激进派的攻击。本来专家们又要在1990年9月1日拟定详细的过渡计划。巧的是，叶利钦在1990年5月29日当选为俄罗斯联邦最高苏维埃主席，大权在握，拟定了一个500天计划（即美国帮其

① 王伟光主编：《社会主义通史》第七卷，人民出版社，第26页。

制定的休克疗法）对抗中央政府的计划。

1990 年 10 月 8—9 日，苏共中央全会通过了《关于苏联国内形势和苏共向市场经济过渡时期的任务》的决定。10 月 19 日苏联最高苏维埃两院会议，通过了《稳定国民经济和向市场经济过渡的基本方针的统一方案》。虽然这个方案是以 500 天计划为基础，只吸收了政府方案的部分内容，按道理叶利钦应该满意，但叶利钦的目的不在这里，仍然拒绝执行。戈尔巴乔夫的，谁也没有对真理的最后评判权的石头狠狠地砸在自己的脚上。苏共中央，苏联最高苏维埃两院都没有权威。俄罗斯联邦在叶利钦的领导下，用不着戈尔巴乔夫的"民主化"方法，决定 1990 年 10 月 1 日执行 500 天计划。

从 1989 年 12 月提出的向市场经济过渡嚷嚷了 300 天没有实行就被叶利钦的休克疗法取代了。此后不到一年时间，即 1991 年 8 月 24 日乌克兰宣布独立，年底戈尔巴乔夫宣布辞职，苏共解散，苏联解体。

（四）戈尔巴乔夫改革的历史教训

戈尔巴乔夫开始领导苏联进行改革时，他是要在党的领导下进行改革，但由于他的民主理念随着民主化进程一步一步推进，出现了他认为正常民主的社会主义多元化，即是思想多元化和政治组织多元化。他的民主化思想进一步发展到各党派都是民主社会主义平等的一员，放弃了党的领导地位实行多党制，用总统制代替共产党的领导。放弃了党的领导地位就是放弃了马克思列宁主义思想的指导地位。把共产党的主张，提出的方针政策与各党派的主张，方针政策都处于平等地位。如何执行，执行谁的政策，他又主张由总统或全苏代表大会决定，由各级行政部门执行。放弃了党的领导，就等于放弃了利用全国党组织贯彻执行党的方针政策。放弃了广大党组织，广大党员联系群众、宣传群众、组织群众的最有效的组织功能。

为什么没有共产党领导的思想政治多元化必然是资产阶级的自由化，多元化？

第一，当今世界是两大阶级的政治较量，即资产阶级和以工人为代表的广大劳动者阶级的较量。一边是世界上各种政治组织自觉或不自觉地站在资产阶级一边，为资产阶级获得更多利润服务，一边是自觉或不自觉地站在劳动者阶级一边，为人民长远利益、根本利益、当前利益服务。虽然界限不是很清楚，有的有明确的纲领、政策目标，有的故意模糊目标，有些组织摆来摆去，政策措施上是有东有西，但抛开表面看实质，都能看到他们的倾向。

第二，具体到苏联，戈尔巴乔夫政治改革的出发点是为了巩固社会主义，发展社会主义经济，改善苏联人民的物质文化生活。但戈尔巴乔夫的民主化理念，受到资产阶级民主的影响，或者是接受了资产阶级制定的民主，自由，人权的标准。他继承了赫鲁晓夫全民党的思想，忘记了社会主义阶段仍然需要无产阶级专政。如前面已经指出的他把否定社会主义，宣扬复辟资本主义思想和组织也看作是社会主义民主和自由。

第三，叶利钦也是如此，他千方百计要去美国，深得美国支持。他的改革方案，休克疗法也是美国人帮助制定的。戈尔巴乔夫的改革思路是受资产阶级思想影响很深的。叶利钦巧妙地利用戈尔巴乔夫错误的民主理念，使得戈尔巴乔夫承认多党制，放弃了共产党的领导地位。改革的领导权已经由代表资产阶级利益的人领导了。

（五）人道的社会主义错在哪里

在戈尔巴乔夫的《改革与新思维》一书中，我们看到了一些他的有关人道主义的理念：如，不论人民内部矛盾，还是对抗性矛盾都要用劝说、民主化的方法解决。对于毒草他不让批判，而是让毒草的制造者用良心和责任感自我消除等。他的人道主义理念核心是把暴力抛进历史的垃圾堆。需要的是对话、文明、非镇压，不需要霸权、控制。戈尔巴乔夫的需要对话、文明、非镇压、不需要霸权的说法，与把暴力扔进历史的垃圾堆，不仅是他的人道主义理念的核心，也是苏联改革失败的一个关键点。这里的非镇压，不是指的资产阶级对无产阶级革命的镇压，是专指社会主义国家对少数人反对社会主义行为，即企图推翻社会主义制度的行为，只能采取对话，而不能采取镇压手段。

戈尔巴乔夫提出的非镇压不是一种愿望或将来的目标。而是指社会主义国家任何时候只能采取对话、非镇压。这也是他在领导改革时，采取的实际行动。

戈尔巴乔夫的民主的人道的社会主义失败了，不仅导致了苏联解体，苏共解散，他的理念也实现不了。1996 年戈尔巴乔夫参加俄罗斯总统大选得票率不到 1%，俄罗斯 99% 的选民，不认同他的民主的人道的社会主义，就充分说明戈尔巴乔夫的改革不论在理论上还是实践中都失败了。使苏联一些共和国成了国际资本的附庸，一些坚持独立的国家则长期受到制裁，经济发展缓慢，给苏共带来了极大的损失，也给世界共产主义运动带来极大的损失和沉痛的教训。

三、苏联解体的原因

（一）苏联改革过程中的一些错误做法

1.批判斯大林和彻底否定苏联政治体制是失败的原因之一

斯大林在苏联共产党、苏联历史上占有非常重要的地位。列宁在世时他就进入了苏联共产党最高领导层。列宁逝世后担任苏联共产党、苏联国家的领袖长达 30 年，在这 30 年中把一个使用木犁耕作的农业国，变成一个掌握原子能的工业强国。

戈尔巴乔夫在《改革与新思维》一书中说："70 年是个短暂的时期，在这一时期，我们的国家走过了相当几百年的道路——苏联人有权为此感到自豪"①。这 70 年基本上是按照斯大林设计的路子走的。戈尔巴乔夫掀起批判斯大林的政治运动，不仅是出尔反尔，还严重损伤了苏联人民的自豪感。

苏联政治体制有缺陷是无疑的，但也应一分为二，要站在建设社会主义、让人民更好的当家作主的立场上，进行实事求是的分析。苏联有的制度很好，但制定后有的没有认真执行，有的走了样，有的出了偏差，有的制定时不完整。改革就是要健全、纠正、完善、创新。采用彻底否定，一棍子打死，不仅不能找出改革的正确道路、方法、策略，反而会把生活在其中的、忠实的工作劳动的人民搞得不知所措，把人民的思想搞乱。

---

① 《改革与新思维》第 12 页。

2. 戈尔巴乔夫"加速战略"的失败

戈尔巴乔夫看到了苏联经济发展的停滞，提出要一刻不停地加紧工作、加速改革、加速发展经济，要对经济结构进行重大改革，重点是对企业进行技术改造，节约资源，提高产品质量，用比上一个五年计划多一倍的投入，使机械制造业现代化，并争取在九十年代达到世界水平。

当时苏联的产业结构是重工业、军工工业过重，轻工业、农业过轻。在世界进入第三次工业革命时，苏联领导人重视，加速发展经济，首先应调整产业结构，补充短板。而戈尔巴乔夫的投资仍然是机械制造业，继续走出口石油换民生用品的老路。"加速战略"反而拉大了产业结构的不均衡。石油价格波动，以及加大进口先进的机器，不能不影响民生用品的进口。再加上当时政局混乱，工业品生产受到影响，商店的货架上经常处于缺货的状态，人民生活不断下降，经济发展的"加速战略"不仅没有达到经济发展的加速目标，反而出现了经济下滑。苏联国民收入的增长率，从1981—1985年的3.2%下降到1986—1988年的2.8%，市场消费品供应短缺的现象更加严重，财政赤字比20世纪80年代初增加了一倍。整个经济形势恶化，"加速战略"失败。①

对改革进程的加速战略，或者说一刻不停地加紧工作推进改革，更是导致了政治紊乱。在农业上推行集体承包、家庭承包的改革还未大量推开未见到实效就匆忙进行了城市改革。

苏联农业的改革困难在于，农民长期集体生产，机械设备、各种生产工具都是按集体生产设计制造的，农民的生产技术在集体生产时往往单一，拖拉机手只会开农机，种地的农民不会开拖拉机，不会养奶牛、养猪，而畜牧工人又不会种地。改为家庭承包、集体承包应有一个较长的适应期才能见效，大量的、丰富的农产品才能上市。在农业改革刚起步时，戈尔巴乔夫就加速推行了城市经济或二、三产业的改革，推行企业全面经济核算制、计划调节的市场经济还没有见效或初步见效，就又

---

① 王伟光主编:《社会主义通史》第七卷，人民出版社，第26页。

推行了政治改革。经济改革出现的困难与政治改革出现的政治乱局搅混在一起，经济领导机关不能集中力量解决经济改革中的各种困难，企业领导不能集中精力经营管理企业，广大工人参与辩论无心生产。改革导致的经济下滑、人民生活水平下降，必然失去人民的信任和支持。1990年夏天戈尔巴乔夫的支持率已经下降到56%，到了冬天下降到了11%。[①]戈尔巴乔夫的改革不是一步一个脚印地让人民看到实效，让人民的生活水平不断提高，而是出现了游行示威、罢工、物价上涨、物品短缺的痛苦局面。在戈尔巴乔夫威信下降的同时，投机者利用谎言骗得部分人民的信任。戈尔巴乔夫的快速转舵，把一条行驶的航船倾翻了。

3. 关于真理的最后评判权问题

戈尔巴乔夫说："任何人都没有对真理做最后评判的权利"[②]这句话并没有错误，因为实践才是检验真理的标准。但是戈尔巴乔夫这里讲的这个观点，包含的意思可能更广泛。他说："在改革和民主化的条件下，批评的标准和性质也在变化"[③]。他说："批评者与被批评者应该进行对话，而不能应用傲慢的教训和训斥检察官的语调。因为：任何人都没有对真理做最后的评判的权利"。[④]综合前后文字，这里说的是，由于公开了党和苏联历史上的悲痛事件，掀起了对斯大林等过去领导人的批判，自然包括他们提出的理论、方针、政策、价值观，等等。谁都没有对真理的最后批判权，就把过去苏共执行的各项方针、政策、党的指导思想，制定方针、政策对否，没有了批判标准。说正确是真理，说错误的也是真理，或者都不是真理。

戈尔巴乔夫作为党的总书记是党的最高领导人，放言"谁也没有对真理的最后评判权"，说明他对自己的理念不自信，不确定自己提出的理念是否代表了绝大多数人民的利益。戈尔巴乔夫不确定党中央提出的方针、

---

① 雅科夫列夫著:《论苏联改革失败的教训及对中国改革的借鉴意义》。
② 戈尔巴乔夫著:《改革与新思维》, 第93页。
③ 同②。
④ 同②。

政策、道路的正确性，或者是接受了资产阶级的宣传，听信了资本主义理论家在社会主义国家 推行资产阶级自由化的骗人的谎言。

戈尔巴乔夫提出的观点，直接或间接起到了如下作用：第一，鼓励了大鸣大放，一些人把压在心内多年不敢说出的，否定十月革命、否定苏联政治、经济、文化建设成就的反对社会主义、反对苏共的言论都说出来了，使反对社会主义、反对共产党的言论合法化。第二，马克思列宁主义、社会主义、无产阶级专政、共产党领导统统都可以认为不是真理，为资产阶级自由化提供了理论支持。第三，谁都没有真理，谁说的话都是真理，必然出现谁都是哲学家，拉帮结派，政党林立。第四，谁都没有真理的评判权，共产党的各级组织，就可以不执行中央的方针政策另搞一套，党员也可以自行其是，丧失了党中央的权威，使团结的党变成了分裂的党。第五，共产党为大多数人民服务的理念方针政策已不认为是真理。为小众、为一党私利的理念提出的政策也都可以说成是真理。戈尔巴乔夫自己放弃了真理的评判权，也就放弃了领导权。第六，放弃了依据马克思列宁主义为大多数人民利益为标准的真理，不澄清事实、让谎言横行，必然搅乱人民群众的思想，搅浑了政治局面。

"谁都没有对真理评判的权力"的观点，出自苏共最高领导人戈尔巴乔夫之口，后果是相当严重，虽然不能说放弃苏共领导权完全归罪于这一观点，但毫无疑问，这一观点是一个重要的帮凶。

（二）苏共最高领导人背离了马克思列宁主义

1. 赫鲁晓夫背离了无产阶级专政和实事求是，戈尔巴乔夫放弃了共产党领导

苏联共产党从赫鲁晓夫开始就背离了马克思"理论最实质的一条就是无产阶级专政"[①]。

比如，批判斯大林采取一棍子打死的办法，忘记了实事求是，把斯

[①]《邓小平文选》第三卷，人民出版社 1993 年版，第 365 页。

大林时期说成一片漆黑，批判斯大林的错误，连同其有价值的理论一齐丢弃，并彻底消灭其影响。这种做法不是马克思列宁主义的做法，既否定了苏联的光荣历史，也伤痛了苏联人民的心。到戈尔巴乔夫时期，则发展到民主的人道的社会主义，放弃了共产党领导，推行资产阶级自由化导致苏联解体。

2. 勃列日涅夫带坏了作风

勃列日涅夫任苏联最高领导人共 18 年时间，这 18 年时间也是苏共作风被破坏的最严重的时期。这一时期高级领导人彼此勾结，滥用权力，贪污受贿的案件层出不穷。这些案件除个别外，大多数是勃列日涅夫去世后才被揭露出来。据苏联《青年共产党人》杂志 1989 年第 10 期披露："经济领域里有组织的犯罪集团多数已存在 10—15 年或更长一些时间。"勃列日涅夫女婿丘尔巴诺夫贪污受贿 65 万卢布。各级领导人造别墅的规模不断扩大，不再建造朴实的小木屋，而用砖建造设备齐全的两层楼的别墅。高级领导人可以一年四季都住在郊外。眼看着苏联卫生部第四总管理局不断发生变化，修建许多新的中央专门医疗、疗养院和休养所。工作人员根据自己的职位，有时也因领导人的赏识可以享受各种特权。[①]

干部中唯一专注的是如何讨好上级，求得任命、提拔、升迁。致使党的各级机关成了针插不进，水泼不进的盘根错节的独立王国。外来的、新来的干部，都必须投入这个集体，否则就会受到排挤、孤立、终身得不到提拔。这种坏作风，不仅严重脱离了群众，而且形成了一个稳定的特殊的利益阶层。这股势力从中央到地方把持着党政大权，有着同人民群众格格不入的共同利益，成了一个新的为保护自己利益而复辟资本主义的阶级力量。

戈尔巴乔夫上台后并没有触动这个集团的利益，相反提出的是解决平均主义的问题。而他的改革政策又为这个集团攫取利益创造了条件。如实行"三自"（自筹资金、自我核算、自负盈亏）改革，颁布《个体劳

---

① 刘克明：《论苏联共产党的官僚特权阶层》。

动活动法》《合作社法》等，官僚特权阶层的若干头面人物开始利用自己的权势地位以及同高级领导人的种种关系，取得各种特殊的经营权力，以多种形式，通过多种途径，侵吞国家财富，逐渐从管理者变成占有者，把管理权变成所有权。

苏联解体后出现了 15 位总统，都是过去苏共的高干，叶利钦在俄罗斯当总统，谢瓦尔德纳泽在家乡格鲁吉亚当总统（苏共政治局委员，外交部部长，后来被更亲美的萨卡什维利赶下台）。切尔诺梅尔金，八十年代是苏联天然气总公司总经理，1992 年私有化后成了天然气股份公司最有力的控股人，控制了世界上 40% 的天然气，成了世界上最富的人之一。苏联共青团中央书记科尔科夫斯基办了一家银行，把原来属于人民的财产变成他自己的财产。苏联官僚特权阶层，在苏联解体之后，不论在商界和政界，他们基本上仍然保持了自己的高位和利益。今日掌管俄罗斯的绝大部分人是旧时的权贵，即特权阶层中的人物。1991 年莫斯科上万名大富翁中，大部分是原来的党政干部。

3. 叶利钦在瓦解苏联解散苏共中起了推波助澜作用

叶利钦、雅科夫列夫、谢瓦尔德纳泽都是戈尔巴乔夫任苏共总书记后提拔到政治局委员、候补委员和书记处书记的。他们在戈尔巴乔夫领导的改革过程中，利用自己是党的高层领导这一重要身份进一步加速了苏共的解体。

叶利钦 1985 年后调任苏共中央任中央政治局候补委员、书记处书记、莫斯科市委书记。他也许是真心，也许是假意，表现出响应戈尔巴乔夫的改革理念，表现出新的民主作风，他和群众一起排队购物，访贫问苦，打击黑社会，抨击特权腐败，赢得了很好的口碑。[①]1987 年 10 月的中央全会上，他认为自己有了群众好评的政治资本，猛然攻击苏共中央改革进程缓慢，指责戈尔巴乔夫搞个人崇拜，遭到中央几乎全体委员的迎头痛击，他辞去党内一切职务。戈尔巴乔夫批准了他的辞职，但仍

---

① 雅科夫伊万诺维奇布尔什维科夫：《论苏联改革失败的历史教训及其对中国改革的借鉴意义》。

任命他为国家建设委员会第一副主席、建设部部长，仍然是苏共中央委员、莫斯科市委员。他利用自己有利的身份，"在一切场合都痛陈苏共统治的腐败堕落，压制民主"，利用苏共已经认识到并且想在改革中纠正的错误宣扬自己，利用当时改革过程中的一些错误政策，特别是加速战略导致的更加严重的经济结构不平衡、物资供应短缺、人民生活水平下降等引起的群众不满，要求尽快改变现状发展经济的情况下，向人民许愿他要竞选成功，可以在三年内解决苏联的经济问题，还清内外债。叶利钦还利用党在群众中的威信组织群众游行示威，煽动煤矿工人罢工。在攻击苏共的同时，宣称从来没有反对戈尔巴乔夫，而戈尔巴乔夫在1988年叶利钦竞选人大代表时，一再下达命令让党组织阻止叶利钦当选。而他自己在公开场合，从不批评叶利钦的所作所为。这就给广大人民一个印象，苏共党内的反对派是反对叶利钦的，而戈尔巴乔夫和叶利钦是一致的。①

1990年5月叶利钦以微弱的多数当选为俄罗斯最高苏维埃主席后拥有了权力和政治资本，聚集了自己的一派势力，立即利用自己的实权，利用煽动起来的民族主义情绪，开始了瓦解苏联的活动。他宣扬："只有共和国的强大，苏联才会强大，俄罗斯的法律高于联盟法律。"他主持俄罗斯最高苏维埃通过了《主权宣言》，并到处支持各加盟共和国闹独立，各加盟共和国纷纷效仿俄罗斯发布《主权宣言》，这时从实质上说叶利钦已成功的瓦解了苏联。1990年7月在苏共二十八的会议上，公开进行反党活动，要求没收党产、解散苏共，在政府中的组织要求苏共改名，等等。1991年6月叶利钦依靠他长期担任党的各级职务形成的人脉关系和在改革后聚集在他周围的各色各样的仰慕西方生活、想复辟资本主义的人，或因各种原因对苏共不满的人为骨干，大肆欺骗群众，当选了俄罗斯总统。那些支持他的少数骨干，知道他要复辟资本主义，共同利益把他们的命运联系在一起成了他的铁杆。而对广大群众来说只知道他是改

---

① 王伟光主编：《社会主义通史》第七卷，人民出版社出版，第65页。

革的先锋，当然这些也是他的那些铁杆在媒体上散布的。而叶利钦始终隐瞒他复辟资本主义的目的，直到俄罗斯复辟成功。

叶利钦任总统后发布非党化命令，限制俄罗斯境内共产党的活动，公开了他假共产主义者、真反共产主义思想的嘴脸，公开宣讲："共产主义已经死亡，在我看来，共产党人和诚实的共产党员开始明白这一制度开始崩溃没有任何办法可以拯救它。"①

（三）苏联解体苏共解散给苏联人民带来的巨大灾难

1. 经济衰退国内生产总值大幅度下降

历史上每一次受人们拥护，为了人民利益的革命胜利后，人民都会热情地参加新社会的建设。但苏联的这次"革命"后，都没有出现建设高潮反而出现经济大倒退。从 1992 年至 1995 年期间俄罗斯经济连年下降，国民生产总值下降近44%。见下表的统计：

俄罗斯国民生产总值增长率

年份	1992	1993	1994	1995
比上年增长 %	−14.5	−8.7	−12.6	−4.0

资料来源：《中国统计年鉴》1996 年版，第 815 页。

由于生产下降，物价飞涨，货币贬值。

俄罗斯物价指数

年份	1990	1993	1994	1995
消费物价指数	100.0	15,869.0	64,688.2	194,047.0
食品物价指数	100.0	16,759.4	67,337.7	186,042.0

资料来源：《中国统计年鉴》1996 年版，第 822 页。

---

① 王伟光主编：《社会主义通史》第七卷，人民出版社出版，第 174 页。

货币汇率（年末中间价）

年份	1980	1983	1985	1993	1994	1995
1 美元兑换卢布	0.66	0.77	0.77	1,247	3,550	4,640

资料来源：《中国统计年鉴》1987 年版，第 881 页，《中国统计年鉴》1996 年版，第 827 页。

苏联留给俄罗斯的外债是 649 亿美元，2010 年达到 4167 亿美元。人均工农业产品产量见下表：

人均主要工业品产量　　　　（吨，亿千万小时，万人 / 台）

年份	钢	煤	原油	糖	水泥	化肥	电	电视机
1985	0.557	2.333	2.144	0.03	0.47	0.108	0.5567	337
1994	0.329	1.838	2.148		0.25	0.068	0.5920	27

注：苏联人口 1985 年为 27757 万人，俄罗斯人口 1994 年为 14800 万人。

人均主要农产品产量　　　　（吨 / 人）

年份	谷物	肉类	牛奶	鸡蛋	水产品
1986	0.7176	0.063	0.350	0.0156	0.035
1994	0.4190	0.046	0.288	0.0148	0.030

资料来源：《中国统计年鉴》1987 年版，1994 年版的数字换算。

一位印度学者说："上世纪 90 年代，西方的休克疗法顾问提倡通过国企快速私有化来让生产力效益最大化。在叶利钦统治下的俄罗斯，这条建议受到认真对待。它的实际结果就是一场时至今日仍在抑制俄罗斯增长潜力的经济灾难。"[①] 不仅俄罗斯经济下滑，整个独联体国家及东欧国家均大幅度下滑。据俄罗斯《世界经济与国际关系》杂志提供的资料：1990—1993 年独联体国家生产总值下降的幅度很大，其中亚美尼亚下降

---

① 《参考消息》2015 年 7 月 13 日。

的幅度超过 50%，阿塞拜疆、哈萨克斯坦、吉尔吉斯斯坦、摩尔多瓦、塔吉克斯坦大约减少 40%，乌克兰下降 30% 多，乌兹别克斯坦和白俄罗斯比较稳定也降低了 17% 和 24%。社会两极分化严重。少数人暴富，大多数人贫困，由于经济处于停滞状态，基础设施陈旧、铁路、公路、街道、房屋都是剧变前甚至是 50 年前建造的，房屋墙体剥落，路面失修，到处是一派破败景象。

2. 剧变造成了社会分化、混乱，国势衰弱

1989 年，俄罗斯 10% 最贫穷人口收入与 10% 最富裕人口收入比为 1:4.7；而 1999 年为 1:80。另外酗酒、精神疾病、无家可归、流浪儿童、卖淫、艾滋病和性病等社会问题激增。如 1996 年至 2000 年梅毒患者增加了 25 倍。根据俄罗斯国家统计委员会 2005 年提供的数据，俄罗斯男子的平均寿命为 58.6 岁比 20 世纪 90 年代初苏联解体时男性平均寿命的 63.4 岁还低 4.8 岁，这使得俄罗斯成为全欧洲男子平均寿命最低的国家。据俄罗斯内政部称十分之一的国土受黑社会控制。全国有 8000 多个有组织的犯罪团伙。四分之一的经济染黑，受控于有组织的犯罪团伙。剧变后 10 年间各种犯罪，尤其是重大犯罪案件剧增。1990 年俄罗斯杀人案为 1.43 万起，1998 年为 2.3 万起。每年由于犯罪造成的失踪人口超过万。实质上每年有 20 万人被害。每四个成年男人中，就有一个有前科。俄罗斯平均每 5 分钟就有一人被杀。平均每 10 万人口有 1000 个犯人——这是世界上最高的比例。针对平民百姓的犯罪非常猖獗，有组织犯罪甚至渗透到一些最高权力机关，事实上社会现在处于全面的恐怖状态。一些新兴贵族怕被害，戒备森严，在住宅上放上直升机，但仍不断遭到杀害。有一年光银行家就连续被杀 7 个，议员更多，而且都是光天化日下干的，一些大老板只好带很多保镖。自由派要求用市场作为解决所有社会经济问题的纲要，他们要求小政府，弱化政府，竭力削弱国家各方面的职能。自由派所说的人权保护实际上是保护犯罪。剧变后人民生活水平下降了很多，1988 年苏联平均工资可以买 1250 公斤土豆，1990 年只能买 172 公斤，2008 年才恢复到 1989 年的水平，1990 年包括下水和猪膘油的肉类人均消耗 75 公斤，2000 年只有 45 公斤。1990 年牛奶和奶制品人均消耗 387 升，2000 年只有 215 升，由于卢布贬值，很多人的积蓄一夜尽失，沦为赤贫，有的群众感到生活没有出路，只有自杀。1990年自杀人数达 2.64 万人，1998 年为 3.54 万人。

3. 人们对"民主"的失望

有些崇拜西方"自由""民主"的人说，俄罗斯人民在剧变后毕竟有了投票权，想选谁就选谁，想说什么就说什么的自由，无论社会经济遭受多大损失都是值得的。这些人或是太天真，或是被资本家控制的媒体，为保护资产阶级利益的宣传所迷惑住了，对于资本主义国家的民主和自由我将在以后的章节中进行分析。这里仅重述美国学者马萨诸塞州大学教授大卫·科兹在清华大学演讲的部分内容，他说：苏联曾搞过多次民意测验，赞成搞资本主义的只占 5%—20%，1991 年由美国操纵的最大的一次民意测验，在苏联欧洲部分的抽样调查中，10% 的人赞成改革的社会主义，36% 赞成更多的民主的社会主义，23% 的人赞成瑞典式的社会主义，只有 17% 赞成自由市场的资本主义。他说这恰恰是叶利钦 1992年以后的选择。没有证据证明是苏联人民的选择。这位美国学者通过调查提出的有根据的看法，明确地指出了叶利钦搞资本主义不符合俄罗斯的民意。那么叶利钦为什么能以 57% 的支持率当选俄罗斯联邦的总统呢？大卫·克兹说叶利钦掩盖真实的面目。而且他从不谈资本主义，仅谈民主、改革、市场经济，直到离开总统位置时也不谈资本主义。1993年（叶利钦 1991 年 6 月当选俄罗斯总统）俄罗斯由于经济衰退或崩溃，70% 的人生活在贫困线以下，国家财富被少部分人窃取，物价飞涨，犯罪上升等原因，愤怒的五万多市民高举列宁、斯大林名字上街游行。集聚在苏维埃所在地白宫前要求实行最高苏维埃为最高权力机构。而这时的叶利钦早已忘记民主，派了中央军区的精锐坦克部队朝白宫开炮。顿时白宫火光冲天。这一次共打死 150 多名军民，迫使议会投降，随后下令解散议会，终止宪法，然后炮制出扩大总统权力的新宪法 [1]。

---

① 李慎明：《苏联解体是俄罗斯灾难，还是进步？》。

　　俄罗斯大资本家米哈伊尔·霍多尔科夫斯基在 1992 年与他的副手涅乌兹林合著的《操纵金钱的人》一书中，对他认为的民主作了最好的诠释。他说几个月前我们还认为不影响我们这些商人利益的政府是最好的，就这一点来说戈尔巴乔夫政府是最理想的……现在当商人的力量在积蓄……我们的态度在改变，政府采取中立态度已不能使我满足，现在应遵循"谁有钱谁说了算"的新原则……我们将促成个人利益与我们一致的那些人以民主的选举方式掌握权力，这样权力不仅得到我们的拥护，也能得到我们的资金支持。如果（现政权）不能胜任，"就需要采取相应步骤让那些与商人志同道合的人上台。"

　　1996 年俄商决定集中所有人力、财力、物力帮助叶利钦竞选。叶利钦如愿连任。他们亲自上阵要求把重要的位置安插给自己和自己的人。最典型的例证是奥内克苏姆银行寡头波塔宁出任了第一副总理。一位叫别列佐夫斯基说"企业家的活动，应加强在国家中的作用，今天俄罗斯国家政权最强大的支柱是大资本家"。其实从 1990 年下半年俄罗斯大多数媒体已掌握在大资本家的手中，开始做掌权的准备了。

第三部分

马克思主义在中国的成功

一、中国社会主义建设时期的成功与经验

（一）中国共产党领导人民成功完成了新民主主义革命

1.中国共产党的成立与新民主主义革命的开始

中国自鸦片战争后屡受帝国主义者侵略，不断地割地赔款，人民陷入水深火热之中，民不聊生。不少有识之士不断探索中国富强之路，一些清政府的高官认为在现有制度下引进西洋技术即可富强，搞起了洋务运动，开矿、炼钢、购洋枪洋炮，建起亚洲最大的舰队。1894 年一场甲午战争打碎了这一梦想。一些进步人士认为要富强就要变法，想通过光绪皇帝除旧革新，即 1898 年的戊戌变法，但仅仅三个月又失败了。

以孙中山先生为代表的新兴资产阶级看清了这个腐朽不堪的清政府已经不可救药，只能用革命的方法推翻帝制，建立共和制度，中国才能富强。在长期斗争和考察中孙中山认识到，西方的政治制度往往为资产阶级所专有，适成压迫平民之工具，他提出了三民主义，要平均地权、节制资本。此后，又提出了"联苏、联共、扶助农工"三大政策，受到中国人民的热烈欢迎、支持。1911 年辛亥革命成功推翻了清政府，结束了中国长达两千年之久的君主专制制度，成立了以孙中山为总统的"中华民国"政府。但是，以袁世凯为代表的封建势力窃取了革命成果，中国又陷入了多个帝国主义国家支持的军阀混战。

中国共产党是在特定的社会历史条件下成立的。十月革命一声炮响给中国送来了马克思主义，中国的革命志士看到了中国要想富强必须以马克思主义理论为指导，走社会主义道路。共产主义在中国的传播产生了中国共产党。革命的先驱孙中山也看到中国革命要想成功必须以俄为师，要联苏、联共、扶持农工。

中国共产党的成立，是一个开天辟地的大事变。它给灾难深重的中国人民带来了光明和希望。自从有了中国共产党，中国人民就有了可以信赖的组织者和领导者，中国革命就有了坚强的领导力量。中国共产党的杰出代表毛泽东同志依照马克思主义理论，对中国社会各阶级进行了分析，找到了谁是敌人谁是朋友谁是动力并深入农村进行调查研究，写出了湖南农民运动考察报告。他指出：乡村中一向苦战奋斗的主要力量是贫农，他们最听共产党领导。贫农占乡村人口的70%，没有贫农便没有革命。这一报告使中国共产党找到了进行民主革命巨大无比的动力。

中国共产党的成立使中国革命有了坚强的领导核心，灾难深重的中国人民有了可以依赖的组织者和领导者，中国革命从此不断向前发展，由民主主义革命向社会主义革命推进。中国共产党的成立，使中国革命有了科学的指导思想。中国共产党以马克思主义为指导思想，把马克思主义和中国革命的具体实践相结合，制定了正确的革命纲领和斗争策略，为中国人民指明了斗争的目标和走向胜利的道路。中国共产党的成立，深刻改变了近代以后中华民族发展的方向和进程，深刻改变了中国人民和中华民族的前途和命运，深刻改变了世界发展的趋势和格局。

2. 中国共产党领导人民完成了新民主主义革命

以毛泽东同志为代表的中国共产党，在革命斗争中认识到，中国革命只有在无产阶级及其政党——中国共产党的领导下才能取得成功。毛泽东同志这个判断是建立在：第一，十月革命后世界革命形势发生了根本变化，无产阶级的社会主义革命、殖民地人民的民主革命都带有了国际性质。第二，对中国社会性质进行了科学分析，指出了它的半殖民地半封建的农业社会特点是帝国主义各国间接统治的社会，各帝国主义各支持一派军阀造成了军阀混战、军阀割据。这就为建立无产阶级领导的武装斗争的根据地创造了条件。第三，对中国社会各阶层进行了科学分析，认识到中国民族资产阶级，受帝国主义的压迫又受封建主义的束缚，他们同帝国主义、封建主义有矛盾，从这方面说来他们是革命力量之一，有革命性的一面。但另一方面他们同帝国主义、封建主义并未完全断绝联系，又有软弱性的一面，没有彻底的反帝反封建的勇气。中国的农民特别是贫农（包括雇农）约占农村人口的70%，是中国革命的最广大的动力，是无产阶级的天然和可靠的同盟者，是中国革命的主力军，贫农和中农只有在无产阶级领导下才能得到解放，而无产阶级也只有和贫农中农结成巩固的联盟才能领导革命达到胜利。

中国无产阶级除了具有一般无产阶级的基本优点，即富有组织性、纪律性，还有许多特出优点：第一，革命斗争性比任何其他阶级都更坚决彻底，整个阶级是最革命的。第二，在中国共产党的领导下，中国的工人成为中国社会里比较最有觉悟的阶级。第三，中国无产阶级和广大的农民有一种天然的联系，有利于与农民结成亲密联盟；中国革命只有在无产阶级及其政党——中国共产党领导下才能完成取得胜。[①]

中国共产党领导的人民民主革命，是与资产阶级领导的民主革命不同的新民主主义革命。这是因为以毛泽东同志为代表的中国共产党人找到了把马克思主义的普遍真理与中国革命实际相结合的实事求是的思想路线；找到了以无产阶级领导的以农民为主力的，以农村包围城市、以革命武装反对反革命的武装斗争的道路；采取了组成以工农联盟为基础，团结一切可以参加革命的力量，把敌人孤立到最少数的统一战线；建立了中国共产党领导的以贫下中农为主的政权。中国共产党领导人民没收地主土地，以村或乡为单位进行土地改革；实行以"发展生产、繁荣经济、公私兼顾、劳资两利"的政策。并提出在不操纵国计民生的范围内，让民族资产阶级获得发展的便利。

毛泽东同志在《论人民民主专政》中对中国革命的成功进行过精辟的总结，我们有许多宝贵的经验：一个有纪律的，有马克思列宁主义的理论武装的，采取自我批评的方法的联系人民群众的党；一个由这样的党领导的军队；一个由这样的党领导的各革命阶级各革命派别的统一战线。这三件是我们战胜敌人的主要武器。总结我们的经验，集中到一点，

① 《毛泽东选集》第二卷，人民出版社1991年版，第603—608页。

就是工人阶级（经过共产党）领导的以工农联盟为基础的人民民主专政。这个专政必须和国际革命力量团结一致。这就是我们的公式，这就是我们的主要经验，这就是我们的主要纲领。①这些光辉思想形成的革命道路、方针、政策，保证了革命根据地、解放区人民参加革命的积极性、主动性；调动了全国人民对革命的支持，最大限度地孤立了敌人；保证了井冈山等红色政权的发展壮大；保证了长征的胜利；保证了抗日战争时期解放区不断发展壮大。在八路军打击下日本侵略军节节败退；保证了三年打败蒋介石的八百万军队；保证了新中国成立后经济建设的快速发展。

总之，中国共产党团结带领中国人民进行 28 年浴血奋战，打败日本帝国主义，推翻国民党反动统治，完成新民主主义革命，建立了中华人民共和国。这一伟大历史贡献的意义在于，彻底结束了旧中国半殖民地半封建社会的历史，彻底结束了旧中国一盘散沙的局面，彻底废除了列强强加给中国的不平等条约和帝国主义在中国的一切特权，实现了中国从几千年封建专制政治向人民民主的伟大飞跃。

（二）中国共产党领导中国人民完成了三大改造

1. 新民主主义社会是向社会主义社会过渡的社会

中国由新民主主义社会转变为社会主义社会，是中国共产党领导的民主革命的必然前途，是中国共产党领导的革命纲领，也是中国人民踊跃参加革命的原因和愿望。问题是用多长时间、怎样转变。毛泽东同志在《新民主主义论》和《论联合政府》两篇文章中多有论述。在《论人民民主专政》中他就说过："严重的问题是教育农民。农民的经济是分散的，根据苏联的经验，需要很长的时间和细心的工作，才能做到农业社会化。没有农业社会化，就没有全部的巩固的社会主义。"在 1949 年 9 月举行的一届全国政协第一次会议上，当民主人士问道中国什么时候搞社会主义时，毛泽东同志回答说：大概二三十年吧。毛泽东同志的这种

---

① 《毛泽东选集》第四卷，人民出版社 1991 年版，第 1369 页。

估计是他多年深入群众、调查研究了解中国国情得出的判断。

形势的变化使毛泽东同志的看法有了新的发展。他认为从新民主主义到社会主义是一个渐变的过程，需要采取逐渐推进的社会主义的步骤和政策，一步一步向前过渡，争取 10 年到 15 年或更多一点时间完成这一过渡。否定了新民主主义社会作为一个历史阶段的原来的设想。他指出：所谓过渡时期、不是指 10—15 年以后才开始过渡，而是从现在（1952 年）用 10 年到 15 年时间基本完成到社会主义的过渡。[①] 全党接受了毛泽东同志的看法，1953 年底通过了过渡时期总路线和总任务——要在一个相当长的时期内，基本实现国家工业化和对农业、手工业、资本主义工商业的社会主义改造过渡时期总路线把工业化和三大改造联系在一起，把生产力的逐步提高和生产关系的逐步演变同步进行，使后者的演变适应前者的提高，这是对马克思主义经济学的应用。毫无疑问这条路线会促使经济高速度地顺利发展。

周恩来总理在第一届全国人民政治协商会议第四十九次常务委员会上讲关于过渡时期总路线时说："所谓相当长的时期，究竟多少年，不可能说得那么准，毛主席说，要经过几个五年计划。过渡时期长短，决定于是否基本上完成了国家工业化和对农业、手工业、资本主义工商业的社会主义改造。"

"什么叫作社会主义呢？社会主义最基本的就是完成了社会主义改造，就是取消了生产资料的私人资本主义所有制，归国家所有了，就是农业、手工业集体化了。完成这个任务要经过相当长的过渡时期。"

"由新民主主义到社会主义虽然是一场革命，但可以采取逐步的和平转变的办法，而不是在一天早晨突然宣布实行社会主义。在过渡时期中，要使社会主义成分的比重一天天地增加。"

总路线的提出，把人民渴望过社会主义美好生活的愿望、热情提高到了一个新的高度。

---

① 孙建华:《马克思主义中国化思想通史》，人民出版社 2019 年版，第 574 页。

2. 农业合作化首先完成了

过渡时期总路线 1954 年初正式提出，仅两年多时间就完成了对农业、资本主义工商业、手工业的社会主义改造。社会主义生活具体是什么样子，人民并不清楚，只知道苏联人民生活好。广大农村干部带着宣传画，向农民讲解，实现农业合作化，就可以像苏联集体农庄的农民一样，楼上楼下装电灯、电话，吃面包、喝牛奶。当时广大农村干部和积极分子都是年轻人，他们并不明白合作化只是为发展农业生产提供了一个好形式。要过美好生活，必须经过艰苦奋斗。他们以为合作了，美好生活自己就来了。当时中国农村确实存在着互助合作的要求：有的户缺役畜，有的缺农具，有的劳动力年轻力壮却缺乏技术，有的农民有技术却体力不行，而农村中的富裕中农，车马俱全，既不缺农具，又懂农业技术，劳动力也充裕，又有文化，没了地主、官府的欺压，经济发展较快，他们有能力也想购买土地；农村中的贫农虽然土改分了土地，但缺少资金，无力购买农具、役畜，土地单位面积产量低，抵抗自然灾害的能力也低，一遇疾患或有的人参与赌博无力支付时只能卖地。所以当时党提出农业合作化，防止两极分化，对大多数仍然较贫困贫下中农来说是容易接受的。

虽然农村情况是复杂的，按阶级划分只是个部分，还有各种不同的利益者，于是当时党的农村干部都深入农村，先试点，和农民商量解决办法。在 1955 年以前入社自由，许多占有生产资源较多的户一般是观望不入社。有些人入社是为有土地分红。好在初级社规模小、户数少，掌握生产资源多的户和少的户有互相需求，处理得好都能得利，所以初级社大都能做到让每个入社户增产、增收，闹退社的不多，全国 75% 的社是增产。

土地改革更使农民相信和拥护共产党，因而党的政策可以顺利地贯彻执行。党中央又根据中国农业生产、农民的实际情况采取了由互助组、初级社向高级社逐步过渡。

3. 1956年实现了全行业的资本主义工商业的公私合营和手工业合作化

对资本主义工商业的社会主义改造也是逐步推进：在私营企业中实行由国家加工订货、为国家经销代销，逐步把私人企业带入了国家资本主义的初级形式。1952年因一些资本主义企业卖假货，对抗美援朝造成了巨大损失，引起了全国人民的愤慨。全国开展了以打退资本主义疯狂进攻为目的的"五反"运动，虽然违法户是少数，但使多数资本家受到了深刻教育。使我们国家有可能完成控制资本主义工商业的局面。从对资本主义工商业的利用、限制、改造推进到国家资本主义的初级形式，再到国家资本主义。毛泽东同志认为，中国现在的资本主义经济绝大部分是在人民政府管理下的，它主要地不是为了资本主义的利润而存在，而是为了供应人民和国家的需要而存在。这种新式的国家资本主义经济是带着很大的社会主义性质的，是对工人和国家有利的。

历史证明毛泽东同志对中国资产阶级的分析，中国共产党对资产阶级采取的政策、统一战线，对资本主义工商业的社会主义改造逐步进行，是完全正确的。中国共产党为国家富强做出的贡献，全心全意为人民的宗旨已得到全国人民的认同。具有爱国心的资产者，也乐意接受对资本主义工商业的改革政策。

（三）社会主义建设取得的成就

从1956年到1966年全面建设社会主义的十年，是党对中国社会主义建设道路艰辛探索的十年，虽然经历曲折，仍然取得了无可否认的巨大成就。工业建设、科学研究和国防尖端技术的发展以及农田水利建设和农业机械化、现代化发展的许多工作，都是在那个年代开始布局的。

1996年的工业建设，同1956年相比，全国工业固定资产按原价计算，增长了3倍。在钢铁工业方面，除了我国最大的鞍山钢铁基地进一步建设以外，武汉、包头两大内地钢铁基地主要是在这十年中建设起来的。在机械工业方面，分别形成了冶金、采矿、电站、石化等工业设备制造以及飞机、汽车、工程机械制造等十几个基本行业，并且能够独立设计和制造一部分现代化大型设备。1964 年，我国主要机器设备的自给率已达 90% 以上。

交通运输业长足发展。从 1958 年到 1965 年，全国新增铁路营业里程 9000 多公里。农田水利建设取得重大成就。大型枢纽骨干工程和各类水库，在当时和以后相当长的时期内发挥了重要作用。科学技术发展成绩显著。1964 年 10 月 16 日，我国成功爆炸第一颗原子弹，有力打破了大国的核垄断和核讹诈，提高了我国的国际地位。导弹和人造卫星的研制也取得突破性进展。基础科学研究方面，1965 年我国在国际上首次人工合成牛胰岛素结晶。

教育卫生事业成就可观。1957 年到 1966 年，高等学校毕业生近 140 万人，中等专业学校毕业生约 211 万人，分别为 1950 年至 1956 年的 4.9 倍和 2.4 倍。医疗卫生机构大幅增加，全国城乡卫生医疗网基本形成。严重危害人民健康的天花、霍乱、血吸虫病、疟疾、鼠疫等疾病，或被灭绝，或得到有效防治。

民族地区的经济文化建设迈出较大步伐。许多地方兴建了一些大型现代工业基地，结束了民族地区没有现代工业的历史。一批高等学校在民族地区建立起来，当地建设所需的各类专门人才得到培养。十年间，我国培养了一大批治党治国治军和社会主义建设事业所需要的专门人才，其中大部分成为后来改革开放和现代化建设业各方面的骨干力量。党的建设得到加强，党的队伍进一步发展。

正如《关于建国以来党的若干历史问题的决议》所指出的："我们现在赖以进行现代化建设的物质技术基础，很大一部分是这个期间建设起来的；全国经济文化建设等方面的骨干力量和他们的工作经验，大部分也是在这个期间培养和积累起来的。这是这个期间党的工作的主导方面。"

（四）几点启示

1.实事求是、调查研究

实事求是，是马克思主义的根本观点。邓小平同志说："实事求是，是无产阶级世界观的基础，是马克思主义的思想基础。过去我们搞革命所取得一切胜利是靠实事求是，现在我们要实现四个现代化，同样要靠实事求是。"①

习近平总书记指出，实事求是，是中国共产党人认识世界改造世界的根本要求，是我们党的基本思想方法、工作方法、领导方法。②民主革命时期，照搬俄国革命用城市暴动方式夺取政权失败了，走农村包围城市的道路成功了。我国社会主义革命时期，在农村走互助组、初级社、高级社的道路，对资本主义工商业改造以劳资两利、加工订货、公私合营、逐步发展、逐步改造的方式，都是实事求是创造出来的。

坚持实事求是的基础在于搞清楚实事，掌握全面、真实、丰富、生动的第一手资料。坚持实事求是关键在于"求是"。坚持实事求是根本在于始终坚持党的群众路线。

周恩来总理在1962年中央扩大工作会议参加福建组会议时说："这几年来，党风不纯，产生了浮夸和说假话现象……要大家讲真话，首先要领导上喜欢听真话，反对说假话。如果你乱压任务，结果像同志们所说的，他就会准备两本账，揣摩一下才讲。看你喜欢听什么再讲什么，这的确是一个党风问题。大家都说假话，看领导的脸色说话，那不就同旧社会的官场习气一样了吗？你们说假话当然不对，但更重要的是我们压你们。从现在起，不要乱压任务，乱戴帽子了，要提倡讲真话，即使是讲过了火的也要听。"③

实事求是关系到兴国、兴党的大问题，要做到实事求是必须做好调查研究、搞清事实。做好调查研究必须永远保持和人民群众的血肉联系，

---

① 《习近平谈治国理政》，外文出版社2014年版，第25页。
② 同①。
③ 逄先知、金冲及：《周恩来传（1898—1976）下》，中央文献出版社2008年版，第1461页。

人民群众才能和你讲真话，你才能得到实情，做出正确的方针政策。正如习近平总书记所说："群众路线始终是党的生命线和根本工作路线。"①

2. 密切联系群众

（1）密切联系群众是中国共产党三大优良作风之一

"理论与实践相结合的作风，和人民群众紧密地联系在一起的作风，以及自我批评的作风，是中国共产党区别于其他任何政党的显著标志。"②毛泽东同志对密切联系群众做过较详细的论述，他说：我们共产党人区别于其他任何政党的又一个显著的标志，就是和最广大的人民群众取得最密切的联系。全心全意地为人民服务，一刻也不脱离群众，一切从人民的利益出发，而不是从个人或小集团的利益出发。凡属正确的任务、政策和工作作风都是和当时当地的群众的要求相结合，都是联系群众的。教条主义、经验主义、命令主义、尾巴主义、宗派主义、官僚主义、骄傲自大的工作态度等弊病都是脱离群众的，每一个热爱人民群众的同志要细心倾听人民群众的呼声。每到一地都要和那里的群众打成一片，不能高踞于群众之上，而要深入群众之中，密切联系群众是党的传统作风，是党的性质、党的宗旨决定的，是共产党区别于资产阶级政党根本标志。"党的作风就是党的形象，关系人心向背，关系党的生死存亡。"③

只有密切联系人民群众，才能让人民讲真话，才能做好调查，才能做到实事求是。应该使每一个同志懂得，只要我们依靠人民，坚决的相信人民的创造力是无穷无尽的，因而相信人民，和人民打成一片，那就任何困难也能克服，任何敌人也不能压倒我们，而只会被我们所压倒。④

（2）成为执政党后党员干部易犯脱离群众的错误

新中国成立后中国共产党成了执政党，有无产阶级思想觉悟的先进分子大量涌现，党的队伍迅速扩大，党推行的各项方针政策得以迅速贯

---

① 《习近平新时代中国特色社会主义思想三十讲》，学习出版社 2018 年版，第 92 页。
② 《关于建国以来党的若干历史问题的决议》，人民出版社 1981 年版，第 46—47 页。
③ 《习近平关于党风廉政建设和反腐败斗争论述摘编》，中央文献出版社 2015 年版，第 8 页。
④ 《毛泽东论思想方法》，红旗出版社 1982 年版，第 153 页。

彻执行。似乎已不需要像民主革命时期那样密切联系群众和与群众同甘共苦了。个别干部产生了做官享受生活的思想。对这种可能脱离群众的现象，毛主席有预见地发出警告："因为胜利，党内的骄傲情绪，以功臣自居的情绪，停顿下来不求进步的情绪，贪图享乐不愿再过艰苦生活的情绪，可能生长。"①他要求全党："务必使同志们继续保持谦虚谨慎、不骄不躁的作风，务必使同志们继续地保持艰苦奋斗的作风"。个别干部贪图享乐的情绪正如毛主席预见的那样出现了。1951年党中央、毛主席发出了反贪污、反浪费、反官僚主义的"三反"运动。对防止腐败、教育干部、群众起到好的作用。

1957年又发起整风运动，群众揭发了大量的官僚主义做官当老爷的脱离群众的事实。反右后也建立了干部参加劳动、种试验田（党的各级领导干部，亲自抓一个点，树立先进的榜样）、将军当兵、两参一改三结合（干部参加劳动、工人参加管理，改革不合理的规章制度、领导干部、技术人员和工人相结合）的制度。这些制度密切了党和群众的关系。

3. 要坚持民主集中制

（1）民主集中制是必须遵循的组织和领导制度

民主集中制是民主基础上的集中和集中指导下的民主。具体是：1.各级党的机构领导由各级党员代表选举产生。各级行政机构领导由人民代表选举产生。2.党和国家制定的方针政策、法律、纪律，在民主基础上产生，或由顶层设计经过广大党员和人民群众广泛地、上下结合地、反复地几次讨论，由领导机关最后集中制定，形成统一意志、统一行动。3.是个人服从组织，少数服从多数，下级服从上级，地方服从中央。4.是实行党委集体领导，各级党组织设立党委会、常委、和书记和几个副书记集体领导。这种集体的领导方式，保证了人民和党员政治意见得到正确的集中，加工成正确的方针政策。

对民主集中制，毛主席结合1958年以来经验教训强调指出：实行不

---

① 《毛泽东思想基本问题》，人民出版社2002年版，第206页。

实行民主集中制是关系到巩固无产阶级专政的大问题，如果在人民内部不实行广泛地民主，干部和群众就不敢讲话，正确的意见就集中不起来，就不可能调动他们的积极性。在人民内部不实行民主，无产阶级专政就可能转化为资产阶级专政，甚至法西斯专政。毛主席强调：在人民内部实行广泛的民主，很重要的就是要在党内实行民主……党委的领导是集体领导，不是第一书记个人独断。第一书记同其他书记和委员之间关系是少数服从多数。拿中央常委或政治局来说，我讲的话不管是对的还是不对的，只要大家不赞成，我就服从他们的意见。他说凡是大事，就得集体讨论，认真地听取不同意见。他还批评说：凡是个人说了算的第一书记，是"霸王"不是民主集中制的"班长"。他还说：光在党内实行民主还不够，在人民群众中必须有充分的民主，就是要让群众讲话，让群众批评。犯了错误，就要真正把问题敞开，让群众讲话，哪怕骂自己的话也要让人家讲。骂的结果无非是自己倒台，不能做这项工作了。他说：我感觉我们这几年的主要经验之一就是这一条（民主集中制），如果这几年完全根据群众的意见，充分发挥民主，完全走群众路线，有许多错误不会犯，即便错了也可以早发现。①

（2）发扬民主开展批评与自我批评

发扬民主、开展批评与自我批评，是毛泽东同志总结民主革命时期从总结正反两方面的经验得出的结论。如何发扬民主？毛泽东同志认为：运用批评与自我批评的方法是解决人民内部矛盾、充分发扬民主的唯一正确的方法。邓小平同志提出：实行党内民主就是要对权力实行监督，最重要的是对我们党的各级领导人（包括党委所有成员）应该有监督，对领导人最重要的监督是来自党委会本身，或书记处本身，或者常委会本身。领导人的党组织生活应放到党委会、书记处、常委会中去。搞批评、自我批评，检查工作、总结经验、交换意见。②

---

① 薄一波：《若干重大决策与事件的回顾（下卷）》，中共中央党校出版社 1991 年版，第 1066 页。
② 薄一波：《若干重大决策与事件的回顾（下卷）》，中共中央党校出版社 1997 年版，第 1068 页。

二、邓小平开创了中国特色 社会主义道路

（一）邓小平同志是一位具有高超智慧的爱国者和无产阶级革命家

曾任中国外交部长的李肇星先生曾访问戈尔巴乔夫时，问他苏联解体的原因是什么？戈尔巴乔夫犹豫片刻回答：在各国领导人中我最敬佩的是邓小平先生，而我们没有邓小平。俄罗斯历史学家罗伊·梅德韦杰夫 2013 年 10 月 21 日接受环球时报记者专访时说，人们对戈尔巴乔夫失去信任。当时苏联需要一位凝聚国家力量的领导人，但是邓小平没有出现，却出现了叶利钦，缺乏经验的俄罗斯民众，只能跟着叶利钦走。戈尔巴乔夫说的他们的失败在于没有邓小平，这可能是他对改革失败原因的高度概括，也可能是他对比了他领导的失败改革与中国成功的改革，找到了他失败的原因吧。

邓小平同志长期革命斗争经历和他的马克思列宁主义的哲学修养，使他具有超人的智慧和勇气，引导中国改革成功。不仅如此，邓小平具有坚定的共产主义信念和为人民服务的思想，有了这个信念和思想，他就能从人民群众中获得取之不尽的智慧，使他有能力分辨群众中的各种意见而择其优。没有这个信念和思想就分辨不出是非，最终只会聪明反被聪明误了。没有这个信念和思想即便提出的改革动机和思路是好的，但在改革过程中屈服于一些既得利益集团的需求而改变了初衷，改革也只能以失败告终。重新学习 1978 年以后"邓小平文选"中的所有的文章，深深感触到他把改革的道路，步骤，方针，政策，可能遇到的困难

如何解决等方方面面的问题都考虑到了，真不愧为伟大的马克思列宁主义者，伟大的革命家。并对一些关键问题多次反复提出，耐心的教导全党全国人民警惕改革中可能出现的风险，出现了风险该怎么办，中国要出问题会出现在哪里如何防止等等，彰显出其高超和惊人的智慧和才能。

（二）邓小平同志为中国特色社会主义改革开辟了道路、指明了方向

1. 正确确定毛泽东同志的历史地位和正确认识毛泽东思想

邓小平同志运用马克思列宁主义的辩证唯物论、实事求是的哲学思想，确立了对领袖和毛泽东思想的正确认识。他说："要求一个革命领袖没有缺点错误，那不是马列主义"，"要科学的历史的认识毛泽东同志的伟大功绩"。"在实际过程中发生的缺点、错误，适当的时候作为经验教训总结一下，这对统一全党的认识，是需要的"。①"毛泽东思想这个旗帜丢不得，丢掉了这个旗，实际上就否定了我们党的光辉历史"，"要看到这个全局"。

邓小平同志对毛泽东个人和毛泽东思想都实事求是地做出正确评价和分析，全党、全国人民的混乱思想像拨云见日一样，立时清醒了，重新聚拢了全党、全国人民的心气和力量。

2. 整顿军队，发展科学和教育事业

科学和教育是投资大、见效慢、有长期的巨大的政治经济效果的事业。邓小平同志说：四个现代化，关键是科学技术的现代化。没有现代科学技术，就不可能建设现代农业，现代工业，现代国防。没有科学技术的高速度发展，也就不可能有国民经济的高速发展。也只有把我们的国家建设成为社会主义的现代化强国，才能更有效地巩固社会主义制度，对付外国侵略者的侵略和颠覆。也才能比较有保证地逐步创造物质条件向共产主义伟大理想前进。把科学技术搞上去，就必须把教育搞上去。

---

① 《邓小平文选》第二卷，人民出版社1994年版，第149页。

他说："我们要实现现代化，关键是科学技术要上去。发展科学技术，不抓教育不行。靠空讲不能实现现代化，必须有知识，有人才。"①他不仅教育全党要重视科学教育，还提出了发展科学技术、教育的指导思想和发展框架，极大地调动了知识分子的积极性，科学教育事业在耽搁了十年后迅速地发动起来。

与此同时，邓小平同志抓了整顿军队的问题。在进行经济体制改革之前，必须把军队整顿好。他指出："军队是无产阶级专政的主要工具。军队不搞好，军队干部不纯，祸害很大。"②为了搞好军队，一是，他领导我们军队对几乎所有的领域、所有的方面，都订出了章程……所有这些章程都是整顿军队、准备打仗所必需的。军队的建设有章可循，就有了团结的基础。二是，调整了军队的领导班子，清除了"四人帮"对军队的影响。把军队的领导权交给了那些认真学习马克思列宁主义，毛泽东思想，在斗争中经得了考验的人；那些党性强、能团结人、不信邪的人；那些艰苦朴素、实事求是、说老实话、办老实事、做老实人、作风正派的人；那些努力工作，联系群众、关心群众疾苦，有魄力、有实际经验、能够办事的人。他指出，"军队非讲纪律不可。"要保证党对军队的绝对领导权，贯彻执行党的路线政策。他强调军队一定要团结，这是胜利的保证。军队团结了、稳定了，军队的领导班子掌握在了可靠的、有能力、能指挥现代化战争的马克思主义者手中，全国安定团结的大局就有了保证。我们的传统是军队听党的话，不能搞小集团，不能搞小圈子，不能把权力集中在几个人身上。军队在任何时候都要听中央的话、听党的话，选人也要选听党的话。我们的军队始终要忠于党，忠于人民，忠于国家，忠于社会主义。

3. 倡导解放思想、实事求是

改革旧的经济体制，创建更加适合生产力发展的新体制，必须依靠全党、全国人民的智慧和力量。当时全党全国人民在政治思想上比较僵

---

① 《邓小平文选》第二卷，人民出版社 1994 年版，第 40 页。
② 《邓小平军事文集》第三卷，人民出版社 2004 年版，第 76 页。

化，邓小平说："首先是解放思想，只有思想解放了我们才能正确地以马列主义、毛泽东思想为指导，解决过去遗留的问题，解决新出现的一系列问题，正确地改革同生产力迅速发展不相适应的生产关系和上层建筑，根据我国的实际情况，确定实现四个现代化的具体道路、方针、方法和措施。""一个党，一个国家，一个民族，如果一切从本本出发，思想僵化，迷信盛行，那它就不能前进，它的生机就停止了，就要亡党亡国。"①解放思想就要发扬民主。他说："民主是解放思想的重要条件。必须有充分的民主，才能做到正确的集中。""不解放思想，正确的政治路线制定不出来，制定了也贯彻不下去"邓小平同志在这里明确提出了解放思想是为了贯彻党的政治路线。因此必须在马克思主义指导下进行。主要方法是发扬民主，以便更好地研究新情况，解决问题。既不是公开性，也不是自由化，是为了社会主义经济发展。为了实现以经济建设为重心，他说"安定团结十分重要"，"这是我们的社会主义现代化建设事业必不可少的条件和保证"，没有一个安定团结的政治局面，就不能安下心来搞建设，要实现安定团结生动活泼的政治局面，必须解决历史的遗留问题，为了团结一致向前看，引导到经济建设上来。在邓小平同志领导下全党全国人民达到了团结起来搞建设的生动活泼的政治局面。不仅卓有成效地把全党全国人民的注意力引导到社会主义制度改革上来，也为后来的共产党人的思想认识的统一和应走的道路指明了方向。当我们重温邓小平同志关于我们国家的命运的认识和解决中国问题的方式方法时，不仅感到邓小平同志为中国的发展开辟了正确道路的伟大贡献、取得了伟大成就，也更感到他的伟大和超人的智慧。

4.改革开放推动生产力发展

发展经济，提高生产力水平，改善人民生活，逐步实现共同富裕，这是社会主义社会的要求，也是人民的期盼。

20世纪70年代末到80年代初，中国生产力水平还很低，中国还很

---

① 《邓小平同志论改革开放》，人民出版社1989年版，第1—3页。

穷，国民生产总值人均只有 300 美元。如果按人均生活水平 2 美元以下为贫困的标准来衡量，我们当时应该说是非常穷。当时城市人口的食品供应严重不足，粮、油、蛋凭票定量供应，糖、花生、牛奶只有节日有，或限定产妇、婴儿凭票购买。工业品也要凭工业券购买，人们要买手表、自行车、缝纫机要攒上多个月的工业券才能购买。年轻人结婚没有房子，一家人挤在几平方米的房子里。在农村供应更少，很多地方一些人吃不饱，有的甚至一家人只有一条裤子。人民贫穷，经济长期不发展，就会引起人民不满，经济问题就可能演变成政治问题。帝国主义、霸权主义国家就会利用人民的不满趁机搞浸透、煽动和颠覆。我国政权能不能搞好社会主义经济建设，让人民生活逐渐富裕起来，能否显示出社会主义制度的优越性，就成了关系着社会主义社会存亡的大问题。

面对这种状况，邓小平同志告诫全党："世界上一些国家发生问题，从根本上说，都是因为经济上不去，没有饭吃，没有衣穿，工资增长被通货膨胀抵消，生活水平下降，长期过苦日子……这不只是经济问题，实际上是个政治问题。"[1] 他还指出："中国能不能顶住霸权主义、强权政治的压力坚持我们的社会主义制度，关键就看能不能争得较快的增长速度，实现我们的发展战略。"[2] 社会主义基本制度确立以后，还要从根本上改变束缚生产力发展的经济制度，建立起充满生机和活力的社会主义经济体制，促进生产力发展。

邓小平在《改革是中国发展生产力的必由之路》一文中指出，社会主义究竟是个什么样子，苏联搞了很多年，也并没有完全搞清楚。可能列宁的思路比较好，搞了个新经济政策，但是后来苏联的模式僵化了。苏联当时否定了新经济政策，建立了斯大林模式，发现了这个模式的缺陷后，也没有想从制度上体制上改变这一模式。[3] 落后国家建设社会主义，在开始一段很长时间内，生产力水平不如发达的资本主义国家，不可能

---

① 《马克思主义中国化伟大理论成果》，人民出版社 2004 年版，第 348 页。
② 《邓小平文选》第三卷，人民出版社 1993 年版，第 354 页。
③ 同上，第 139 页。

完全消灭贫穷。所以社会主义必须大力发展生产力，逐步消灭贫穷，不断地提高人民的生活水平。否则社会主义怎么能战胜资本主义？到了第二阶段，即共产主义高级阶段，经济高度发展了，物质极大丰富了，才能做到各尽所能、按需分配。不努力搞生产，经济如何发展？社会主义，共产主义优越性如何体现？邓小平指出："坚持社会主义，首先要摆脱贫穷落后的状态，大大发展生产力。"他还说，为了发展生产力，必须对我国经济体制进行改革。"要发展生产力，经济体制改革是必由之路。"搞社会主义现代化建设，没有两个开放不行（指对外开放和对内开放）。同时，还要使人民有更多的民主权利，特别是给基层、企业、乡村中的农民和其他居民以更多的自主权。邓小平还指出："改革是全面的改革，包括经济体制改革，政治改革和相应的其他各个领域的改革。开放是对世界所有国家开放，对各种类型的国家开放。"我们执行对外开放政策，学习外国技术，利用外资，是为了搞社会主义建设，吸收外国的资金和技术，欢迎中外合资合作，甚至欢迎外国独资到中国办工厂、搞经济特区等多种形式。社会主义要赢得与资本主义相比较的优势，就必须大胆吸收和借鉴人类社会创造的一切文明成果，吸收和借鉴当今世界各国，包括资本主义发达国家的一切反映现代社会化生产规律的先进经营方式、管理方式。当然我们要弄清什么是资本主义……有些东西并不能说是资本主义的。比如说，技术问题是科学，生产管理是科学，在任何社会、任何国家都是有用的，我们学习先进技术，先进的科学，先进的管理来为社会主义服务，而这些东西本身并没有阶级性。[①]上述这些引证可以看出，邓小平同志提出和指导进行的改革开放的政策有明确目的，有明确的改革什么、开放什么、学习什么。如果目的不明确，改革就没有方向或方向错误，把资本主义作为榜样，改革必然失败。我们的改革、我们的对外开放，是坚持社会主义道路的，我们现在采取的措施，都是为社会主义发展生产力服务的。改革开放政策、利用外资、学习资本主义国

---

① 《邓小平文选》第三卷，人民出版社1993年版。

家一些先进的东西，同样是为了建设社会主义。

5.改革就是按客观规律办事，调动人的积极性

发展社会主义生产力要不断地进行经济体制改革。首先要调动人的积极性。人是生产力中最活跃的因素，调动人的生产积极性，就包含着调动基层组织，当然也包含着各级政治经济组织发展生产的积极性。调动人的积极性时，我们要按价值规律办事，若单靠政治热情，人的劳动热情是很难持久的，在生产力发展水平不高的时候，少数人可以，大多数人则不行。按经济规律进行改革，第一，我国经济发展的历史和世界各国经济发展的现实都证明，现在私有制经济包括（个体经济和资本主义经济）仍然能够容纳生产力发展，仍有相当强的活力，因此必须允许私有经济存在和发展，改革单一公有制所有制结构是经济发展规律的要求。第二，促进个人和企业发展生产，提高劳动者的积极性，必须按价值规律办事。让所有企业和个体生产者的产品在市场中形成价值，只有在市场竞争中才能形成或体现出社会平均必要劳动时间，改革过去计划体制下企业生产产品的劳动时间。所有制结构改革后，所有企业和各生产者的产品都通过市场体现其本身的价值，市场上的供求关系的变化，直接影响企业的利润，决定着企业的生存和发展，决定了社会各种资源的流动。计划调配只能在国家掌握的资源和进行宏观经济调控中使用。这也就最终决定市场体制代替计划体制。但企业在对市场供求信息还不能全面掌控的情况下，单靠市场调节供需平衡，难免出现盲目性，这就需要国家有计划地利用货币、财政手段，在一定情况和范围内进行有效的宏观调控和指导，使经济有序发展。第三，国家可以通过自己的组织系统、社会各种组织系统了解掌握最新、最系统的国内外经济信息，利用庞大的各类国家智库，提供各种经济预测、决策方案，对经济动向做出较准确的分析、判断。在此基础上制定的国家计划，明确五年或长远的经济发展方向，有利于企业投资，有助于经济稳定增长，减少盲目性，克服或降低经济危机的发生和损失。邓小平同志说，计划和市场都是方法，只要对发展生产力有好处，就可以利用。它为社会主义服务，就是社会主义的。为资本主义服务，就是资本主义的。可见，计划经济、市场经济不是社会性质的标志，而是发展经济的方法。由英国，美国执行的完全自由主义市场经济，虽然给资本主义带来了近30年的经济增长，但造成2008年由美国的金融危机引发的全世界的经济危机，一直到2016年已过去八年，欧元区经济仍无多大起色，还引发了希腊等国家的主权债务危机，很可能造成长期低增长的循环中。现在国家在一定程度上用行政调控经济符合经济发展的要求，已成了新的共识。中国的经验证明，必要的调控不失为一个好的手段。

6. 改革要有步骤地稳步推进

邓小平同志根据我国国情设计改革，首先从农业开始。农民占我国人口的80%，把农民的生产积极性调动起来，农业发展了，农民有饭吃、有衣穿，农业生产就为城市改革及其他各项改革提供物质基础。调动农民发展农业生产的积极性的最好办法，就是在坚持土地集体所有的前提下，让农民承包土地独立自主经营。农民既不会因各种原因失去土地，产生赤贫，又会因独立经营，生产成果归自己所有，而极大地调动农民劳动生产的积极性、主动性和创造性。

城市改革远较农村改革复杂，涉及工业、商业、交通运输、金融、文化教育等服务部门。涉及面广，涉及国家经济命脉及广大工人、干部、教师、文化艺术工作者等各行各业、各阶层人民的利益，稍有不慎就有失败的危险。要让人民的思想逐步适应新体制，改革的措施只能逐步推开，太慢了影响经济发展，太快了人们思想准备不足，过急了就像大海中的航船一样，转弯太急就容易翻船，只能是逐步改革逐步深入，让人们从思想上认识到，生产力发展是永无止境，调整生产关系和上层建筑相适应的改革，也将是永无停止的。

7. 提出了规避风险的对策

邓小平同志认为改革开放是有风险的，我国劳动力的价格低于发达的资本主义国家，外资来中国投资会获得大量利润，只要我们制定出恰当的政策和法律，世界资本就会涌入。他说："实行开放政策必然会带来一些坏东西影响我们的人民，要说有风险，这是最大的风险。"① 而且改革也是各阶层人民之间的利益调整，每项改革措施都会涉及千百万人、成亿人的利益，搞得不好也会引起不满。一些反对社会主义、反对共产党的人以及一些政治野心家、政治投机分子也会利用这些不满煽动闹事。一些反对中国的外国势力也会趁机进来妄图颠覆我国政权。不改革，贫穷会引起群众不满，改革不好也会引起动乱。核心是在进行改革开放顶层设计时要想到各种可能会出现的风险，并拟定出如何规避风险和风险出现时的应对政策。邓小平同志不仅预见到风险，也设计了应对各种风险的政策措施。他指出："改革是中国的第二次革命。""这是一件很重要、必须做的事，尽管是有风险的事……因为改革涉及人民的切身利害问题，每一步都会影响成亿的人……关键是要善于总结经验……哪一步走得不妥当，就赶快收。"② 改革没有万无一失的方案，问题是搞得比较稳妥一些，选择的方式和时机要恰当。不犯错误不可能，要争取犯得小一点。遇到问题就及时调整。这是有风险的事情，但可以实现、可以完成。同时，要把工作的基点放在出现较大风险上，准备好政策。这样即使出现了大的风险，天也不会塌下来。改革有很大的风险，但有希望成功。"关键是两条，第一条就是要同人民一起商量着办事，决心要坚定，步骤要稳妥，还要及时总结经验，改正不妥当的方案和步骤，不使小的错误发展成为大的错误。第二条就是要在改革过程中，保持生产有较好的发展，不要勉强追求太高的速度，当然太低了也不行。"③ 改革中不可能不犯错误，为了不犯大错误，他还指出，我们的方针是胆子要大，步子要稳，走一步看一步。尽管邓小平同志设计出了规避风险的工作方针、策略、方法，但在改革开放的进程中，在应对出现的各种复杂的局面时，也难免出现错误，甚至出现大的错误，出现大的危机时，邓小平同志也提到了，他说我们的社会主义政策和国家机器，有力量去克服这些东西。

---

① 《邓小平文选》第三卷，人民出版社 1993 年版，第 156 页。
② 《邓小平文选》第三卷，人民出版社 1993 年版，第 113 页。
③ 《邓小平文选》第三卷，人民出版社 1993 年版，第 268 页。

一旦发现偏离社会主义方向的情况，国家机器就会出面干预，把它纠正过来。

8.改革要有一个稳定的政治环境

邓小平同志强调："我们搞四化，搞改革开放，关键是稳定。没有稳定的环境，什么都搞不成，已经取得成果也会失掉"。

"中国一定要坚持改革开放，这是解决中国问题的希望，但是要改革，就一定要有稳定的政治环境，一个安定团结的政治局面，这是我们的社会主义现代化建设必不可少的条件和保证。"他强调："中国的问题，压倒一切的是需要稳定，要放出一个信号：中国不允许乱。""中国人多，如果今天这个示威，明天那个示威，三百六十五天，天天会有示威游行，那么就根本谈不上搞经济建设了。"中国不能允许随便示威游行，我们这方面控制的严一点，让国内外明白，加强控制是为了稳定，是为了更好的改革开放，进行现代化建设。邓小平同志的这些论点是总结中国从鸦片战争到中华人民共和国成立的一百多年的历史经验得出的。

经验和历史告诉我们发展经济必须有一个稳定的政治社会环境，只有社会政治局势稳定，人民才能安居乐业。平安是人民的渴求。政治社会不稳定，就会物价飞涨、货币贬值，商家趁机囤积物资、搞乱市场，人民生活不安定，不能安心生产，物资供应缺乏，又导致物价大幅上涨，形成恶性循环。正如邓小平同志所说："只有稳定，才能有发展""只要全国上下团结一致地、有秩序、有步骤地前进，就可以使我国现代化建设达到小康水平。然后继续前进，逐步达到更高程度的现代化。"[①]

9.关于进行政治体制改革

（1）什么样的政治体制是一个好的政治体制

戈尔巴乔夫领导苏联进行的经济改革没有成功，经济增长速度下滑，转而进行政治体制改革，造成了政治局面混乱，直接导致了苏联解体，苏共被解散。

---

① 《邓小平文选》第三卷，人民出版社 1993 年版。

中国政治体制改革在邓小平理论指导下取得了巨大成就，并稳步地向深层次展开。邓小平同志说："我们提出改革时，就包括政治体制改革。现在经济改革体制每前进一步，都深深感到政治体制改革的必要性。不改革政治体制，就不能保障经济体制改革的成果，不能使经济体制改革继续前进。"[①] 那么什么样的政治体制是一个好的政治体制？邓小平同志提出三个指标，他说："我们评价一个国家的政治体制政治结构和政策是否正确，关键看三条：第一是看国家的政局是否稳定；第二是看能否增进人民的团结，改善人民的生活；第三是看生产力能否得到持续发展。"[②] 邓小平同志提出的这是无产阶级的政体标准，是为人民的利益服务的，是利用政治经济手段调整各阶层、各民族的利益，保障人民当前利益和长远的根本利益。政府推行的一切政策措施以人民满意为度，在制度上保证人民当家作主。在基层让人民直接管理自己的事务。各阶层、各民族人民直接作为代表参政议政，进行政治协商，人民可以心情舒畅地议论国家大事，提出各种批评建议和表决国家大事。这远比西方的政客议会制下，人民能享受到更多的民主和权力。政府也能及时发现问题、及时纠正错误、顺应民意，提出和制定有利于人民的行政法规。社会主义的国家政权是以人民的根本利益为出发点，为人民的根本利益服务为宗旨。它能主动地为发展经济、改善上层建筑提供各种经济政治手段，及时调整不利于经济社会文化发展的制度、政策。保证经济能较快发展，人民生活能较快改善，保障人民享受健康的文化生活，阻止一切腐朽文化糟粕毒害人民。这样的政治体制也必然使人民团结，生活不断提高，社会和谐、平安。依据这个标准，我国的政治体制改革就有了方向，并根据国家的具体情况确定政治体制改革的内容和步骤。不断地健全和完善我国已经建立起来的社会主义民主制度。不断地克服我国政治体制中的各种弊端。不断地充实我国社会主义政治制度和法律制度的健全和完善，推动我国社会不断地向前发展。

---

① 《邓小平文选》第三卷，人民出版社 1993 年版，第 176 页。
② 《邓小平文选》第三卷，人民出版社 1993 年版，第 213 页。

（2）邓小平同志为我国政治体制改革指明了方向

关于政治体制改革目的，邓小平同志说："总的目的是要有利于巩固社会主义制度，有利于巩固党的领导，有利于在党的领导和社会主义制度下发展生产力。"政治体制改革，"要向着三个目标进行……第一个目标是始终保持党和国家的活力，第二个目标是克服官僚主义，提高工作效率。第三个目标是调动基层和工人，农民，知识分子的积极性。"①邓小平同志多次提到政治体制改革的目的目标，每次的提法虽略有不同，但基本上都是围绕要有利于巩固社会主义制度，有利于巩固党的领导，要始终保持党和国家的活力，克服官僚主义，发展社会主义民主，调动人民建设社会主义的积极性，发展社会主义生产力等上述目标的。

政治体制改革涉及的人和事都很广泛、很深刻，触及许多人的利益，一些体制弊端还和社会环境，经济发展阶段相关，解决了一种形式的官僚主义，还会出现另一种形式的弊端。因此，制度和法律也要随着新情况新问题的出现，进行不断地调整和修改，这是一个艰巨而长期的任务。在工作方法上邓小平同志指出，对改革的方案、制定的制度法规，要进行认真讨论和研究，充分发表意见，包括发表不同的意见。方案的执行要经过试点，取得经验，集中集体的智慧，制定出一个详细的、切实可行的、可以长期发挥作用的制度和法律，有步骤地实施。党要紧紧地依靠群众，紧密地联系群众，随时听取群众的呼声，了解群众的情绪，代表群众的利益，才能形成强大的力量，顺利地完成各项任务。我国的政治改革正是按照邓小平同志提出的改革目的、工作步骤，有计划地稳妥推进，在发扬社会主义民主的同时，还加强了社会主义法制，做到了既能调动人民的积极性，又能保证我们有领导有秩序地进行社会主义建设。向着既有个人心情舒畅，又有统一意志的生动活泼的政治局面；人才辈出，繁荣昌盛的社会环境；创造出比资本主义社会更优越更美好的精神生活和物质生活，享受比资本主义社会更高效、更民主的政治和经济生

---

① 《邓小平文选》第三卷，人民出版社1993年版，第179页。

活，让人民幸福自由的享受不断提高的社会主义的新生活。

（三）提出四项基本原则，保证改革开放始终沿着社会主义道路前进

1. 坚持四项基本原则是实现"四个现代化"的根本前提

改革开放的大潮出现之后，邓小平同志早有预见地提出进行社会主义建设，推行改革开放政策必须坚持四项基本原则。他说："第一，必须坚持社会主义道路；第二，必须坚持无产阶级专政；第三，必须坚持共产党的领导；第四，必须坚持马列主义、毛泽东思想。"①四项基本原则的提出明确了改革的方向，鼓舞了全国人民进行改革、开放的积极性，增强了信心。把全国人民建设社会主义的积极性引导到同一轨道，使中国的改革成功有了保证。他严肃地指出："如果动摇了这四项基本原则中的任何一项，那就动摇了整个社会主义事业，整个现代化建设事业。""离开坚持四项基本原则，就没有根，没有方向。也就谈不上贯彻党的思想路线。""离开四项基本原则去解放思想实际上是把自己放到党和人民的对立面去了"。坚持四项基本原则的核心是坚持共产党的领导，这是社会主义建设成败的关键。邓小平同志指出："坚持四项基本原则的核心，是坚持共产党的领导，没有共产党的领导，肯定会天下大乱，四分五裂""只有稳定，才能有发展，只有共产党的领导，才能有一个稳定的社会主义中国。""中国没有共产党领导，不搞社会主义是没有前途的，这个道理已经得到证明，将来还会得到证明。"②邓小平同志还引用列宁的话，无产阶级专政是对旧社会的势力和传统进行的顽强的斗争，流血的和不流血的，暴力的和和平的，军事的和经济的，教育的和行政的斗争……没有铁一般的和在斗争中锻炼出来的党，没有为本阶级全体忠实的人所信赖的党，没有善于考察群众情绪和影响群众的党，要顺利地进行这种斗争是不可能的邓小平同志的论述，都强调坚持四项基本原则的

---

① 《邓小平文选》第三卷，人民出版社 1993 年版，第 129 页。
② 《邓小平文选》第二卷，人民出版社 1994 年版。

核心是坚持党的领导。马克思主义理论是保证党有一个正确的指导思想，是保证党能够正确的领导，制定正确的方针政策的理论基础。中国共产党领导中国人民进行的社会主义建设，是维护广大劳动者的利益的。所以，进行改革开放政策必须坚持四项基本原则。

2. 坚持党的领导

（1）只有中国共产党领导革命和建设才能成功

中国近代的历史证明，没有中国共产党的正确领导，革命和建设都不能成功，离开共产党的领导一切事情都办不好。

中国共产党以为无产阶级和劳动人民的根本利益服务为宗旨，是用马列主义、毛泽东思想武装起来的，具有坚定的共产主义信仰，为解放全人类而英勇奋斗不怕牺牲的先进分子所组成。因此他们与劳动人民水乳相融，为劳动人民的解放勇于奋斗善于奋斗，并在斗争中取得了胜利。以抗日战争为例，中国共产党抗日态度坚决，指导思想、方针政策正确，领导人民运用持久战，坚定了人民抗战的信心，也找到了抗战胜利的道路。国民党接受了中国共产党提出的统一战线、共同抗战的主张，在正面战场上虽然接连败退、动摇，但坚持了下来，并积蓄了力量开始反击，最终国共合作取得抗战的胜利。与此同时，中国共产党领导的八路军从沦陷区夺取失地，不断地壮大了抗日根据地。到抗战胜利时，八路军新四军等人民武装已发展到 132 万人，还领导组织了 268 万多民兵，建立了 19 个抗日根据地，控制了 1 亿人口和 100 多万平方公里的辽阔地域。[①]中国共产党领导中国抗战胜利，既表现在政治思想上，战略，战术上坚决抗日，反对妥协投降，又在战场上不断收复失地。特别是在抗日根据地建立了民主政权，人民生活不断改善，向全国人民展示了中国共产党不仅能领导中国人民能打败日本侵略者，而且能建立美好的。让全国人民看到了打败日本侵略者后，建立一个民主、独立、繁荣新中国的希望。这极大地鼓舞了全国人民的抗战决心和胜利的信心。

---

① 谢太浩：《义勇军进行曲 80 年》，人民出版社 2017 年版，第 135 页。

历史证明，建设国家没有共产党的领导不行。尤其是改革开放后，中国经济以世界历史上从未出现过的增长速度高速发展。人民生活水平显著提高，贫困人口大幅度下降，社会保障程度大幅度提高。如今已成为世界第二大经济体，成为世界贸易第一大国。只有党的领导中国才能成为强大的新中国，才能调动广大人民建设社会主义的积极性。面向未来，中国共产党也必将领导中国人民建成社会主义现代化强国，实现共同富裕，让全体人民都能过上美好幸福的生活。

（2）共产党是一个勇于开展批评与自我批评的政党

中国共产党历来重视开展批评与自我批评，坚持群众路线，实事求是，为人民服务。它出台的各种政治措施是根据群众的需要提出的，都事前广泛征求各方意见，经过上下反复讨论，最终由集体做出决定，经过试点，成功后逐步推广，事后发动党内外群众、社会各阶层，如媒体、舆论对工作进行监督。并在工作中不断检查，总结工作经验，倾听民意纠正错误，不断改进工作，保障了党的正确领导和执行政策的成功。这是资产阶级政党做不到的。资产阶级政党只能是选举时相互攻击，甚至是无中生有地造谣批判对方。执政后千方百计维护本党利益，对本党违纪违法行为也想方设法掩盖事实，执政中乱象丛生。

3. 坚持社会主义道路

什么是社会主义？邓小平同志指出："社会主义的本质是解放生产力，发展生产力，消灭剥削，消除两极分化，最终达到共同富裕。"[①] 在社会主义国家，一个真正的马克思主义政党，在执政以后，一定要致力于发展生产力，并在这个基础上，逐步提高人民生活水平。按照这一观点来认识，过去把社会主义定位为生产资料公有制和计划经济，实际上是把社会主义制度僵化了。只有把社会主义本质定为是解放生产力，发展生产力，以采取各种有利于发展生产力的经济形式，使社会主义制度永远保持活力，一直到超越资本主义的劳动生产率，建设起强大的物质基础，

---

① 乌杰：《邓小平思想论》，人民出版社 1992 年版，第 130 页。

实现向共产主义社会发展的目标才应该是正确的诠释。

社会主义国家中党和政府的根本任务，就是制定顺应和促进生产力发展的政策，改革一切不适应生产力发展的经济制度、政治体制、社会文化制度等各种制度。邓小平同志指出，判断是否有利于社会主义发展的标准，应该主要看是否有利于发展社会主义的生产力，是否有利于增强社会主义国家的综合国力，是否有利于提高人民的生活水平。计划多一点还是市场多一点，不是社会主义与资本主义的本质区别，计划经济不等于社会主义，资本主义也有计划，市场经济不等于资本主义，社会主义也有市场，计划和市场都是经济手段。为了发展生产力少走弯路，我们可以借鉴发达资本主义国家在经济发展过程中走过的道路，生产结构、经济结构的演变。邓小平同志说，社会主义要赢得与资本主义相比较的优势，就必须大胆吸收和借鉴人类社会创造的一切文明成果，吸收和借鉴当今世界各国，包括资本主义发达国家的一切反映现代社会化生产规律的先进经营方式、管理方法。学习别人的长处，变成自己的长处，再加上自己的长处，自然就超过了他人。但是借鉴发达资本主义国家在经济发展过程中的一些经验，并不是走资本主义道路，资本主义道路很难在中国发展起来，也解决不了贫困问题。邓小平同志说还指出，社会主义的经济以公有制为基础，生产是为了最大限度地满足人民的物质、文化需要，而不是为了剥削，由于社会主义制度的这些特点，我国人民能有共同的政治经济社会理想、共同的道德标准，这些是资本主义社会不可能有的。因为资本主义无论如何不能摆脱百万富翁的超级利润，不能摆脱剥削和掠夺，不能摆脱经济危机，不能形成共同的理想和道德，不能避免各种极端严重的犯罪。"社会主义同资本主义比较，它的优越性就在于全国一盘棋，集中力量，保证重点。缺点在于市场运用得不好，经济搞得不活。"[1] 邓小平同志指出："只讲四个现代化，不讲社会主义，这就忘记了事物的本质也就离开了中国的发展道路。"[2] "如果走资本主

---

① 《邓小平文选》第三卷，人民出版社 1993 年版，第 16—17 页。
② 张乐岭：《科学社会主义研究论稿》，人民出版社 2012 年版，第 217 页。

道路，可能在某些局部地区少数人更快地富起来，形成一个新的资产阶级，产生一批百万富翁，但顶多也不会达到人口的百分之一。而大量的人仍然摆脱不了贫穷……只有社会主义制度才能从根本上解决摆脱贫穷问题。"①

4.坚持无产阶级专政

中国人享有广泛的民主权利，人民民主专政是以国家强制力手段保证人民当家作主，用军队、警察、法官、监狱等手段保证法律的执行，保护社会主义制度和社会主义建设。我们必须看到，在社会主义社会，仍然有反革命分子，有各种破坏社会主义秩序的犯罪分子，同他们的斗争不同于过去历史上的阶级对阶级的斗争，但仍然是一种特殊形式的斗争，对于这一切反社会主义的分子必须实行专政。不对他们专政，就不可能有社会主义民主。这种专政有时是国内斗争，有些同时也是国际斗争，两者实际上是不可分的。没有无产阶级专政我们就不可能保卫从而也不可能建设社会主义。②邓小平还指出："马克思说，阶级斗争不是他的发现，他的理论最实质的一条就是无产阶级专政。无产阶级作为一个新兴阶级夺取政权，建立社会主义，本身的力量在一个相当长时期内肯定弱于资本主义，不靠专政就抵制不住资本主义的进攻。坚持社会主义就必须坚持无产阶级专政。"③

中国共产党领导中国人民进行社会主义建设，经济取得了快速发展，人民生活得到较快改善，加上中国共产党与人民群众的血肉关系，让人民认识到社会主义制度优于资本主义制度，这也是中国绝大多数人拥护社会主义、拥护共产党的原因。但也有个别盲目崇拜西方，想照搬西方的一套来改造中国，他们为了个人的私利，愿意拜倒在发达资本主义国家的脚下，把国家变成符合他们利益的资本主义的附属国。对于这种资产阶级自由化的问题，为了依靠无产阶级专政保卫社会主义制度，邓小

---

① 《邓小平文选》第三卷，人民出版社 1993 年版，第 208 页。
② 《十三大以来重要文献选编（下）》，人民出版社 1983 年版，第 1439 页。
③ 《邓小平文选》第三卷，人民出版社 1993 年版，第 364，365 页。

平同志说："我不止一次讲过，稳定压倒一切，人民民主专政不能丢，你闹资产阶级自由化，用资产阶级人权、民主那一套来搞动乱，我就坚决制止……不靠专政就抵制不住资本主义的进攻"① 资产阶级自由化泛滥，后果极其严重。特区搞建设，花了十几年时间才有这个样子，垮起来可是一夜之间啊。"四项基本原则必须讲，人民民主专政必须讲，要争取一个安定团结的政治局面，没有人民民主专政不行，不能让那些颠倒是非，混淆黑白，造谣污蔑的畅行无阻煽动群众。前几年我们不是对那几个搞自由化并且触犯了刑律的人依法处理了吗？难道因此中国的名誉就坏了吗？中国的形象并没有因此变坏，我们的名誉还是一天比一天好起来""没有专政手段是不行的。对专政手段，不但要讲，而且必要时要使用。"② 总之，"为了实现四个现代化，必须发扬社会主义民主和加强社会主义法制……为了实现四个现代化，在坚持对极少数反社会主义分子实行无产阶级专政的同时，需要在人民内部广泛的加强思想政治教育。"③ 搞社会主义还处在初级阶段，巩固发展社会主义制度，还需要一个很长的历史阶段，需要我们几代人、十几代人，甚至几十代人坚持不懈的努力奋斗，决不能掉以轻心。

5. 坚持以马列主义、毛泽东思想为指导

马克思列宁主义、毛泽东思想指明无产阶级夺取政权应采取的政策、策略，以及什么是社会主义，社会主义如何建设，如何向共产主义过渡的理论。对马克思列宁主义、毛泽东思想的信任，鼓舞着中国广大共产党员和人民群众一起战胜一切困难，夺取胜利，为共产主义事业坚贞不屈、英勇奋斗。我们为什么要坚持马克思列宁主义、毛泽东思想？邓小平同志说："马克思主义的另一个名词就是共产主义。我们多年奋斗就是为了共产主义，我们的信念理想就是搞共产主义，在我们最困难的时期，共产主义的理想是我们的精神支柱，多少人牺牲就是为了实现这个理

① 《十三大以来重要文献选编（下）》，人民出版社 1993 年版，第 1439 页。
② 《邓小平文选》第三卷，人民出版社 1993 年版，第 195—196 页。
③ 《邓小平文选》第三卷，人民出版社 1993 年版。

想，共产主义是没有人剥削人的制度，产品极大丰富，各尽所能，按需分配。"①邓小平同志指出："我们坚持的和要当作行动指南的是马克思列宁主义，毛泽东思想的基本原理，或者说是由这些基本原理构成的科学体系"。他还特别指出："毛泽东同志的事业和思想，都不只是他个人的事业和思想，同时是他的战友、是党、是人民的事业和思想，是半个多世纪中国人民革命斗争经验的结晶。"我们过去几十年艰苦奋斗，就是靠用坚定的信念把人民团结起来，为人民利益而奋斗。没有这样的信念就没有凝聚力。没有这样的信念就没有一切。过去我们党无论怎么弱小，无论遇到什么困难，一直有强大的战斗力，因为我们有马克思主义和共产主义信念，有了共同的理想，也有了铁的纪律。无论过去、现在和将来，这都是我们的真正优势。理想和纪律特别重要，我们一定要经常教育我们的人民，尤其是我们的青年要有理想。为什么我们过去能在非常困难的情况下奋斗出来，就是因为我们有理想，有马克思主义信念，有共产主义信念。

马克思列宁主义、毛泽东思想都是在革命斗争实践中建立起来的理论。马克思、恩格斯目睹了资产阶级对工人阶级的残酷剥削，以及工人阶级反压迫、反剥削的坚决斗争，目睹了巴黎工人武装起义夺取政权失败后遭到残酷镇压。他们参与并正确领导了无产阶级的斗争。在斗争中他们提出了正确的斗争策略，批判资产阶级思想，批判各种形形色色的不利于无产阶级斗争的思想流派，把工人阶级的斗争引向正确方向。使工人阶级的革命队伍不断发展壮大。他们提出的各种观点、学说是指导当时革命的需要，他们提出的理论是指导斗争批判错误思想的战斗武器。无产阶级有了自己的符合物质世界发展规律的世界观、方法论，从而使无产阶级能从复杂的事物中发现事物的本质、发现问题，找到解决问题的办法。找到革命斗争的正确策略，制定正确的方针、政策、路线。马克思列宁主义揭穿了资本主义剥削实质，揭示了物质生产发展的规律、

---

① 《邓小平文选》第三卷，人民出版社 1993 年版，第 137 页。

人类社会的发展规律。马克思主义理论武装了无产阶级的头脑，找到了批判资产阶级的思想武器，也找到了无产阶级斗争的方向和策略。列宁、毛泽东都接受了马克思主义，领导了本国无产阶级斗争。他们把马克思主义与本国革命实践相结合，制定出指导斗争的策略和方法，不仅领导本国革命成功，而且为社会主义建设提出了基本思路、基本方针和政策。

有人说马克思主义理论过时了。其实不然，中国特色社会主义理论始终保持着生机与活力。一是在方法论上，中国特色社会主义理论体系是在坚持毛泽东实事求是思想精髓的基础上开启的改革开放探索。二是在价值观上，中国特色社会主义理论体系是在始终坚持四项基本原则的基础上推进改革开放进程。围绕"三个有利于"思想，判断一切工作得失，逐步形成了适合中国实际、具有中国特色的当代中国马克思主义体系。在马克思主义看来，任何脱离了具体历史实际的理论，即便其内在逻辑再完美，在实际面前其最终命运只能是流于空转。"正确的理论必须结合具体情况并根据现存条件加以阐明和发挥。"因此，马列主义、毛泽东思想即便是放到今天也绝不是过时的，而是能与客观实际结合，始终指引我们更好地建设社会主义社会的思想。

第四部分

人民当家作主与资产阶级民主的虚伪

一、民主的理念

（一）一些学者对民主的理解

民主在西方最早是指在古希腊实行的城邦民主，那时一个城邦就是一个国家，有什么大事要商量，就开一个全体参加的大会，大家发言、辩论，最后表决，依照少数服从多数的原则得出决议。[①] 在人类历史上，作为政治上层建筑的民主，是随着阶级和国家的变化而变化的。民主一词起源于古希腊语的"demoskratia"。"demos"意思是民众，"kratia"意思是掌握、做主。因此，后人把"demoskratia"译为"人民统治"，就是人民管理自己的事。雅典著名政治家伯里克利（约公元前495—前429）认为，我们的制度所以被称为民主制度是因为政权在多数公民手中，而不是在少数人手中。古希腊著名思想家亚里士多德（公元前384—前322）曾依据城邦统治者为一人、少数人或多数人把古希腊政治制度分为君主、贵族和共和三种常态政体以及僭头、寡头和民主三种变态政体。

英国资产阶级思想家约翰·洛克（1632—1704）在《政府论》中批判"君权神授"和"王位世袭"理论，宣传社会契约和天赋人权说，认为政府的权力来自人民。法国启蒙思想家孟德斯鸠（1689—1755）在《论法的精神》中提出三权分立的思想。法国激进的启蒙思想家卢梭（1712—1778）在《社会契约论》中提出了"人民主权原则"，认为主权就是公意的运用，公意就是人民共同体的意志。这些是资产阶级启蒙思想家对民主思想的重大发展。

19世纪，特别是20世纪以来，民主理论又有了许多新的发展和变

---

① 《参考消息》2014年5月20日。

化，马克思主义认为民主就是人民主权、人民意志的实现，就是人民自己创造、自己建立、自己规定国家制度，并运用这种国家制度决定自身的事务。概括地说，民主就是人民当家作主。不过，由于人民和人民当家作主都是历史的范畴，因而不同历史时期民主就具有不同的本质和形式。

西方学者是站在资产阶级立场上谈民主，把资产阶级的一个阶级的人群说成是"国民"，把资产阶级的富人有、富人治、富人享说成是"民有""民治""民享"。工人阶级、劳动者，除了投票权以外就没有了任何民治，没有任何直接参政、议政、管理国家的机会和权力。所以他们认为民主只能是精英政治，是精英之间的政治博弈，一旦穷人当道必然走向专制。所以劳动者不能掌权。当冷战结束，没有了苏联这个参照系，资产阶级对国内的"穷人"已无所顾忌，资产阶级内部利益纷争，就成了资产阶级民主的主要表现。政治精英们表现了"人性恶"，赢得选举的人随心所欲，选举就成了选举独裁。

（二）马克思主义的民主理论

1. 马克思主义民主观的理论基础

马克思说过："过去的一切运动都是少数人的，或者为少数人谋利益的运动。无产阶级的运动是绝大多数人的运动，是为绝大多数谋利益的运动"。[①] 马克思认为，人民群众不是资产阶级所宣扬的无知群氓，而是智慧的源泉、力量的源泉。因此，马克思主义政党——共产党的党员是最先觉悟的工人阶级的先进分子，必须依靠广大工人阶级、广大人民群众，从人民群众中吸取智慧。毛泽东同志曾说："我们应该深刻地注意群众生活的问题，从土地、劳动问题，到柴米油盐问题。妇女群众要学习犁耙，找什么人去教她们呢？小孩子要求读书，小学办起来没有呢？对面的木桥太小会跌到人，要不要修理一下呢？许多人生疮害病，想个什么办法

---

① 《马克思恩格斯选集》第一卷，人民出版社 2012 年版，第 411 页。

呢？一切这些群众生活上的问题，都应该把它提到自己的议事日程上。应该讨论，应该决定，应该实行，应该检查。要使广大群众认识我们是代表他们利益的，是和他们呼吸相通的。"[①]这是毛泽东同志依据马克思共产主义运动是为绝大多数人谋利的运动在井冈山的具体应用。这就是说马克思主义政党不仅从总体上主要方面如土地改革、抗日、打倒国民党反动派、发展经济、建设富强的国家等方针大政上治理国家，还要关心群众生活的各个细小方面。只有这样才能制定出符合广大人民的民心民意的大政方针、政策和措施，才能把广大人民真正的紧密地团结起来。只有这样才能体现出共产党人是全心全意为人民服务的，体现出人民是真正的主人。领导就是服务，干部就是人民的勤务员。马克思主义关于共产主义运动是最广大人民群众的运动，是为绝大多数人谋利益的运动，是工人阶级民主政治的理论基础。

2. 马克思认为巴黎公社才是实行真正的民主

马克思在《法兰西内战》一书中说："公社给共和国奠定了真正的民主制度的基础。"正如马克思指出的："公社的真正秘密就在于：它实质上是工人阶级的政府，是终于发现的，可以使劳动在经济上获得解放的政治形式。""而一切旧有政府形式在本质上都是压迫性的。""公社还代表了中等阶级利益、农民利益。这样，既然公社是法国社会的一切健全成分的真正代表，也就是真正的国民政府。""公社的第一道法令就是废除常备军而用武装的人民来代替它。""公社由巴黎各区普选出来的城市代表组成。这些代表对选民负责，随时可以撤换。""公社不应当是议会式的，而应当是同时兼管行政和立法的工作机关。""从公社委员起，自上至下一切工职人员，都只应领取相当于工人工资的薪金。"……"公社——这是社会把国家政权重新收回，把它从统治社会，压制社会的力量变成社会本身的生命力；这是人民群众获得社会解放的政治形式"。"普选权在此以前一直被滥用，或者被当作以议会方式批准神圣国家政权的工具，

---

① 《毛泽东选集》第一卷，人民出版社 1991 年出版，第 138 页。

或被当作统治阶级手中的玩物，只是让人民每隔几年行使一次，来批准议会制的阶级统治，而现在，普选权已被用于它的真正目的：由各公社选举它们的行政的和创制法律的公职人员。从前有一种错觉，以为行政和政治管理是神秘的事情，是高不可攀的职务，只能委托一个受过训练的特殊阶层，即国家寄生虫，高俸厚禄的阿谀之徒闲职大员高位权贵们，这个阶层从群众中吸取有教养的分子，并利用他们去反对居于等级社会下层的群众自己。现在这种错觉已经消除。彻底清除了国家等级制，以随时可以罢免的勤务员来代替骑在人民头上作威作福的老爷们，以真正的负责制来代替虚伪的负责制。公社一举而把所有职务——军事、行政、政治的职务变成真正工人的职务。把劳动从垄断劳动者自己所创造的或是自然所赐予的劳动资料的那批人篡夺的权力（奴役）下解放出来的政治形式。"公社，实质上是工人阶级的政府，可以使劳动者在经济上获得解放的政治形式。①

3. 马克思、恩格斯关于民主的另一些阐述

马克思、恩格斯认为，首先无产阶级革命将建立民主制度，从而直接或间接地建立无产阶级政治统治。假如无产阶级不能立即利用民主来实行直接侵犯私有制和保证无产阶级生存的各种措施，那么，这种民主对于无产阶级就毫无用处。②恩格斯认为："照我的意见，应当这样说：无产阶级为了夺取政权也需要民主的形式，然而对无产阶级来说，这种形式和一切政治形式一样，只是一种手段。"③这里说的民主形式：一是无产阶级可以利用资产阶级民主形式为本身谋利，夺取政权；二是无产阶级夺取政权后，可以利用民主形式逐步剥夺资产阶级的生产资料。恩格斯还指出，不应该忘记：资产阶级统治的彻底的形式是民主共和国，虽然这种共和国由于无产阶级已经达到的发展水平，而面临严重的危险，但是……作为直接的资产阶级统治，总还是可能的……民主共和国毕竟是

---

①《马克思恩格斯选集》第二卷，人民出版社 1972 年版，第 377—417 页。

②《马克思恩格斯选集》第一卷，人民出版社 1972 年版，第 230 页。

③《马克思恩格斯选集》第四卷，人民出版社 1972 年版，第 443 页。

资产阶级统治的最后形式，资产阶级将在这种形式下走向灭亡。[①] 这里恩格斯指出了资产阶级民主是资产阶级彻底的统治形式，这就是不同阶级有不同的看法，资产阶级管它叫民主，无产阶级管它叫统治形式。马克思也谈到工人阶级要利用普选权为自己谋利益[②]。

由此可见，工人阶级的民主观，是实现工人阶级夺取政权，建立一个人民当家作主的政权的需要，是工人阶级革命的需要，是工人阶级领导国家的需要。人民民主才是真正的民主，不是资产阶级少数人的一个阶级的民主。

（三）毛泽东的民主理论与实践

1. 毛泽东的民主理论与实践

毛泽东在领导中国革命的斗争实践中，依据马克思的民主理论结合中国革命的实践创造性地提出了适合中国国情的民主理论，制定了符合中国国情的民主政治体制，并在实践中不断完善。

毛泽东在《中国社会各阶级分析》一文中就提出来谁是我们的朋友、谁是我们的敌人这个根本问题，奠定了工人阶级领导的各革命阶级民主协商的理论基础。

在抗日战争时期，毛泽东又创造性地提出了中国共产党领导的抗日民族统一战线和人民代表大会的民主制度。政府实行三三制，政府领导人由人民选举，建立参议会等形式。教育干部全心全意为人民服务，工作要走群众路线等人民参政议政形式。这些理论、政策、制度，奠定了中国共产党领导的多党合作的政治协商的民主制度。为什么中国共产党能够创建政治协商的民主制度呢？毛泽东说："共产党是为人民服务的工人阶级政党，我们的责任，是向人民负责。每句话，每个行动，每项政策，都适合人民的利益，如果错了定要改正，这就叫向人民负责……人民把权力委托给能够代表他们的，能够忠实为他们办事的人，这就是我

---

① 《马克思恩格斯选集》第四卷，人民出版社 1972 年版，第 444 页。
② 《马克思恩格斯选集》第二卷，人民出版社 1972 年版，第 443 页。

们共产党人。"①中国共产党还创建了一整套群众路线的工作方法，使得它最了解民心，最了解人民内部各方的利益。为什么中国共产党能够调节人民内部的各方的利益呢？因为马克思主义的政党明白，只有全国人民都得到解放，过幸福美好的生活，工人阶级才能最终得到解放，过幸福美好的生活，共产党没有本党利益，是先天下之忧而忧，后天下之乐而乐。因此，它能了解人民内部各方的利益，能够以最大公约数，使各方在现有经济条件下都得到满意的利益，实现了全国人民大团结、各民族的大团结。并在后来的革命斗争和国家建设实践中不断完善形成了今天的全国人民代表大会制度、中国共产党领导的多党合作和政治协商制度和民族区域自治制度等，形成具有中国特色社会主义民主政治体制。

总结毛泽东关于民主的理论和实践，可清楚地看到：毛泽东同志指出了最适合中国政体的工人阶级的人民民主，就是各级人民代表大会。这个代表大会要适合各个革命阶级在国家中的地位，最适合表现民意。而不是资产阶级一个阶级的议会民主。工人阶级民主的另一个重要形式，适合于中国国情的民主形式，就是中国共产党领导的各民主党派、无党派人士、各民族、各宗教团体、各阶层参加的政治协商会议。马克思主义的工人阶级的民主，正如毛泽东同志所表述的，是团结一切可以团结起来的革命阶级，孤立最少数敌人。工人阶级民主是一个全国人民大团结的民主。资产阶级民主只是一个阶级的民主，只顾本阶级的利益，必然造成阶级对立、民族对立、种族对立、社会分裂，必然造成人民对政府、议会的不信任，即使用总统的权威制定法规强制推行，也会引起社会各界的齐声反对，引起罢工、罢教、罢课，造成政治、经济、文化出现衰退。工人阶级民主形式的具体内容，要随着革命和经济建设的不同发展阶段、各阶级在国家地位中的变化而及时调整。例如，在国内战争时期实行土地革命。在抗日战争时期地主阶级成了团结的对象，加入统一战线。解放战争中和新中国成立后要进行土地改革，地主阶级成了革

---

① 《毛泽东选集》第四卷，人民出版社 1966 年版，第 1128 页。

命的对象。随着经济建设的发展工人和农民人数的比例发生变化，在人民代表大会中，工人阶级的比例要相应增加，而且工人阶级中知识分子在经济发展中的重要性不断提高，在政协中和人民代表大会中的人数也在相应增加。对民主制度体系也做相应的调整、完善。有时要强调开放，放手发动群众，充分调动群众的积极性主动性，有时要加强集中。

总之，工人阶级的民主是一个以人民利益为最高原则的民主制度，因此它可以根据革命和经济建设的需要及时调整、完善、发展、创新。反观资产阶级民主：尽管当今资产阶级民主已病态缠身，已引起群众不信任，甚至反叛，但它始终非常有效地保护着资产阶级的权益，维护新老资本家的利益。无论平时还是经济危机时，甚至战时，都能使资本家获得最大利润，越是顶级的资本家就越能更多更快地获得财富。

2. 在当今世界资本主义经济体制仍占优势的情况下，工人阶级领导的人民民主政治制度必然会面临如何对待资本主义经济发展的问题

早在抗日战争时期，中国民族资产阶级就参加了中国共产党领导的或者说是工人阶级领导的统一战线的政治协商会议，实现了工人阶级领导的资产阶级参加的民主革命，证实了资产阶级可以是工人阶级的朋友，并可以接受工人阶级的领导，参加中国新民主主义革命。毛泽东同志说："在革命胜利之后，因为肃清了资本主义发展道路上的障碍，资本主义经济在中国社会中会有一个相当程度的发展。"[1]毛泽东同志在《论联合政府》一文中说：有些人不了解共产党人为什么不但不怕资本主义，反而在一定的条件下提倡它的发展。他解释说：这是我们共产党人根据自己对马克思主义社会发展规律的认识。[2]

从这些引文中我们看到一个核心的观点，就是在共产党领导下可以调节好工资与利润的对立。仅就这一点来说，毛泽东和列宁说的苏联共产党领导的社会主义建设是一致的。如果没有这一基本观点，那么发展资本主义经济就是让资产阶级掠夺工人创造的剩余价值。有剥削就有压

---

[1]《毛泽东选集》第二卷，人民出版社 1952 年版，第 645 页。
[2]《毛泽东选集》第三卷，人民出版社 1953 年版，第 1061 页。

迫。工人反抗剥削就要怠工、罢工，就要制造动乱夺取政权。如果资产阶级拿不到剩余价值怎么会有投资和发展呢？基于这一基本观点，毛泽东提出了劳资两利的政策，解决了这一两难问题。但这一基本观点实现的前提条件，就是工人阶级掌握了国家政权。现有资本主义社会包括发达的资本主义国家是一个以资本主义经济为主体的多种经济成分的国家，在经济活动和社会活动中，除了主要的工人和资本家的关系外，还存在着多种经济联系，人与人之间还存在着文化、宗教、种族差异，有着多种共同利益和利益矛盾相交叉。在这个经济基础上，形成的政治结构必然是资产阶级和工人阶级两大政党和其他代表各种利益集团的小党的多党社会。但是，在资产阶级领导工人农民等劳动者推翻封建贵族统治后，资产阶级本能地利用领导地位设计、制定了只符合资产阶级利益的政治制度和法律体系。而资产阶级对资本主义社会实行单一的阶级统治，不能全面反映资本主义生产方式中各阶级之间在经济、社会中的关系，特别是没有反应出工人阶级在生产中的地位。资产阶级倡导的文化，也不反应劳动者在生产中形成的互相联系、互相合作、互相帮助、谁也离不开谁的集体精神，只讲个人奋斗、个人自由，一切为了挣钱，挣钱的目的是为了享乐，过奢靡、醉生梦死的生活。这种上层建筑只反映了资本的统治地位，没有反映劳动在生产过程中的决定性作用。这种上层建筑必然受到劳动者的反抗、怠工、罢工的反抗，这种斗争会一直伴随资本主义社会直到工人阶级取得稳定的政权。

列宁和毛泽东的观点是：在工人阶级领导下资本主义生产方式中，劳动和资本是可以得到调节的，虽然列宁指的是当时俄罗斯的经济形态和毛泽东指的中国的新民主主义经济都与资本主义社会经济形态有质的不同，但就市场经济环境，资本主义生产方式的劳资两方来说，基本上是相似或者说是大体相同。如果认为搞社会主义就要消灭资本主义私有制或者认为劳动和资本是对立的双方、不可调和，即便是在新民主主义社会，由于资本不能盈利将由衰退而消亡，或者出现的是工人不断反抗引起社会动乱。列宁正是有了这个基本观点才有了新经济政策。毛泽东也正是有了这个观点才有了新民主主义经济设想，才有了劳资两利的政策。

上述表明，在生产力发展到资本主义社会的历史阶段，在这个经济基础形成的上层建筑，可以有资产阶级政权和资产阶级文化，也可以有工人阶级领导的人民民主政权和人民大众文化。资产阶级政治文化反映的是这个生产方式中的占统治地位资本的一方，工人阶级领导的人民民主政治则反映了这个生产方式中劳动的决定性地位和各个阶级的全方位的经济关系。

工人阶级领导的人民民主政治，更适应这个经济基础。经济基础和上层建筑的矛盾的解决更加顺畅，国家政权能够促进了经济的更快发展。俄罗斯的新经济政策的实践，新中国 20 世纪 50 年代的发展和改革开放后的实践都证实了这一基本观点的正确。

（四）实现工人阶级领导的人民民主

1. 实现工人阶级民主首先要掌握政权

工人阶级民主政治，已经有巴黎公社、苏联的苏维埃制度、中国以及拉美、亚洲、东欧一些国家的工人阶级掌权国家进行实践，有的已经失败，有的成功或非常成功。

国家本身就是统治阶级为了保护自身利益、镇压被统治阶级而建立的一套制度的机器。剥削阶级以全民的名义建立的政权组织，对内是约束和镇压被剥削被统治者对剥削和压迫的反抗，对外保护本国利益、人民安全、领土主权，以及掠夺他国财富和领土，并利用军队、警察、法律、法院、监狱、政权机关作为统治工具。

国家这样一个利器，资产阶级不会轻易交给工人阶级领导的人民大众。

工人阶级、人民大众要明白，摆脱压迫，求得社会平等、公平，就必须要夺取政权。夺取政权和消灭资本主义私有制是两回事。工人阶级夺取政权的条件：一是工人阶级已经成长为资本主义社会人口众多的主要阶级；二是马克思主义已经诞生，有了成熟的马克思主义政党。而消灭资产阶级私有制的条件是生产力的发展水平已经突破了资产阶级私有制。资产阶级私有制已经失去了促进和发展生产的积极作用。

从 20 世纪开始，在许多国家，工人阶级只要有条件，就可以用一切可用的手段夺取政权，实行人民民主的政治制度。如果工人阶级在一国夺取政权成功，而生产力还没有发展到取消私有制的水平，可以仍然利用市场经济制度和包括资本主义私有制的私有经济。为了保证经济稳定发展，要在关系国计民生极重要的部门中建立国有经济，保证政权有调控经济的能力和手段。并让资产阶级有利可图，有发展生产的积极性。

2. 共产党领导是实行人民民主制度的根本保证

工人阶级政权必须由工人阶级中具有先进思想觉悟、坚定的马克思主义者及其政治精英组成的共产党的领导，才能巩固发展人民民主制度，或少走弯路，防止复辟。

为什么工人阶级领导的人民民主政权一定要共产党领导？在这里所说的共产党指的是以马克思主义为指导思想的工人阶级政党。马克思、恩格斯在《共产党宣言》中指出共产党人"没有任何同整个无产阶级的利益不同的利益"，"共产党同其他无产阶级政党不同的地方只是：一方面，在各国无产阶级斗争中，共产党强调和坚持整个无产阶级不分民族的共同利益；另一方面在无产阶级和资产阶级斗争所经历的各个发展阶段，共产党人始终代表整个运动的利益。因此，在实践方面，共产党人是各国工人政党中最坚决的、始终推动运动前进的部分；在理论方面，他们比其余的无产阶级群众优越的地方在于他们了解无产阶级运动的条件、进程和一般结果。"[①]

马克思、恩格斯指出了工人阶级革命必须由共产党领导的原因：（1）共产党没有任何与无产阶级不同的利益；（2）共产党始终是最坚决的推动前进的力量；（3）了解无产阶级运动的条件、进程和结果，亦即掌握

---

① 《马克思恩格斯选集》第一卷，人民出版社 1972 年版。

了科学社会主义思想，社会发展规律；（4）虽然最近目的和其他无产阶级政党相同——夺取政权，取得民主。但共产党将利用自己的政治统治，尽可能快地发展生产力，一步一步地将全部生产资料集中在联合起来的个人的手里，阶级差别将消失，代替"资产阶级旧社会的将是这样一个联合体。在那里，每个人的自由发展，是一切人自由发展的条件"。①

在中国，中国工人阶级领导的人民民主专政，必须由中国共产党领导，正如毛泽东同志所说："中国资产阶级虽然在某种历史时机可以参加革命战争，然而由于它的自私自利和政治上经济上缺乏独立性，不愿意也不能领导中国革命战争走上彻底胜利的道路。中国农民群众和城市小资产阶级群众是愿意和积极地参加革命战争，并愿意使战争得到彻底胜利的。他们是革命的主力军，然而他们的小生产特点，使他们的政治眼光受到限制（一部分失业群众则具有无政府思想），所以他们不能成为战争的正确的领导者。因此，在无产阶级已经走上政治舞台的时代，中国革命战争的领导责任，就不得不落在中国共产党肩上。"②

马克思说的是共产党比其他无产阶级政党优越领导工人阶级革命运动才能得到胜利。毛泽东是从中国社会各阶级的经济地位、政治态度进行分析得出的结论。只有无产阶级及其政党才能领导革命进行到底并取得胜利。

毛泽东同志的分析，既是中国革命的政治总结，又被中国革命进程证明了它的正确性。

3. 共产党必须以马克思列宁主义为指导思想

共产党的领导必须以马克思列宁主义为指导思想。马克思著作蕴藏着无穷的智慧，特别要注意学习马克思主义理论在各国革命实践的创新、发展。例如马克思列宁主义、毛泽东思想、邓小平理论、"三个代表"重要思想、科学发展观、习近平新时代中国特色社会主义思想。这些鲜活的马克思主义理论都是依据马克思主义的基本原理结合本国共产主义运

---

① 《马克思恩格斯选集》第一卷，人民出版社 1972 年版，第 264、272、273 页。
② 《毛泽东选集》第一卷，人民出版社 1952 年版，第 167 页。

动的实践对马克思主义的创新。在中国，它是指导中国社会主义建设及中国现时代的共产主义运动取得胜利的指导理论，它使马克思主义与时俱进，使共产党永葆青春的战斗性、革命性，永远站在正确的道路上前进。并能够及时发现错误、纠正错误，永葆工人阶级政权为人民服务的宗旨，让工人阶级的政权永不变质。

4. 工人阶级民主要建有一套有完整系统有明细制度的体制

工人阶级民主要建有一套有完整系统有明细制度的体制，才能保证民主制度的执行。

工人阶级掌握政权，只是人民民主的一个先决条件。还必须建立一整套的防止政治精英由公仆变官僚，由依靠群众密切联系群众变成脱离群众、高高在上的谋私者，变成浑浑噩噩、碌碌无为的懒政者。同时，建立防止领导者主观专断的制度体系是非常必要的。

中国共产党根据马克思主义的民主理论，结合中国国情，结合中国共产党领导中国革命、建设的不同阶段的社会性质，创造性地找到了工人阶级领导的、以工农联盟为基础的人民民主专政的国体，实行人民代表大会制度的政体，实行中国共产党领导的多党合作和政治协商制度，实行民族区域自治制度，实行基层群众自治制度等。这套民主制度的有效执行，保证了人民当家作主。

5. 建立保障人民民主的法律体系

人民当家作主必须用法律规定下来，用法律保证人民当家作主的实现，要让人民有真权。在社会主义国家，人民是统治者，社会主义法律必须体现人民的意志，保障人民民主，保障人民过美好生活。中国社会主义法治，必须在中国共产党领导下进行，党的领导是社会主义法治的根本保证。共产党有能力制定一个服务于全体人民根本利益的法律体系，有能力保证执法、司法，并能带头守法，有能力把人大、政府、政协、审判机关、检察机关统一协调开展工作。为人民服务是共产党的宗旨，只有共产党的领导才能保证法治为了人民、依靠人民、造福人民、保护人民。在共产党的领导下人民依照法律规定，通过各种途径和形式管理国家事务。

在法律面前人人平等是社会主义法律的基本属性，平等体现在立法、执法、司法、守法各个方面，任何组织和个人都必须尊重以宪法为核心的社会主义各项法律，都没有超越法律的特权。在法律面前人人平等重在执法、司法，防止某个组织和个人利用各种强权、金钱制造法律偏向，要用法律制止"人治"。

6. 协商民主是社会主义民主政治的特点和优势

发挥社会主义协商民主重要作用，有事好商量，众人的事情由众人商量，是人民民主的真谛。协商民主是实现党的领导的重要方式，是我国社会主义民主政治的特点和独特优势。要推动协商民主广泛、多层、制度化发展，统筹推进党政协商，人大、政协、政府协商，政协协商、人民团体协商、基层协商及社会组织协商。加强协商民主制度建设，形成完整的制度程序和参与实践，保证人民在日常政治生活中有广泛持续深入参与权力。工人阶级的民主是众人事情，应由众人商量办。众人的事情不是个人私事。众人的事情小至一个社区、村庄，大至县、省、国家的事情。众人的事情就是政治，众人的事情众人协商办理就是人民当家的现实形式，就是真正的民主政治。

中国共产党领导下的民主政治体制有效地保证了人民权益，激发了人民的主动性、创造性，呈现出又有集中又有民主、又有纪律又有自由、又有统一意志又有个人心情舒畅生动活泼的政治局面。

从理论上讲，人民自己的事情由人民自己商量着办，是当今社会解决人民之间矛盾的最好形式。只有共产党才把人民当作主人，把自己当作人民的公仆。

中国共产党从小小的革命根据地执政到全国执政，始终坚持和人民群众商量着办事。协商民主是中国社会主义民主政治中独特的、独有的、独到的民主形式。毛泽东同志说过，"国家各方面的关系都要协商"，我们的政府"可以叫它是个协商政府"。中国共产党创建的协商民主贯穿到国家的方方面面，是全方位、多层次、立体化的。从渠道看，包含党政协商、人大协商、政府协商、政协协商、人民团体协商、基层协商以及社会组织协商等；从内容看，涵盖党和国家政治生活中的重大事项，法律法规的制定和修改、经济社会发展的重要决策，涉及人民群众切身利益的实际问题，各协商渠道自身建设的相关事务；从层级看，包括从中央到基层各个层级。

（五）关于威权主义

1.资本主义国家的政客学者污蔑中国是威权主义

英国剑桥大学政治学教授戴维·朗西曼说，现在西方民主国家所面临的是一种比其共产主义前辈要务实得多的威权主义，中国试图汲取 20 世纪的教训，他们也在努力提供成果和（对国民的）尊重。这是人们所熟悉的方案……21 世纪的竞赛则是在有相同基本目标的版本之间进行的。双方都承诺实现经济增长和广泛繁荣——在物质福利方面取得实实在在的成果。但双方在尊严问题上有所不同：西方为公民个人提供尊严，而中国则将其更为广泛地提供给全体国人。中国的显著崛起表明，这是一个真正的替代选择。[①] 朗西曼教授承认了中国制度的优越性，但他所说的中国是威权主义则是不正确的，是错误的。西方把一人一票的资本主义的选举制度。说成是最大民主、是民选总统、是民主国家，在中国人看来，一人一票只是民主的一小部分，这种只能投票选举一个资产阶级政党提供候选人一人一票甚至算不上民主。在美国很多城市，选举工具已经逐渐失败。无论大城市还是小城市，美国的选举投票率都只有 20%—25%。弃权率居高不下的现象并未引起媒体应有的重视，也从侧面反映出这已经是美国的常见现象。[②] 这就是说，有选举权的美国人只要有超过 10%，不到 15% 的选票的投票赞成某个人当总统就可以当选。显然这算不上民主，更不用说让人民管理国家了。美国波特兰大学的研究报告显示，65岁以上人口的投票率是 18 岁至 34 岁人口的 15 倍。青年人投票率更低，

---

① 《参考消息》2018 年 4 月 30 日。
② 《参考消息》2018 年 11 月 13 日。

说明这种选举制度的前途不妙。

中国实行的是广泛的、多层次的协商民主，众人的事情众人商量办，人民当家作主。西方政治家、学者用他们的那一套资产阶级只给人民一人一票的有限民主，实际是资产阶级政党直接操纵的假民主。把它看作是最大的民主，自然是看不懂中国的人民当家作主的一系列制度与方法。他们又解释不了他们的民主投票率那么低，有的执政不到一年支持率就下降到25%、引起罢工。而中国人民却非常相信政府、相信党，按他们在中国的调查，对中国政府，对中国共产党的支持率在75%以上。他们解释不通了就说中国是集权是威权主义。

2. 工人阶级革命、共产党领导革命需要权威不是威权

什么是威权主义？就是威力和权势再加主义，意思就明显了，把共产党的主张说成是威权理论系统。他们把马克思主义的工人团结起来武装夺取政权，实行无产阶级专政等说成是威权主义。站在资产阶级立场上自然是强力、压服。站在无产阶级立场上，是一个摆脱剥削、压迫的解放人民获得自由民主。

共产党就是一大批为了人民利益不畏强权的人组成的。把反对帝国主义、封建主义、官僚资本主义写入自己纲领；把全心全意为人民服务作为党的宗旨。

中国人民在建设社会主义中出现的积极性、创造性，是人民当家作主的结果，强权是不可能推动劳动人民的劳动热情的。中国的成功日益影响着各国的劳动人民，资本家是看得明白的，并且害怕了就不得不用谎言欺骗劳动人民，污蔑说中国军事扩张影响世界和平，中国在国内实行强权政治不人道、不民主、不自由。七国集团的谎言欺骗自然有影响，但谎言毕竟是谎言，是持续不了多久的，人民是会觉醒的。西方的假民主已被很多青年人看清，不再去投票。

中国共产党的政治精英、领袖们在全国人民的心目中，有崇高的威望。但从不靠威信推行自己的主张和政策，而是靠人民自己当家作主。中国共产党反对官僚主义、主观主义、命令主义，反对用简单粗暴的方法对待群众。中国共产党从不主张威权主义，这已被历史和现实所证明。

马克思主义者不赞成威权主义，但是党的统一意志、统一行动必须有权威。这是完全不同的概念。工人阶级政党领导的权威是民心权威，他们最了解民心民意，他们的权威来自对人民的忠诚，来自多年与人民群众深入密切的联系；他们了解人民群众需要什么，什么是人民群众的根本利益。因此，他们能提出反映民心民意的主张，并为人民的利益坚决奋斗、无限忠诚、坚贞不屈。他们的主张反映民心，又带领民众去实践，并能取得胜利，自然被人民所信服。在工人阶级政党的政治精英中，他们的主张不仅屡屡取得胜利，而且更全面、更高一层。他们的魄力、能力、智慧更高一等，自然会被推举为领导者。在这一点上，工人阶级政党与资产阶级政党不同。资产阶级政党为争夺党的最高领导宝座，会采取各种不正当手段。

工人阶级政党的领导者的权威，具有深厚的马克思主义理论修养，并在实践中应用和创造性应用马克思主义的思想理论解决本国的实际问题。工人阶级政党的领导者权威的智慧来自人民，是人民智慧的结晶，是全党智慧的结晶。他们的治国理念，深得人民的信赖。

工人阶级政党的领导者的权威，是党的集体领导核心人物的权威。它不属于个人权威，属于党的权威，属于民主集中制的权威。

（六）选举不是"最大"的民主

1. 美国的选举民主已经由盛转向衰落

在资产阶级统治下，不可能实现真正的民主，人民不可能当家作主。一位资本主义国家的学者说："美国过去两个世纪里的繁荣和稳定倚仗了该国独有的包容性体制。美国有法律保护私有财产、鼓励创新、为市场发挥职能提供便利，同时防止市场被少数人垄断。它有一套政治制度防止一小撮人主宰社会上其他人，让人民有权就治国之道发表看法，并让大多数美国人能够接受教育和创造财富的过程中分享财富。这些体制起作用不仅仅是因为它们都写在羊皮纸上。备受尊崇的《宪法》《权利法案》以及对宗教信仰自由、言论自由和集会自由的保护等种种法规意义重大是因为我们大家都已同意遵守它们。最高法院大权在握是因为我们形成了政治准则，使总统几乎不可能随心所欲对它的意见置之不理。

尤其是其中两个准则相结合维系着制度的完整：一是尊重法律，二是以开放态度认可人民有权成立组织、参与政治和要求他们的代表励精图治并在必要时进行社会变革。我们的体制并不完美，从来都不。他们会制造僵局，也会受到控制：庞大的美国政府机构、国会乃至最高法院总是容易受到社会上某些有严密组织的势力的不当影响。但在基本准则——尊重和适应力相结合——上的共识最终赋予了这些体制必要的灵活性，虽屡遭民众不满却延续至今。正是这种共识使美国得以废除奴隶制和恢复奴隶的自由身、摆脱强盗式资本家的控制、约束垄断并在后来搭建社会保障网的初步框架。

如今，我们的体制和基本政治准则面临它们在现当代遇到过的一些最具挑战性的时刻。美国政治正处于打破传统信仰的阶段，成为破除对象的传统信仰就是我国民主制度的道德基础……我国包容性体制所面对的考验是严峻的，我国问题的根源在于我们不能创造人人共享的繁荣且政治制度不愿讨论解决这个问题。因此，要匹敌我国当今挑战，我国体制就需要证明它们可以让新技术和贸易带来的新增财富得到更广泛的享受；建立一个远远更牢固、更合理的社会保障网；改革我国税收和政府津贴制度；减轻困扰着小企业的日益繁重的繁文缛节；改善我国每况愈下的教育系统（如有必要则不予理会教师工会的反对）；开始投资于我国长期被忽视的基础设施；最后，认清我国社会最弱势群体面临的最大难题，包括市中心暴力活动和监狱里大规模监禁。在实施这一切很难，但并非不可能。它要求美国精英们明白：拯救美国民主的战役不会在周二结束。"①

美国是一个较欧洲后起的资本主义国家，它制定出比欧洲资本主义

---

① 《参考消息》2016 年 11 月 10 日。

国家更完整的资产阶级民主体系，这也使它有了较长时期的稳定和发展。这位学者和一些有识之士的学者一样，看到要拯救美国，实行真正的民主政治，就是创造一个人人共享繁荣的政治制度和为公民利益服务的政府，而在资产阶级统治下是不可能实现的。因为资产阶级不会放弃为他们用于谋取不合理利益的政权。

以下事实说明：美国的民主或者选举民主已经走向衰退。

首先，美国式的民主选举并不能保证把最优秀的政治精英选成总统。这主要是因为：（1）候选人大多都有家族背景或工作后打入了上层社会，生活在上层社会高官富翁权贵的圈子里，获得这些很有影响力的达官贵人们的支持和信任，是可靠的人，但不一定是优秀的人。（2）美国政府的领导人候选人不管有工作经验还是没有工作经验，能否竞选成功很大程度上靠演说和演说技巧。会演说的人可能是聪明人，但在政治生涯中做出优秀成绩的人可能比会演说的人更优秀。（3）选举的结果通常是中庸的领导人和政策主张获胜。（4）人民的选择权是有限的，人民只能根据两党推选出来的候选人选择，也就是从两个人中选一个，即使两党推出的候选人都不受欢迎也只能二选一。

其次，演说辩论变成了互相抹黑。新加坡吴俊刚先生曾就美国2016年总统选举撰文指出，美国总统选举的高潮，是两名候选人的公开辩论，我们已经看过辩论的电视直播，得到的是怎样的印象呢？是两位政治家一流的滔滔雄辩吗？不是！是真理越辩越明吗？不是！是潜在总统的治国方略大白于天下吗？也不是！多数人所得到的深刻印象，也许是两人的争吵、谩骂和互相抹黑。两人都火力全开，指对手不适合当总统，剩下的几乎都是煽动情绪的言论。

最后，金钱操纵了选举。在美国的政治人物选举中，金钱是一个最重要的决定性因素。无论是总统大选，还是国会议员的选举，从相关的报道或公开数据看，都是花费金额巨大。深谙美国政治制度的参与竞选总统、州长、议员的政治精英们也懂得，没有大财团的支持就不能胜选，要想得到支持，你阐述的政策就必须满足他们的利益。表面上是人民去投票选举，但他们真正的心意却不能在选票上反映出来。

2. 美国的民主是一个富人有、富人治、富人享的民主

透过美国民主的表象，实质上美国的民主是富人有、富人治、富人享的资产阶级的民主，而不是人民的民主。除了前面讲的金钱选举，还可以从下面的分析加以证实：美国新经济联盟 2014 年初发布的调查数据显示，在美国最富有的 1% 人口占有了全国 40% 的财富，贫困、饥饿、平均收入等所有指数都在持续恶化。

（七）关于两党制

美国政治制度的设计者把两党制作为美国民主制度的基本内容之一，两党制在美国的政治历史上，应该说起到过积极作用。美国实行两党制和议会制民主，在国会内实行投票表决，少数服从多数，不论是否合理只要多一票就算通过。这种民主形式造成了只要成为执政党就能推行有利于本党代表的阶级、阶层的利益，促使两党都想成为执政党，它的好处是：（1）在野党为了能在下届选举中获胜，监督非常认真，只要抓住执政党的问题就会大肆宣传，迫使执政党从总统到各级政府都小心从政，检点生活作风。（2）通过选举产生的议员在选区获胜后就代表该区利益参加国会。议员资格是选民承认的，有一定的群众基础。（3）议员为其所代表的地区和所代表阶层的利益在议会中发言，力争使其利益在议会的决议中得到反映。（4）议会决议表决实行少数服从多数，即使对某部分人有利的方案没有通过，而不利的方案获得通过往往也会被这部分人理解接受。（5）美国两党从本质上是一党。虽然纲领上也有区别，人员构成也有不同，但都是代表资产阶级利益的。

但两党制的弊端也是显而易见的，主要有两点：（1）经济形势、社会形势的变化所造成经济上的两极分化、新的利益冲突、社会分裂、人民的不满，使得代表不同社会阶级阶层的两党在国会中的斗争也表现得尖锐化。（2）两党制并不能解决贪腐。贪腐问题不是由两党或多党制解决的，现代资本主义国家即使在他们发展的早期也是贪腐盛行，这一点在马克思恩格斯的著作中早有揭露。发达资本主义国家腐败有了新形式。现在一些资本主义发达国家虽然实行两党制互相监督，但贪腐并未完全解决。现今实行美国政治模式的发展中国家贪腐问题也很严重，如不少亚非国家和地区总统下台后，由执政党变成了在野党，贪腐随之被揭露出来，总统也变成囚徒，其所在党不仅不揭露，还想方设法进行辩护，把贪污罪说成是打击报复。

相关研究发现，贪腐现象是人类社会发展到市场经济阶段才大范围、多阶层出现的现象，是随着国家政权产生的产物，且随着市场的发展而逐步达到高峰。

许多事例充分说明了行贿与反行贿、官员的贪污与清廉，不是实行两党制的结果，而是资本在不同发展阶段为达到资本扩张的需要而必然采取的行动。

（八）共产党是勇于自我批评自我革命自我净化的党

1. 共产党员干部应该是清廉公正为人民利益勇于献身的模范公仆

回顾工人阶级执政的历史情况，第一个工人阶级政府巴黎公社，官员不仅不谋私，还只拿与工人相同的工资，社会生活有序，连小偷都没有。第二个苏联的苏维埃政府也是清廉的，还实行了战时共产主义和义务劳动。进入社会主义建设时期以后，实行按劳分配。政府官员与工人的工资有差别，但不是很大。党的领导层有较高的马克思主义修养，对自己的物欲需求有严格的控制。但令人痛惜的是，后来党的民主集中制原则受到破坏，党风恶化，严重脱离群众，以致最后亡党亡国。

共产党干部的清廉是党的性质决定的，共产党是为了实现工人阶级的彻底解放，实现无剥削、无压迫，实现人民真正当家作主，实现人的真正自由的共产主义社会而组织起来的政党。它是以马克思主义思想为指导，凝聚了志同道合的共产主义者组成的政党。共产党没有自己的私利，党员入党是为了实现党的目标，而凝聚力量夺取胜利。不是像封建社会的士大夫和资本主义社会的政治精英："千里做官为了吃穿"。

共产党的事业是人民群众的事业，这就要求其由人民群众中的先进分子组成。在革命早期主要任务是领导工农大众打倒骑在人民头上的剥削者、压迫者，推翻反动政权，建立工农大众当家作主的民主政府。建立政权后共产党的任务就是领导全国人民建设民主自由幸福美好的生活。

中国共产党的性质决定了它有能力为了人民的利益可以自我革命，可以清除腐败自我净化。中国共产党为了从严管党治党，不仅要全党在重大原则问题上和大是大非面前要立场坚定、旗帜鲜明，并制定细致的、具体的行为纪律，并根据出现的新问题提醒全党严格律己。

2019 年 1 月 11 日，习近平总书记在中国共产党第十九届中央纪律检查委员会第三次全体会议上发表重要讲话。他指出，增强"四个意识"、坚定"四个自信"、做到"两个维护"，是具体的不是抽象的，领导干部特别是高级干部必须从知行合一的角度审视自己、要求自己、检查自己。对党中央决策部署，必须坚定坚决、不折不扣、落实落细。要严守政治纪律，在重大原则问题和大是大非面前，必须立场坚定、旗帜鲜明。要心底无私，正确维护党中央权威，对来自中央领导同志家属、子女、身边工作人员和其他特定关系人的违规干预、捞取好处等行为，对自称同中央领导同志有特殊关系的人提出的要求，必须坚决抵制。党内要保持健康的党内同志关系，倡导清清爽爽的同志关系、规规矩矩的上下级关系，坚决抵制拉拉扯扯、吹吹拍拍等歪风邪气，让党内关系正常化、纯洁化。要带头贯彻民主集中制，服从组织决定和组织分工。要带头建立健康的工作关系，不把管理的公共资源用于个人或者单位结"人缘"、拉关系、谋好处。执行这些要求，中央政治局、中央委员会组成人员具有关键作用。职位越高越要自觉按照党提出的标准严格要求自己，越要以坚强党性和高尚品格，为全党带好头、作表率。[①]

2. 为什么共产党内也有腐败分子

为什么总有党员干部控制不住自己的物欲被糖弹打中呢？笔者认为，主要有两点原因：一是有些人入党时并不具有坚定的共产主义世界观，

---

① 《习近平在十九届中央纪委三次全会上发表重要讲话》，新华网 2019 年 1 月 11 日。

入党后又没有好好学习，改造自己的非无产阶级世界观，有的甚至抱着入党做官的想法，用隐瞒欺骗手法混入党，入党后继续花言巧语，做好表面文章。这样入党动机不纯的人肯定经不起各种诱惑，腐化变质是迟早的事。二是随着时代的变化，一些党员干部放松了对理论的学习，放松了对世界观的改造。

中国共产党是勇于自我革命的政党。早在 1927 年，在大革命失败以后，在关系党和革命事业前途和命运的关键时刻，中共中央于 8 月 7 日在汉口召开紧急会议（即八七会议），认真检讨党的工作，总结大革命后期的严重错误，决定新的路线和政策，确立了实行土地革命和武装起义的总方针。在会上，毛泽东提出了"枪杆子里出政权"的重要思想。会议着重批评大革命后期以陈独秀为代表的中共中央所犯的右倾机会主义错误，改组中央领导机构。陈独秀不再担任总书记，选出新的中共中央临时政治局，由瞿秋白负实际总责。毛泽东当选为中央政治局候补委员。会议发布的告全体党员书指出：我们党公开承认并纠正错误，不含混不隐瞒，这并不是示弱，而正是证明中国共产主义运动的力量。八七会议是党在幼年时期的一次具有自我革命意义的会议。它制定的继续进行革命斗争的正确方针，使全党没有为极其严重的白色恐怖所吓倒，重新鼓起同国民党反动派斗争的勇气，为挽救党和革命作出巨大贡献。从此，中国共产党独自担当起领导中国革命的艰巨使命。

习近平总书记强调："要兴党强党，就必须以勇于自我革命精神打造和锤炼自己。只有努力在革故鼎新、守正出新中实现自身跨越，才能不断给党和人民事业注入生机活力。"党的十八大以来，以习近平同志为核心的党中央着眼于新的形势任务，把全面从严治党纳入"四个全面"战略布局，把党风廉政建设和反腐败斗争作为全面从严治党的重要内容，正风肃纪，反腐惩恶，反腐败斗争取得了压倒性胜利。

（九）西方学者对西方民主的反思

1. 西方民主实质上是一个少数人统治多数人的制度

美国经济学家、诺贝尔经济学奖得主约瑟夫·斯蒂格利茨曾撰文指出，美国作为民主国家的参照物，始终不甚完美。美国以代议民主制为基础"但只有一小撮公民—大部分时候是白人男性业主——有投票权。奴隶制废除后，美国南方白人为阻止非裔美国人投票斗争了近一个世纪，比如通过地方税和读写测试让穷人无法投票。在 1920 年美国女性获得投票权的近半个世纪后，非裔美国人的投票权才得到保障"。[①]"民主国家合理约束多数人的统治，但在美国，这个逻辑却不成立。少数人统治多数人，而且几乎不尊重他们的政治和经济权利。大部分美国人想管制枪械，提高最低工资，有医疗保障并加强对引发 2008 年危机的银行业的监管。然而，这些目标似乎一个也没实现。"[②]"人人自由、民主、公平的美国的理想或许从未实现，但这些理想目前受到明目张胆的攻击。民主已经变成一小撮当选者的统治。"

斯蒂格利茨的文章从历史和细节上说明了人人自由、民主、公平在美国从未实现。

此外，还用金钱收买工人，成为工人贵族，收买一些以劳动者名义组成的政党他们则以劳动者的身份攻击或歪曲马克思主义，他们对劳动者思想的毒害更大更深。不过在苏联由马克思主义者掌权的情况下，因为有现实的对照这种攻击和歪曲作用不是很大。当修正主义，假马克思主义者掌权后，资产阶级的攻击和歪曲有了修正主义的配合起到了爆炸性的作用。几乎把马克思主义者完全赶出了资产阶级议会。直到 21 世纪初中国用马克思主义指导政治、经济、文化建设社会主义国家创造了世纪奇迹，这大片的乌云才遮不住了马克思主义的阳光。当被欺骗的劳动者完全离开了他们，马克思主义的胜利就不远了，真正的民主就可以在

---

① 《参考消息》2018 年 11 月 17 日。
② 同上。

全世界实现了。

2. 美国民主基础摇摇欲坠

美国学者朱利安·泽利泽指出："美国民主正面临实实在在的威胁。就影响政府决策而言，金钱的力量正在压倒普通选民的力量。"并指出，有大量证据显示，许多公民权利实际上被剥夺，即使他们仍保有珍贵的投票权。他还引用了政治学家马丁·吉伦斯（普林斯顿大学）和本杰明·佩奇（西北大学）的发现：以一个相当大的舆论数据库和一项分析20年间的1779个政策倡议的研究为依据，半数以上的美国人对政府出台的种种政策几乎没有或完全没有影响力。当半数以上公民与经济精英或有组织的滥用集团意见相悖时，他们通常会输。因为我们的系统是这样运行的，富裕的利益集团有能力阻碍他们反对的变革。[①]

3. 资产阶级民主已不被人民信任

美国麻省理工学院荣誉教授诺姆·乔姆斯基撰文指出，约70%的美国人对政策制定没有任何影响，相当于被剥夺了参政的权利。布拉德·班农指出，党争引发信任危机。根据盖洛普2014年4月一项民调显示：只有少数人（13%）认可国会的表现，超过五分之四的美国人（83%）不认可。彼得·古德曼在他所写的《二战后的秩序正面临建立者攻击》一文中引用布鲁塞尔自由大学的政治学家阿芒迪娜·克雷斯皮的文章称：我们看到是自由民主引发的某种对抗性反应。大批民众觉得自己在自由民主制度中没有被恰如其分地代表。[②]纽约大学教授努里尔·鲁比尼指出："虽然特朗普在竞选时走的是民粹主义路线，却以财阀的身份当政。数千年来，财阀民粹主义者用相同的剧本屡屡把民主国家变成独裁国家。"[③]

英国《经济学人》周刊2018年7月12日发表文章指出，每一个将选票转化为权力的制度都有其缺陷。英国苦于行政机构过于强势，意大

---

① 《参考消息》2014年5月22日。
② 《参考消息》2018年4月4日。
③ 《参考消息》2017年12月15日。

利苦于政府长期处于弱势……然而，美国却被更加令人不安的民主之恶所困：少数人的暴政。[①] 我们甚至不得不严重质疑作为民主国家的美国的特性。

英国牛津大学荣誉教授施泰因·林根说："在古代雅典，民主的崩溃只用了250年"。在两千年后第二次美国的民主实验持续了近250年，民主制度正在走向解体。在雅典当富人变成超级富裕，拒绝按规则行事并破坏了完善的政府体制时，民主制度崩溃了，如今的美国和英国也已经达到了这个临界点。[②]

西方民主制已经到崩溃的临界点因为资产阶级民主的欺骗性已被很多人认清很难继续下去了，之所以叫欺骗，是因为政治家早已看清了西方民主的本质，但为了巩固资产阶级统治只能采用民选这种手段。

（十）第三次、第四次工业革命带来的新的生产力冲击着资本主义社会的政治制度和思想意识

第三次工业革命产生计算机技术，正向生产、交换、服务各领域、各部门深入进展的同时，第四次工业革命已经起步，进展速度非常快。计算机、互联网、智能手机等正在成为人们生活、生产、交换、服务领域的必需品，改变了人民生活方式和生产、交换、服务方式。生产力的迅速发展既创造了巨额财富，又对生产机构和生产关系产生了巨大冲击。电子商务淘汰了不少批发商零售商；手机支付淘汰了不少银行业务；一些掌握新技术的部门迅速成长，一些部门倒闭；等等。

资本迅速集中的程度远超人们的想象。成立于1976年的苹果公司，仅用了35年时间，到2011年市值就达到了3430亿美元，成为当时美国市值最高的企业。亚马孙公司的创始人、首席执行官杰夫·贝索斯个人财富估值2017年达到1270亿美元，等于230万美国人财富的综合。在美国进入千亿富豪时代的同时，据美国联合慈善总会ACIE项目发布的数据：5080万户没有足够的收入支付基本生活开销，其中包括住房、食品、

---

① 《参考消息》2018年7月17日。
② 《参考消息》2014年4月1日。

医疗、交通和手机费用。占美国总共 1.19 亿户家庭的 43%。①

　　美国的政治制度，如税收、政府补贴、采购、监管等政策也向大资本家倾斜，造成富者越富、穷者越穷。资本主义的这种经济制度必然造成财富占有的两极分化，同时也导致了新老资本家、大小资本家、不同利益集团之间利益纷争的矛盾。第三、第四次工业革命的兴起，使资本聚集的速度远远超过资本主义历史上任何时期，使财富占有的鸿沟的深度成了资本主义有史以来最严重的时期。资产阶级内部矛盾的尖锐程度也达到了一个新的高峰。社会各阶级、各阶层利益分配的矛盾必然导致或引起政治斗争，谁都想把政权控制在自己手中以利于制定出有利于本阶级、本阶层、本集团的法律、政策。掌握了巨额财富的大资本家利用手中的金钱优势，取消了政治捐款的限制。把大选这一环节掌握在自己手中。众所周知，政治精英竞选的背后是金钱的博弈，选民被党派绑架，党派有了固定的票仓，资产阶级民主的各种虚假的面纱全部丢掉，选票只是利用小老百姓的工具。

　　新生产力的发展引起的生产方式的改变，新、旧生产关系的斗争，必然造成新思想兴起与各种思想的碰撞。

（十一）资产阶级的民主制度是为资产阶级利益服务的制度

1. 马克思、恩格斯对议会和美国民主的看法

　　马克思说："至于议会制度，它早已被它自己的胜利和帝国葬送了。工人阶级所要做的就是不去恢复它。"②"正是在美国'政治家'，比任何其他地方都更加厉害地构成了国民中一个特殊的和富有权势的部分。那里，两个轮流执政的大政党中的每一个政党，都是由这样一些人操纵的，这些人把政治变成一种收入丰厚的生意。拿合众国国会和各州议会的议席来投机牟利，或是以替本党鼓动为生，而在本党胜利后取得相当职位作为报酬。大家知道，美国人在最近三十年来是如何千方百计想要摆脱这

---

① 《参考消息》2018 年 5 月 20 日。
② 《马克思恩格斯选集》第二卷，人民出版社 1972 年版，第 437 页。

种难堪的桎梏，可是尽管如此，他们还是越来越深地陷入贪污腐化的泥沼中去。正是从美国的例子上可以最明显地看出，起初只应充当社会工具国家政权怎样逐渐脱离社会而独立。那里没王朝，没有贵族，除了监视印第安人的一小群士兵之外没有常备军，没有那种拥有固定职位与领取年金权力的官僚。然而我们在那里可以看到两大帮政治投机家，他们轮流执掌政权，用最肮脏的手段为最卑鄙的目的运用这个政权，而国民却无力对付这两个大的政客集团。这些人表面上是替国民服务，实际上都是统治和掠夺国民的。"①

恩格斯在《家庭、私有制和国家起源》中，用雅典国家的产生，说明国家是统治者压迫人民的工具。他说："雅典人国家的产生乃是一般国家形成的一种非常典型的例子""由于经济的发展、人员流动，打破了氏族制度，建立了一个中央管理机关，于是产生了雅典民族法，把凡是雅典公民，包括本部落和非本部落的权利都受到法律的保护，全体人民分成贵族、农民、手工业者三个阶级，除了由贵族担任公职外，没有什么实际作用……这些拥有财富又有势力的家庭，开始在自己氏族之外联合成一种独特的特权阶级……由于工业和交换的发展，分工日益充分地发展起来，居民依职业分成了相当稳定的集团，每个集团都有好多新的共同利益，新的集团创立了新的机关以保护自己的利益，需要建立军队……"②

现实中的美国与雅典国家极其相似，虽然号称民主的堡垒，仍然是最有钱的公民出来担任最高领导官职或选定能代表他们利益的政治的精英来担任最高公职，其他公民只有选举权，而没有直接进入国家机关的参政议政的权力。

身份不同、圈子不同，思想意识、所思所想自然也不同，维护他们个人代表的阶级利益也不同。

---

① 《马克思恩格斯选集》第二卷，人民出版社 1972 年版，第 335 页。
② 《马克思恩格斯选集》第四卷，人民出版社 1972 年版，第 104—115 页。

2. 资产阶级的政府是为资产阶级服务的政府

马克思曾经指出："实际上国家不外是资产者为了在国内外相互保障自己的财产和利益所必然采取的一种组织形式"。"资产阶级政府是资产阶级利益的总代表"。马克思的话虽然是指的当时，但也被现今资本主义国家的政策所证实。例如，英、美两国从 20 世纪 70 年代起执行新自由主义政策，为资本家减税，放弃监管，使资本家财富大增，导致贫富差距进一步扩大。

资产阶级民主自称是雅典民主的创新，而雅典民主就是贵族当政，自由民只有选举权，占人口大多数奴隶只有接受剥削的份。[①] 以美国为例，美国的总统、州长、市长、议员们要么是资产者，要么是忠于资产阶级的优秀政客。美国虽然没有像欧洲开始时用财产限制选举权，但选举权当初也只限于美国白人，至于美国黑人，是经过百年斗争才有选举权的。

当今资本主义社会的民主制度的核心是为资产阶级服务，而广大的人民群众仍处在除了有一张选票的权利、无政治地位、无民主的抗争境域之中。

---

① 《马克思恩格斯选集》第四卷，人民出版社 1972 年版，第 115 页。

二、自由与人权的阶级性

（一）什么是自由

1. 词典的解释

商务印书馆出版的辞源（1988年版）解释：自由谓能按己意行动，不受限制。《辞海·语词分册》（上海人民出版社1977年版）解释：（1）在政治上，自由这一概念有其阶级性和发生发展的历史过程。在古罗马，自由的原意指平民反抗贵族的奴役，要求从被束缚、被虐待中解脱出来。资产阶级革命时期，资产阶级提出的"自由"的口号；要求"个性自由""政治自由""贸易自由"等等，这是为了从封建主手里夺取政权，建立自由竞争的资本王国。在有剥削制度的社会中，只有剥削阶级剥削、压迫劳动人民的自由，没有劳动人民反剥削反压迫的自由。只有在社会主义制度下，劳动人民才真正获得领导的自由，如言论、通信、出版、集会、结社、游行、示威、罢工等，并享有法律的物质的保证。"在这个制度下，人民享受广泛的民主和自由；同时又必须用社会主义的纪律约束自己"。（毛泽东《关于正确处理人民内部矛盾的问题》）自由是相对纪律而言，它们是一个统一体的两个矛盾着的侧面，不应片面强调某一个侧面而否定另一个侧面。（2）在哲学上，自由是指对必然的认识和对客观世界的改造。只有在认识必然的基础上，人们才会有这样的活动。（3）自己能作主。[①]中国科学院语言研究编辑的现代汉语词典解释自由是：（1）在法律规定的范围内随自己意志活动不受限制的权利。在阶级社会里，被剥削阶级不可能有真正的自由。（2）人认识了事物发展的规

[①]《辞海·语词分册》，上海人民出版社1977年版，第2055页。

律，能有计划地把它运用到实践中去，叫作自由。（3）不受拘束；不受限制：自由参加，自由发表意见。①

自由作为一个政治概念，它的实质内含也是由经济基础决定的。人作为原始人、自然人的时候没有语言，没有文字，还处于野蛮时代，人没有自由这个概念，自由行为是一个自然的行为。人进入氏族社会，人的行为就要受到氏族内逐渐形成的各种习俗的约束，比如氏族内部的分工，服从氏族领头人的指派等等。

随着社会经济发展，自由的内涵也随之发展。社会发展的不同历史阶段，虽然是用工具区分的。但工具是人的技能提高制成的，人的技能不仅是对自然知识的提高，也和人对旧生产关系对人的约束的冲击有关。从奴隶社会进入封建社会，再进入资本主义社会，人的自由也随着社会进步而进步。在苏联的社会主义制度下一直到修正主义统治之前，劳动者的工作热情都非常高。新中国成立后，同样出现了劳动者的工作热情。这种热情体现的是劳动者摆脱压迫后得到自由的欢快心情。

2. 自由的阶级定义

自由作为一个政治概念是资产阶级提出的。资产阶级利用博爱、民主、自由、平等的口号号召工人农民起来推翻封建专制制度，资产阶级成了统治阶级，掌握了政权后，资本是自由了，劳动者并没有享受到真正的自由。资产阶级推出自由、民主的理论根据是建立在"人性论"上，这就决定他们不可能给人类、给劳动者真正的自由。

西方资产阶级革命时期，法国哲学家卢梭提出最著名的理论观点是：社会和国家产生之前，人类处于"自然状态"没有工作，没有语言、没有住所、没有战争、过着孤独的个人生活，人人都是自由、平等和幸福，但人可以不断积累知识和技术，于是产生了私有财产，出现了不平等现象。从此，人开始受人的支配，社会陷入了无穷的斗争。所以，人类的一切灾祸和罪恶都是由于私有财产引起。第一阶段是出现穷富不平等；

---

① 中国科学院语言研究所词典编辑室编：《现代汉语词典》，第1370页。

第二阶段是富人诱骗穷人，叫大家订立契约，设立国家，于是产生国家、社会和法律，第三阶段政府极力腐化，变成专制独裁政府，出现了主人和奴隶对立。

卢梭主张国家应保护人们的自由、平等和天赋权利，违背了就可以用暴力推翻极端不平等的封建社会，建立平等的合乎人性的资本主义社会。这一思想反映了当时法国资产阶级、农民、工人的政治要求，成了雅各宾党人的政治纲领。① 什么是人性呢？学者托马斯·霍布斯说，人的本性就是要求保存自己，损害他人，这种人的自然本性，是自然状态。为了摆脱彼此进行的残酷的斗争，建立和平生活，人们便订立了契约。人们把自己的权力转给契约的掌权者——国家。此后一些学者又提出"天赋人权"，如坚决反对封建专制制度的斯宾诺莎，他否定君权神授，提出："天赋人权""民主、自由"，认为民主政治是最自然、与个人自由最相合的政体。国家政权就是保障人们的私有财产、个人自由等"天赋权力"不受侵犯。② 资产阶级当上统治者后，趋向保守，为了控制人民，又给倡导的"自由"戴上宗教的枷锁。

在资产阶级整个统治期间，上帝没有被否定，它牢固的统治着人们的思想。不仅资产阶级御用哲学不遗余力地宣传宗教，而且许多自然科学家一边研究物质世界，一边信仰宗教，可以说资产阶级政治家不论内心究竟如何，都自称是上帝的坚定信仰者。

用宗教对人民进行思想控制是资产阶级最拿手的好戏，他们说自由就是宗教信仰自由，并每周让神父对人民进行一次"思想教育"。

第二次世界大战之后资产阶级竭力鼓吹自由，自称是自由世界。"存在主义"哲学家为其提供理论基础，他们说，世界是荒诞无稽的，没有规律可循的，因此，人在这个世界上也不受任何约束，是绝对自由的。人是按照自己的意志造就他的自身。

---

① 复旦大学哲学系外国哲学史教研组编:《欧洲哲学史讲话》，上海人民出版社 1978 年版，第 115、116 页。

② 同上书第 71、97 页。

真正的自由不是外在世界的自由，而只能是内心世界的自由。如何取得内心世界的自由，唯一的办法是通过人们在道德上自我完善或内心体验。每个个别的人，都必须永远通过他们的内心行为，重新争取其内在自由，只有信仰上帝，成为一个虔诚的基督教徒或者使自己经常处于绝境之中和停留于死亡的边缘，因为只有这样才能体会到个人的存在。[1]他们把无产阶级领导的国家，把不断完善人民的物质生活，向共产主义社会发展说成是对物的追求，而他们是追求内心自由，是自由世界。

经过几百年的基督教、天主教的洗脑，上帝、私有制占据了人的内心，他们把不信宗教的人看成邪恶。他们奇怪为什么中国人不信上帝，而美国受到上帝的偏爱。可见他们说的"自由""宗教"都是虚伪的。一方面说人有绝对"自由"，另一方面又让宗教对人的自由进行宗教束缚。

3. 站在劳动者一边的思想家，在批判资产阶级自由的同时也批判统治阶级提倡的宗教

18世纪德国人保尔·亨利·迪特利希·霍尔巴斯（1723—1789年）说，宗教的产生有两个原因——无知和恐惧。由于人们对自然缺乏知识，于是脑子里幻想有一个看不见的力量支配着世界的一切，这种虚构的东西成了宗教迷信的最初来源。但是宗教迷信能传播开来，是统治者为了维持暴政和压迫人。让人民永远陷于奴役和恶劣统治之下。基督教是专制制度最可靠的保卫者、支柱。它把专横无道的暴君说成是神的化身，地上的王权和天上的神权是一对兄弟，推翻王权要打倒神权，宗教是麻醉人们的艺术。[2]

法国早期启蒙思想家，站在劳动者一边的让·梅叶，他生活在法国准备革命的时期，他指出：僧侣对劳动人民的敲骨吸髓的盘剥和奢侈糜烂的生活，是因为占有土地并得到封建政权的保护。私有财产是一切剥削和压迫的基础，也是劳动人民的苦难和一切社会祸害的根源。宗教是

---

[1]　复旦大学哲学系外国哲学史教研组编：《欧洲哲学史讲话》，上海人民出版社1978年版，第311、312页。

[2]　同上书第130—131页。

封建统治者套在穷人颈上的精神枷锁，统治者和宗教像两个小偷一样互相庇护、支持。[①]

综上所述，学者们对"自由"的看法，显然存在两种不同的、对立的观点。一些学者认为民主、自由、人权是人性决定的，而人性就是自私的，即保护私有财产、私有制是天然合理的。自由又是天赋的，是上帝给的，就要相信上帝的安排。另一些学者认为人要获得自由，必须摆脱剥削压迫，这就要打倒私有制，建立公有制；还要打倒宗教，把人们从精神鸦片的麻醉下解放出来。

在资产阶级革命时期，人数最多的是农民，无论大农、小农都有私有财产，而农业生产又受到大自然无情支配，所以农民对私有制和宗教都是可以接受的。但工人或无产者不同，他们没有私有财产或很少，要获得自由必须摆脱剥削、压迫，他们也不相信贫穷是上帝安排的，所以我们看到资产阶级掌握政权后，工人掀起接连不断的罢工和起义，提出只有打倒私有制和宗教，人类才能获得自由、幸福。

最后，我想再引用德国两位对世界影响最大的哲学家——黑格尔、费尔巴哈的看法。

黑格尔（1770—1831 年）的哲学思想形成于法国资产阶级革命之后，正在学习的黑格尔在得知 1789 年法国大革命爆发时曾想高呼"自由万岁"，但他对汹涌澎湃的人民群众的革命运动又十分害怕。他说，德国已经实现了人类精神的自由，无须革命了。

他认为精神的自我运动成为推动历史发展的最终原因，人类历史的发展，就是精神的自由发展。他说东方人只知道一个人（专制君主）是自由的，希腊、罗马只知道少数人是自由的。而日耳曼则知道一切人都是自由的。

每一个历史时期里，"世界精神"只能选择一个民族来实现自己的目的，东方曾被选择又被抛弃，只有德意志民族才是最后被选中的民族，

---

① 复旦大学哲学系外国哲学史教研组编：《欧洲哲学史讲话》，上海人民出版社 1978 年版，第 153、155 页。

是"世界精神"的承担者。事实上，后来的德国的法西斯分子也曾利用了他的理论。①

路德维希·费尔巴哈（1804—1872 年），19 世纪德国唯物主义哲学家。他说，宗教把人变成宗教的奴隶，又把人变成现存制度的奴隶。他主张要用真正的文化来消除宗教的羁绊，获得真正的政治自由，真正的道德必须从宗教的桎梏中解放出来。②

4. 马克思的自由观和对资产阶级自由的批判

马克思认为："人们每次都不是在他们关于人的理想所见决定和所容许的范围之内，而是在现有生产力所决定和所容许的范围之内取得自由的"。③ "因为现存的交往形式和生产力是全面的，所以只有全面的个人才可能占有它们，即才可能使它们变成自己的自由的生活活动。"④ "封建的所有制关系，就不再适应已经发展的生产力了。——起而代之的是自由竞争以及与自由竞争相适应的社会制度和政治制度，资产阶级的经济统治和政治统治。"⑤

自由贸易制度加速了社会革命，先生们也只有在这种革命意义上我才赞成自由贸易。先生们不要用自由这个抽象字眼来欺骗自己吧！这是谁的自由呢？这不是每个人在对待别人关系上的自由，这是资本榨取工人最后脂膏的自由。

当这种自由不过是自由竞争基础上的必然产物时，怎么还能把自由竞争奉为自由的观念呢？⑥ 既然国家只是在斗争中、在革命中用来对敌人实行暴力镇压的一种暂时的机关，那么说自由的人民国家，就纯粹是无稽之谈了；当无产阶级还需要国家的时候，它之所以需要国家，并不是为了自由，而是为了镇压自己的敌人。一到有可能谈自由的时候，国家

---

① 复旦大学哲学系外国哲学史教研组编：《欧洲哲学史讲话》，上海人民出版社 1978 年版，第 189—192 页。

② 同上书第 221 页。

③ 《马克思恩格斯全集》第三卷，人民出版社 1960 年版，第 516 页。

④ 同上。

⑤ 《马克思恩格斯选集》第一卷，人民出版社 1972 年版，第 256 页。

⑥ 《马克思恩格斯选集》第一卷，人民出版社 1972 年版，第 209、207、208 页。

本身就不再存在了。①

在马克思主义者眼中，西方国家自我吹嘘的"自己是自由世界"是不存在的，"无产者只有废除一切私有制才能解放自己，无产者则只有通过消灭竞争、私有制和一切阶级差别才能获得解放。"②

只有在集体中，个人才能获得全面发展其才能的手段，也就是说，只有在集体中才可能有个人自由，在过去的种种冒充的集体中，如在国家中，个人自由只是对那些在统治阶级范围内发展的个人来说是存在的，他们之所以有个人自由，只是因为他们是这个阶级的个人——对于被支配的阶级来说，它不仅是完全虚幻的集体，而且是新的桎梏，在真实的集体条件下各个个人在自己的联合中并通过这种联合获得自由。③

在共产主义社会中，即在个人的独创的和自由的发展不再是一句空话的唯一的社会中，这种发展正是取决于个人间的联系，而这种个人间的联系则表现在下列三个方面，即经济前提，一切人的自由发展的必要的团结一致以及在现有生产力基础上的个人的共同活动方式。因此，这里谈的是一定历史发展阶段上的个人，而决不是任何偶然的个人，至于不可避免的共产主义革命就更不用说了，因为它本身就是个人自由发展的共同条件。④

（二）中国人民在新中国成立之后享有了真正的自由

1. 中国人民有追求思想自由的传统

言论自由并非始于西方或美国。中国早在春秋战国时期就已是诸子百家争鸣，各种思想学派盛行，并一直延续至今。思想自由是言论自由的基础，言论是思想的表达。我们所说的言论自由不是指可以随便谩骂，无中生有的编造假新闻丑化他人，无理的侮辱他人或为了个人私利编造谎言愚弄盲从者。言论自由也不是指人们私下或家中的谈话。言论自由

---

① 《马克思恩格斯选集》第三卷，人民出版社 1972 年版，第 309 页。
② 《马克思恩格斯选集》第一卷，人民出版社 1972 年版，第 213 页。
③ 同上书第 82 页。
④ 《马克思恩格斯全集》第三卷，人民出版社 1960 年版，第 516 页。

是指公民按照自己的意愿自由地发表言论以及与听取他人陈述意见的基本权利，如公开讨论国家方针政策、揭露批判社会不良行为、宣传社会正能量等。

中国自汉代启用儒学治国，但儒学是一个包容的学说。孔孟之道，在内容上也有不同之处，虽然都以"仁""义"为主，但"仁"的含义，孟子发展为"民为贵，社稷次之，君为轻"。它在主流思想体系中占统治地位的历代，道家、易家始终存在，并也有发展。佛教、伊斯兰教、基督教也先后传入中国。中国虽然始终没有演进为资本主义社会，但封建社会的市场也造就了一些非常富有的商人和发达的手工业，南北通达的交通和庞大的市场，使中国经济在封建制度的框架内，冲向制度的边缘。中国封建经济在起落的循环中，必然有各种思想出现，冲击封建制度的禁锢。春秋战国时期齐国有管仲的政治革新。秦朝曾允许各种思想、各种见解自由辩论，以商鞅的废井田，实行土地私有、鼓励耕织、建立军功为主要内容的变法使秦强盛起来，并统一了中国，秦统一后实行苛政和禁锢人民思想的做法很快引起人民不满，推翻了其政权。汉代从依照老、庄思想治国到独尊儒学，以及王莽改制，都是统治集团的一个自我革新。三国时期有著名的贾谊、晁错、曹操。晋代有嵇康。隋唐时代思想活跃，在政治制度上有不少革新，又有佛教、伊斯兰教传入。宋朝时有了政治创新和王安石的改制，在思想领域有周敦颐发展论易学和程颐、程颢、朱熹、王守仁等思想家发展了儒学。明代王夫之是一位很有创新性的思想家，他把中国古代哲学中的"道""理""器""气"等思想观念进行了唯物主义的阐述。此外，王夫之在财政学、地理学、佛学等方面也很有建树。清代虽然出现过文字狱来禁锢人们的思想，但仍有西方基督教等思想传入。清末随着西方思想的传入，各种各样的思想更是活跃起来，出现了中学为体西学为用、洋务运动、维新变法和康有为的大同思想，孙中山先生的民主革命思想、三民主义等。

在文学艺术方面，人民渴望自由的思想更为明显。《诗经》是我国最早的一部民间诗集，除了反映人们的劳动场面、男女爱情外，还有不少反抗贵族、奴隶主压迫的诗篇，如"不稼不穑"的贵族是"硕鼠"，在迷信天命的时代，也敢于指责上天不公正、不明白；咒骂上天非常暴虐，说"昊天疾威"，"昊天不惠"。这些都反映了人民反抗压迫获得自由的思想[①]。屈原的《离骚》《九歌》《天问》《九章》文风豪放，想象极为丰富多彩，至今广为传颂。唐代诗歌，既喊出了反封建社会的强烈愤慨，又抒发了豪放浪漫、倏然而生的自由心态。大文学家苏轼的文风自由奔放不受拘束，王实甫的《西厢记》赞扬婚姻自由。《水浒传》歌颂反封建的农民起义，《西游记》刻画了一个无拘无束的猴子大闹天宫，暗示反抗压迫打击恶势力。《红楼梦》以高超的艺术技巧、优美的语言，批判封建的伦理道德对人的摧残，颂扬对婚姻自由的向往。

2. 中华人民共和国成立以后中国人民才享有了真正的自由

虽说古老的中国有思想自由的传统，但在2000多年的封建皇权统治下，封建地主阶级是自由的，最自由的只有皇帝。农民则遭受封建地主阶级的剥削、压迫，没有什么自由可言，虽有迁徙、择业的自由，但多是生活所迫。中国人民的观念因受先秦诸子百家的影响，上至士大夫阶层，下至平民百姓都希望国家统一、强盛，认为国家兴亡、匹夫有责。所以在封建经济兴衰的过程中都会有新思想产生，但各种思想都跳不出封建思想的框框。

清末，中国有了现代物质生产方式，有了资产阶级，也有了无产阶级。在俄国十月革命成功后马克思主义传入中国，中国的先进人士看到走马克思指引的道路才能救中国。在他们的努力奋斗下，中国共产党人把马克思主义与中国革命相结合，推翻了帝国主义、封建主义和官僚资本主义三座大山，建立了新中国。从此，中国人民获得了解放，成为国家的主人，享有了充分的、真正的自由。

中国是人民当家作主的国家，人民通过各种途径和形式管理国家和社会事务、管理经济和文化事业，共同建设、共同享有、共同发展，成

---

① 任继愈主编：《中国哲学史》第一册，人民出版社1966年版，第25页。

为国家、社会和自己命运的主人。人民民主是社会主义的生命。没有民主就没有社会主义，就没有社会主义的现代化，就没有中华民族伟大复兴。正是因为有人民当家作主，亿万人民群众都以国家主人翁的身份，投身于新时代中国特色社会主义伟大事业，创造了中国经济发展的奇迹，让中国成为世界上最稳定最安全的大国。

中国是人民自己管理自己的事情。人民能自由地表达自己的利益诉求，不仅是议论，而是变成社区会议、政协会议、人大会议的议题和决议，变成党和政府的决策并贯彻执行，这是真正的言论自由。这种自由不是空泛议论而是各级政府决策的依据。

只要人民有所呼，党和政府必有所应，能办的一定办，能快办的立即办。党和政府倡导人民发表建设国家、建设社会、发展生产、建设美好生活的各种意见。党和政府的各项与民相关的预行政策都事前公布征求意见，每年政府工作报告都广泛征求各界意见，修改后通过全国的两会再向人民代表和全国人民报告。在文艺方面，中国共产党倡导"百家争鸣、百花齐放"，在充分协商、讨论的基础上办好人民大众的文化艺术工作。

中国共产党的各级领导每年都深入基层调查研究，广泛听取人民的意见，并认真分析总结群众的意见，将其作为指导制定政策的依据。广大人民群众有真正的自由，就激发出无穷的智慧和力量，促进我国生产建设不断地发展、创新，取得令世人瞩目的伟大成就。

3. 美国以自由为招牌对世界推行霸权主义

美国力图用自己的价值观改造世界，让世界都服从美国的领导，屈从于美国的压力，为美国的利益服务。1991年10月刚刚在第一次海湾战争中获胜的老布什在联合国大会上公开发言宣布美国的目标是建立一个世界新秩序。"9·11"事件后小布什总统又宣布说美国的目标是结束世界上的暴政。其实新秩序也好，结束暴政也好，都是由美国说了算，而不让各国人民说了算。而美国标准又是随时改变的。今天对美国表示服从就是好政权。明天对美国不利就是暴政。最好的例子莫过于伊拉克。

当年伊拉克发动对伊朗的战争，因符合美国的利益，所以美国又是送钱，又是送武器。9·11事件后，美国又借口伊拉克有大规模杀伤武器，直接入侵并推翻其政府。美国可以任意改变自己的标准，世界人民却不能自由地选择适合自己的政权。美国对世界各国各民族的文化、宗教、政体选择都是要按美国的模式进行取舍。美国表面上说宗教信仰自由，但又让其文人编剧，著书攻击伊斯兰教，焚烧《古兰经》，不尊重伊斯兰教的习俗。对其不顺从的政权或者为了保护本国利益敢对美国说"不"的国家，美国中央情报局就会指派非政府组织深入目标，组织一些涉世不深的青年或对该社会不满的人接受美国的价值观，教唆他们闹事，形成所谓的不同政见者推翻现政权，建立亲美政府；或派军队进行围堵，或直接入侵推翻现政府。

现在世界上只有俄罗斯和中国两个国家敢对美国说"不"。俄罗斯有强大的军事力量和核武库，中国是劳动者掌权的国家不畏强权。美国就对这两个国家进行围堵。正如美国前助理财政部部长罗伯茨所说："事实再清楚不过，华盛顿的两个政党，都把矛头指向俄罗斯和中国。只是目前尚不清楚美国的目的是摧毁这两个国家，还是仅仅使其无力反抗华盛顿的世界霸权。摧毁并不是不想，而是现在还没有这个能力"。罗伯茨指出："美国下的赌注是内战，是国家内部分裂，就像前总统克林顿对南斯拉夫的做法。越多的国家被摧毁和解体，华盛顿就越强大"。①

美国政府对各国人民的私下言论也进行监听。2013年6月5日英国《卫报》最先揭露美国的"棱镜"计划对公众通讯进行监听和私查。6月9日美国国家安全局的承包商的一名雇员爱德华·斯诺登承认是他揭露了美国不仅对"敌国"和"对手"，还包括对盟友战略伙伴国及全世界人民包括美国人民进行电话和互联网监视和收集情报。美国安全局制造网络病毒，随时让他国网络瘫痪。美国政府在所谓为了美国的利益，为所欲为的侵犯他国主权和人民的人权。

---

① 《参考消息》2012年7月6日。

美国任意发动战争给资产阶级带来巨大利益的同时，也给美国人民、世界人民造成触目惊心的巨大损失。如美国发动阿富汗、伊拉克战争后仅截至2011年年终就有6381名美国军人死亡，同时死亡的还有2300名雇佣兵，9922名伊拉克安全部队人员，8756名阿富汗安全部队人员，3520名巴基斯坦安全部队人员，117万名阿富汗平民，125万名伊拉克平民，356万名巴基斯坦人、1万名阿富汗反政府武装人员、168名记者和266名人道主义工作人员，所有这些人加起来，将近有225万人因为战争而死亡。此外战争还留下了不计其数的伤员，包括99万名美国人，51万名雇佣兵，当然还有在伊拉克，阿富汗和巴基斯坦的军人和平民，所有伤员加起来有365383人。还有300万阿富汗平民、350万伊拉克平民和100万巴基斯坦平民因为战争流离失所。从物资财产来看，美国国会通过的伊拉克和阿富汗战争官方预算已上升至13万亿美元，但是将所有相关花费加起来，这些战争的费用实际上在37万亿至44万亿美元之间。①

美国不给世界人民自由选择道路更为具体的表现就是推行霸权主义，对美国不顺从的政府，就想办法颠覆它。不仅搞颜色革命，还在中东搞阿拉伯之春。据埃及《金字塔》报报道，2011年3月6日，在埃及的全部非政府组织接受了175亿美元的外来援助。一些组织把这些钱用来资助包括"4月6日运动"（该组织参与领导了反对穆巴拉克政府的示威）在内的各种青年组织。埃及分析人士普遍认为，美国对非政府组织援助的根本目的在于帮助埃及非政府组织和民主社会运动壮大实力，提高他们的影响力，逐步减弱军方安全部门以及宗教团体，尤其是穆斯林势力在埃及政坛的影响力。进而影响议会和总统选举结果，促使埃及政局朝着有利于美国利益的方向转变。②2011年突尼斯埃及现政府相继倒台后，美国领导的北约通过武装反叛组织和直接入侵推翻了利比亚主权国家的政府。2012年美国又直接支持叙利亚反对派力图以武力推翻现政权。这是为什么？美国前助理财政部部长罗伯茨认为，当一个世俗国家被摧毁。

---

① 《美国禁枪咋就这么难》，《北京晚报》2012年8月8日。
② 《参考消息》2012年2月15日。

伊斯兰各派别就可能出现自相残杀。国家内部的分治导致国家整体的无能。西方将始终会在中东强势存在，因为伊斯兰不同派别之间的敌对远远超过他们对西方侵略者的憎恨。因此，当华盛顿摧毁一些非伊斯兰教义的世俗政府，伊斯兰势力将群起争夺霸权，这将给美国和以色列带来好处，因为他们不再是西方的对手。[1] 这就是美国政府为了美国资本利益采用的霸权手段。

4. 美国是资产者最自由的国家，劳动者的自由是有条件、有限的，是名义上的自由

美国的自由是个人主义哲学基础上的自由。最好的例子就是美国个人持枪。美国3亿多人口有28亿支枪，除老年人和儿童，可以说人手一支，美国每年大约有10万人遭到枪击，其中3万人死于非命[2]。9·11事件造成7千多人死亡，美国为此发动了两场战争获得了美国两党和许多美国人的支持。美国私人持枪造成这么大的死伤人数，美国两党及两党总统候选人都不敢说禁枪和管理，原因是怕失去选票。

在资本主义社会，资产阶级是统治阶级，因而享有充分的自由。资本家有了自由，劳动者也就跟着享有了一定的自由。但劳动者享有的自由权以不妨碍资本发展为条件，更不能触碰资本主义私有制，否则资产阶级就会利用手中掌握的国家政权进行镇压、打击，无情地剥夺劳动者的自由权。斯诺登揭露的棱镜计划更加证实了美国政府对美国人民自由的侵犯。美国政府利用国家政权支持企业发展监视技术，并且是最大的购买者。全世界用来镇压网上言论自由和不同政见的最尖端工具，事实上恰恰出自美国。美国政府是美国监视技术的最庞大和最强大的客户，它左右着那些技术的发展以及围绕那些技术的企业行为和公私合营准则。

总之，资本主义社会的自由归根结底是资本的自由。资本要生存和发展就必须要获取利润。在经济形势好时，它要求自由雇佣工人获取更大更多的利润。在经济不景气时或为了保持利润，或为了最大利润，它

---

[1] 《参考消息》2012年7月6日。

[2] 苏文洋:《是枪击案更是屠杀案》,《北京晚报》2012年7月23日。

要求自由的解雇工人。因此，工人没有劳动自由。资本主义社会初期，劳动生产率还比较低，利润率虽然比较高，但资本家的资本量还较小。当获取利润的总量还比较小时，工人的工资也比较低，可用于社会保障的资金几乎没有，工人失业就意味着失去了生存条件。而资本主义社会的统治者只保证资本的自由，而不保证工人生存和劳动的自由。进入发达的资本主义社会以后，资本的总量积累到了新的高度，工人的劳动生产率也有了大幅度的提高，资产阶级政府从工人的必要劳动中抽出一部分和增加一部分企业成本共同组成了社会保障基金，用于失业保险，养老基金等等。工人虽然拿出了自己工资的一部分用于失业时的生活补助。但这种补贴都是有时限性的，过了这个时限就不能再享有这种补贴，仍然是资本有雇佣和解雇工人的自由。因此工人依然没有就业和劳动的自由。2008年美国爆发金融危机后，经济一直低迷，失业率高达10%，2012年仍在8%以上。美国历史上甚至曾发生过一名失业女工多次申请补贴而没有批准，只好枪杀了自己的女儿后自杀的事件。当然人们可以说美国工人有可以辞职的自由，可以双向选择。这对一个工人的个体来说确实如此。但从总体来说，资本掌握着生产资料和生活资料，工人要生存就必须投靠资本，工人可以选择企业，但不能选择资本。

上述事实让我们看到美国不是一个真正的完全自由的国家。第二次世界大战以后，美国等发达国家的经济有了较快发展，出现了中产阶级化现象，于是有人就认为资本主义社会可以实现平等了。但自20世纪70年代后又逐渐出现两极分化，而且财富更多集中在少数人手中，显露出在资本主义框架内解决不了的矛盾。美国领导的资本主义世界，时不时地传出爆发战争的威胁。事实证明在资本私人占有的条件下，人类不可能实现真正的平等。没有真正的平等，哪有什么完整的人权民主和自由！

美国自称自己是民主、自由世界大本营领导者，事实是美国只有资产阶级特别是大资产阶级才享有充分的自由，他们不仅享有法律允许的自由，还享有法律外用金钱购买的自由；享有全世界自由贸易的自由；

资金流动的自由；避税的自由；滥发金融衍生物的自由，造成金融危机，引起世界金融危机不仅不承担责任，还要受到补贴的权利。享有制定降低企业税政策的自由；对国会议员有游说、为企业谋利的自由；资产者犯了罪（杀人、绑架、打人、强奸、玩弄儿童等等）可以高价聘请大律师为其辩护而免于法律制裁，受害人往往无法起诉；而贫穷的黑人冤狱一坐几十年才得以雪耻，没有平反的不知有多少。美国总统自由权更大，可以任命亲朋好友，捐款资助竞选者任高官；由于政策错误引起的人民不满，可以任意编造谎言，转嫁给中国、俄罗斯；编造中国、俄罗斯威胁，大量增加军费预算为军工利益集团服务。甚至编造谎言发动战争；美国总统犯了战争罪也没有人和组织敢起诉，海牙的国际法院只针对小国、穷国。美国总统、美国两会随意编制法律干涉别国内政，随其好恶对别国进行制裁，随其好恶颠覆别国政权；对世界各主要国家的政府机关、著名人士、国家领导人，甚至人民进行窃听。美国资产阶级及其政治代表有数不清的自由，为所欲为，任意横行霸道。

美国的报纸、杂志、各种媒体发表各种不同声音，大多数是统治阶级不同利益集团的声音，真正老百姓的声音很少看到。

工人可以结社，但在资产阶级政治打压下、宗教思想控制下、修正主义思想影响下，一度兴盛起来的马克思主义共产党已被打压下去，现在虽然出现了复兴的势头，但真正的马克思主义的共产党的力量仍很小。

工人可以组织公会。现有资本主义社会的工会，基本上是一个工人的福利组织，只是在工人生活不下去时组织罢工。对工人获得解放、获得真正自由起不到多大作用，反而对巩固资本主义制度有所贡献。罢工、游行示威多是为了提高工资。在美国还有抗议侵犯黑人人权的活动，都是在资本主义政权不受影响下进行，稍有越轨就被镇压。罢工后，工人得到名义工资的提高，资产阶级又用提高物价拿回去。罢工、游行示威除了给资本主义一个自由民主的名声外，工人得不到真正的解放。甚至工人工资的上涨同时又为资本家提供了更多的剩余价值，工人得到的只能是相对贫困化，甚至出现了绝对贫困化，工人的这种"自由"什么也得不到。

5. 只有到共产主义社会，人类才能享有真正的充分的自由

自由是指人的思想行为，思想指挥行为。我们可以把自由看作是一种意识。人的这种意识是怎么产生的呢？一些学者认为是精神产生精神，用绝对精神说明不了人对自由的渴望，只好用天赋来解释，所谓天赋只能是上帝给的。封建政权不给自由，人们只好推翻它。资产阶级掌握政权后又回到天赋的原点，束缚在封建庄园的农奴得到了部分解放，有了迁徙和择业的自由，但仍然要受剥削、压迫。正如列宁所说："只要阶级存在，自由、平等就是资产阶级欺人之谈"。

无产阶级把自己的思想变成现实，只有推翻现有资本主义生产方式，使自己的思想占据统治地位，无产阶级才能实现无产阶级的自由观，才能有人的真正自由。在共产主义社会，人们只有暂时的认识上的分歧，没有了利害冲突，可以和谐的、自由的生活。

三、关于人权

（一）人权的理念

1. 什么是人权

《简明不列颠百科全书》对人权的解释是：人权是一个古老的概念。在古老的法典里不承认个人自由受国家干涉，将人的权利载入法典。包括被告要求正式审判的权利和生活、荣誉、家庭和财产不受侵犯的权利。在 1215 年英国的《大宪章》中，有些条款，特别是第 29 条中，对于任何自由民，除非经过与其他地位相同的人们或（和）国家法律的合法判决，否则不得予以逮捕、监禁、流放或处死。

关于人权的概念，还反映在几个法案和宣言中，如美国的《人权法案》第一次 10 条修正案，规定了美国人民的基本人权，政府不得侵犯。《人权法案》到 1791 年正式成为宪法的一部分，规定从各方面保护个人自由，如言论和出版自由、宗教信仰自由、抗议政府的和平集会权利、享受正当法律程序及公正的陪审团的审判权利；不受残忍和不寻常的刑法的权利，人身和财产不受无礼搜查和扣押的权利，以及政府权力来自人民的原则。

《人权宣言》共计 17 条，于 1789 年 8 月 20 日至 26 日由法国国民议会通过，成为 1791 年宪法的序言，它还用作 1793 年和 1795 年宪法序言，其基本原则是人人生而自由，权利平等、自由，私有财产不可侵犯。人人有权直接和间接参与立法。没有司法机关命令，任何人不受逮捕。宗教自由和言论自由，在"公共秩序"和"法律"范围内受到保护。文件反映了作为起草人的资产者的利益，财产具有不可侵犯的权利。国家只有在给予赔偿时才可以取得财产权；官职和地位向中产阶级开放。①

2. 古代中国对人权的看法

人权实质上指国家政权与人民群众的一种关系。人选择在氏族中或国家中生活，个人就要遵守这个氏族或国家的习俗和制度，认定个人能够做什么，不能做什么。国家在法律上保证个人能做什么的权利。

在阶级社会中，人权属于统治阶级和被统治阶级之间关系的范畴。统治阶级做一些规定，给被统治者一些能够生活下去的权利，使其能够接受剥削和统治。统治者和剥削者总是想尽办法掠夺更多的剩余产品或剩余价值，给被统治者、被剥削者更少的权利。

中国古代不存在西方所谓的"人权"概念中的内容。中国自战国时期（约公元前475—前221年）以土地买卖为基础的土地私有制度已经完全确立，社会经济结构已由领主制经济变为地主制经济。地主与农民的关系已不再是封建的依附关系，而是变为一种简单的租佃关系，亦即契约关系。到了公元前348年秦孝公十四年的"初为赋"，完全确立了以实物地租为主的赋税制度。农民以交纳地租的形式维系着与地主的关系，农民人身是自由的，已不存在人身依附于领主的关系。

战国时期以土地买卖为基础的土地私有制完全确立以后，随着世代交替和经济的变化，土地所有权也是变动的。农民租种地主土地是可以自由选择的，农民本身是有自己经济的小私有者，他有自己的小块土地和生产工具，经济上是自主的，迁徙是自由的。中国农民与地主和官府的矛盾主要集中在地租和赋税上，抗重租重赋是农民与统治阶级斗争的主要内容。

中国农民是中国封建社会的绝大多数，他们可以公开地或秘密地结社，他们是推动中国社会改朝换代，反对封建剥削制度的主力军。

战国时期，各诸侯国都想称霸接替周王朝统一中国，新兴地主阶级是这一斗争的主要动力，思想家为诸侯提供的执政称霸的献策是"重

---

① 《简明不列颠百科全书》，中国大百科全书出版社1986年版，第756页。

民"，一些国君也看到了要关心人民利益，政权才能巩固。如邾文公说："苟利于民，孤之利也"，"民既利矣，孤必与焉"。

齐国政治家管仲认为："政之所兴，在顺民心；政之所废，在逆民心"，"仓廪实则知礼节，衣食足则知荣辱"。

老子说："民之饥，以其上食税之多，是以饥；民之难治，以其上之有为，是以难治；民之轻死，以其上求生之厚，是以轻死。"

孔子认为国君对劳动者应宽大一些，则逃散在"四方之民"会"襁负其子而至"，对待外国，孔子提出"远人不服，则修文德以徕之。"

孔子主张："道之以政，齐之以刑，民免而无耻；道之以德，齐之以礼，有耻且格。"他认为刑法只能惩治叛乱，最多使人不敢犯法，而德化教育，可以防患于叛乱之前，使民知道"有耻且格"。

在长达数千年的封建社会中，中国虽然没有人权的概念，但统治者也认识到，政权巩固、社会安定必须保证人民的生存权。有的年代皇帝开明做得好，社会安定、经济发展、出现路不拾遗、夜不闭户的现象；做得不好的时候人民饥寒交迫，农民起义争取生存权，改朝换代。新上任的皇帝制定一些新的政策，甚至重新分配土地，社会便重新安定下来。

迁徙自由和私有制，使得当时的中原农民迁徙到中国南方、北方开发了大面积的土地，使得中国的手工业、商业在封建社会高度发展。封建社会下农民获得的一定程度的自由和生存权，使得中国经济发展到封建制度所能容纳的最高程度。

（二）资本主义社会的人权与社会主义社会的人权

1. 资本主义社会的"人权"

人权是资产阶级革命时，针对欧洲的政治压迫提出的一个政治口号。资产阶级开始提出"人权"时还没有掌握政权，他们只要求封建贵族政权不能随便捕人，直到法国大革命时才有了人权的基本原则，人权先后由美国、法国作为宪法的一个内容，把资产阶级的"自由"权利、私有财产用法律保护起来。

从人权的内容看，人权最初是指国家政权与资产阶级这个特定人群的关系。资产阶级执政后，人权主要指资产阶级整体、总代表与资产者个体之间的关系。劳动者只是随着资产阶级得到这种权利。但这种权利对劳动者来说，当时并不是重要的。对劳动者来说，生存生活权才是最重要的需要。不要说工人过着衣不蔽体、食不果腹的生活，即便现时，发达资本主义国家的工人（除流浪汉外）大多数已衣食无忧，但工人为了生存生活权，也不断地用罢工进行斗争，争取这个权利。

在苏联当工人享有很多生存生活权时，资本主义国家政府才采用了一些有限的福利政策。这些福利费用并不是来自资产阶级的利润，是应获得的工资的一部分，放到了他们退休后再给。从这个角度看，资产阶级国家并没有给本国劳动者真正的福利和人权的享受。以下用大量事实说明以美国为首的资本主义国家没有实现真正的完整的人权。

纵观几个发达资本主义国家的发展史，就可以证实。如美国是靠买卖奴隶，依靠奴隶种植棉花出口赚取外汇，屠杀印第安人掠夺其土地，依靠华工修建铁路，用残酷剥削压榨积累原始资本。英国在国内是把农民赶出土地，改作牧场，把没有工作的流浪农民推向断头台，在国外进行侵略扩张掠夺殖民地的财富，向中国贩卖鸦片并发动鸦片战争，在非洲进行买卖奴隶，积累原始资本。法国在亚洲、非洲掠夺殖民地的财富，与英国联合侵略中国，偷盗中国皇家财宝。日本多次侵略中国，利用中国的大量赔款完成了它的资本积累。二战中日本在中国推行烧光、杀光、抢光的"三光"政策，在中国华北地区造成许多无人村，还发动毒气战、细菌战，用活人作细菌实验等骇人听闻的杀人事件。现今七个发达资本主义国家都曾侵略中国，掠夺中国财富，屠杀中国人民，还要中国赔款。在这些发达资本主义国家的成长历史上，其侵犯人权的罪行举不胜举，几乎资本的每个铜板都沾满了鲜血。

近世的美国通过麦卡锡主义残酷地迫害左派人士，把不同政见者关进监狱，进行民族歧视，不准黑人与白人同乘一辆车、同进一个饭馆、同在一个学校上学，甚至发生过警察暴打黑人等人权歧视、侵犯行为。

2011 年 11 月美国人民发起了"占领华尔街"运动。据报道,"占领华尔街"大本营当地时间 15 日被纽约警方以迅雷不及掩耳之势强制清场,数百人被逮捕,震撼全美。"纽约警方是在 15 日凌晨 1 时 30 分开始清场的,大约持续了数小时,期间全副武装的防暴警察和示威者爆发了激烈冲突"。示威者路易斯·德尼姆鼻青脸肿,他向记者展示了伤痕。德尼姆对记者称,当天遭到了警方的"粗暴对待",身上的伤都是在与警方冲突中留下的,他自己一度被逮捕,在大本营内的被没收的物品也不知所终。"我现在感到剧烈头疼,警察的手铐弄得我很不舒服。我在这个公园的家当也都没了。"他声音嘶哑,一度哽咽。美国加利福尼亚大学戴维斯分校的部分学生(2011 年 11 月)18 日在校内一处开放场地示威,声援兄弟院校加州大学伯克利分校的"占领华尔街"校园活动。十多名学生手拉手围坐在校园内人行道上,几名校警反复要求他们离开,没有得到回应。一名警员打开辣椒水喷雾,多数学生低头躲避,至少一人面部遭殃。多数示威学生坚持不走,警方以强力迫使他们离开,随后拘留 10 人。①

在美国军队中侵犯人权的事也不少,美联社 1 月 25 日报道著名的美国犹他州帕克城森丹斯电影节放映最新纪录片《看不见的战争》,以五角大楼消息源为线索,揭示美军中性侵犯状况:性侵犯、性暴力很寻常,但受审者却寥寥无几。影片告诉观众一个数字:2010 年,美军中至少两成女兵和 1% 男兵在服役期间遭受性侵害,受害者总数超过 19 万人。其中受害女兵大约 14 万人,男兵 5 万人。导演迪克和制片人齐林在采访 70 名曾遭战友强奸的士兵后发现,受强奸的士兵除遭受"暴力和骚扰"伤害外,大多没有获得审理;有的士兵报告后,甚至遭性侵者打击报复,更加深了他们的痛苦。②美国军内同样存在着种族歧视,据报道,据称 19 岁的陆军二等兵陈宇晖受到数周的种族嘲讽,10 月 3 日在阿富汗的一间卫兵室开枪自杀。2013 年 6 月 9 日美国国家安全局一家合同承包商的雇员爱德华·斯诺登向英国《卫报》揭露美国国家安全局实施监视的一

---

① 《北京晚报》2011 年 11 月 16 日,2011 年 11 月 21 日报道。
② 苏文洋:《略论美国兵强奸美国兵》,《北京晚报》2012 年 2 月 1 日。

项代号为"棱镜"的秘密，揭露了美国利用高科技手段监控全世界、侵犯人权的行为。值得一提的是美国干涉别国内政往往是以保护人权为借口，若一个与美国政体一样的国家里存在着不同政见者遭到镇压时，美国却不会出来保护那里的人权。另外美国以帮助别国打击恐怖分子的名义，甚至完全不顾别国主权，连招呼都不打就派军队进驻别国。而美国自己却豢养着多国的恐怖分子，这些恐怖分子在没有对美国构成威胁之前，美国支持他们对其他国家进行恐怖活动。如本·拉登在反苏的时候，美国曾给以大力支持，只是在本·拉登反过来打击美国时才打击他。

在欧洲发达资本主义国家的人权状况也与美国类似。2011 年，英国发生了一起耸人听闻的非法奴役丑闻，警方接到线报后，卧底数月，在该国中部贝德福德郡突击搜查一个吉卜赛人聚居地点救出 24 名"奴隶"，这些人获救时满身狗粪。警方指出，这 24 人被逼迫充当无薪苦工，在恶劣不堪的环境中居住，包括狗屋、运马货车等，恍如纳粹集中营。他们每天早上 5 时便由货车运到不同地方从事各种苦力，有时还要到挪威和瑞典等国工作，但根本没有领到工资。歹徒只给受害人极少的食物，获救的 24 名工人都骨瘦如柴，被救出时需接受治疗。如果受害人尝试逃走，便会遭到歹徒殴打。有人已被囚禁长达 15 年。在现代科技条件下，英国政府竟然没有发现有人被奴役长达 15 年的状况。这种残酷迫害人权的状况如果不是被奴役者有人逃跑成功，恐怕这一奴役状况还会继续下去。

美国个人拥有枪支，经常出现枪杀无辜的社会现象。从民主、自由的角度说，这不符合真正的民主自由的理念。据报道，仅 2019 年，到 12 月 26 日这一年的统计数据，造成 4 人以上伤害的枪击事件就达到了 405 起，除自杀外，造成的死亡数达到 1.48 万人，伤者超过 2.8 万人。

反恐战争开始后，美国俘获了很多恐怖分子，在审讯中侵犯人权的虐囚行为骇人听闻。美国塞顿霍尔大学法学院政治研究中心发表的一份研究报告《美国如何严刑拷打》中画了被拘押者受酷刑时的图画：画面显示，一名被拘禁者蜷缩在一个小箱子里，戴着手铐；光着身子的囚犯被绑在桌子上，水从他被蒙住的头上浇下；审讯者抓着囚犯的头往墙上撞，而被刑讯者还戴着手铐。① 囚犯对律师说："他们不断把水浇在我的鼻子和嘴巴上，直到我真的感觉自己快淹死了，胸口因缺氧而快要炸开。"②

在企业云集的加利福尼亚州，不仅存在着数量众多的亿万富翁，还存在劳工奴隶、无家可归者。人口贩子把拉美和亚裔妇女、儿童和非洲移民贩卖到加利福尼亚州从事农业、家务劳动和纺织业。例如，墨西哥妇女弗洛尔·莫利纳在人口贩子的欺骗下，历经千辛万苦来到美国洛杉矶，希望能靠自己的劳动创造新生活。可现实是她被带到一家服装加工厂当缝纫工，日夜不停地工作，居住条件和伙食十分糟糕，同时还要受老板剥削、威胁和殴打。③ 另据《纽约时报》报道，美国劳工部 2016 年至 2019 年的调查发现：洛杉矶市与新星公司签署合同，生产服装的工厂付给缝纫工的时薪仅 2.77 美元，大大低于加利福尼亚州当时要求拥有 26 人以上雇员的雇主必须支付的最低时薪 12 美元。为了挣到每周平均 270 美元的收入，她在肮脏的环境中每周工作 7 天。她说："有蟑螂、有老鼠，工作环境不好。"④

美国前总统唐纳德·特朗普 2017 年就任后收紧移民政策，向南部边境增派军警，以打击非法入境，其间发生了极严重的侵犯人权现象，不少非法移民家庭遭到美国执法部门强制拆散，儿童被带离父母单独关押。据 2019 年 11 月 18 日联合国发布的一份报告，确认美国关押 10.3 万非法移民儿童，报告作者告诉媒体记者，这是保守的估计，并认为无论对父母还是对孩子而言都不人道。一个美国律师组成的检查组 2019 年 6 月发现，得克萨斯州两个安置站关押了数百名非法移民儿童，缺少衣食且疾病流行。数以千计的非法移民儿童被执法部门带走后"下落不明"，美国政府经常答不出孩子或父母的下落，导致许多家庭迟迟难以团聚⑤。

---

① 《参考消息》2019 年 12 月 9 日。
② 《参考消息》2019 年 12 月 7 日。
③ 《参考消息》2019 年 11 月 14 日。
④ 《参考消息》2019 年 12 月 18 日。
⑤ 《联合国呼吁美国"快收手"》，《北京晚报》2019 年 11 月 20 日。

在国际上美国也无视人的生命权。据报道，1946年至1958年，美国在马绍尔群岛及其周边海空域引爆了67个核装置，毒化了整个岛屿，迫使数百人逃离家园。美国还进行了10多次生物武器试验，并倾倒了来自内华达州一个试验场受过核污染的130吨土壤，然后将这个环礁上最致命的垃圾和土壤埋于鲁尼特穹顶下。马绍尔群岛的领导人说，美国一直没有承认它留下的环境灾难，而且在破坏的严重程度和范围方面，美国当局曾多次欺骗他们[①]。

综上所述，这些事实之所以被资本主义国家的记者、学者揭露出来，他们或许认为这是侵犯人权；或者认为是不人道地残害人；不爱护人的生命；不关心人的生活；不尊重人的人格和权利，是美国政府的丑闻。而一个国家不断地采用容忍、纵容、支持这些不人道的行为、执行不人道的政策，反而自称自己是人权国家，并且用"人权大于国权"的霸道理论去轰炸塞尔维亚国家等，其宣扬的自由、人权是何等虚伪！

2. 社会主义社会的人权

中国人民对人权有明确的答案，这就是人民享有各种权利，只有一个目的，就是人民当家作主能过美好生活。

过美好生活是人民的向往，也是中国人民参加革命、参加建设美好国家的目的。中国人民在中国共产党领导下艰苦奋斗、不怕牺牲，成立自己的国家政权，目的就是摆脱压迫和剥削，建立劳动者的理想社会。

中国共产党在领导人民夺取政权和建设社会主义的过程中，始终坚持全心全意为人民服务的宗旨。早在管理中央苏区革命根据地时就把为人民服务、改善人民生活作为自己的一项任务。干部们背着干粮去办公，领导人民进行土地改革；组织农民互助发展农业生产、发展工商业。在红军部队中执行"三大纪律八项注意"，不拿群众一针一线；施行优待俘虏的政策。毛泽东同志要求全党关心群众生活，关心群众所需要的柴、米、油、盐；关心孩子们的上学；关心修建道路、桥梁等人民日常生活

---

① 《参考消息》2019年12月28日。

中的方方面面的需要；组织多种渠道让人民参政议政。

抗日战争时期中国共产党推行抗日民族统一战线，只要抗日就可以参加统一战线参政、议政。在抗日根据地政权掌握在人民手中，人民享有自由、民主的权利，人民抗日热情高涨，政治经济蓬勃发展，根据地一天天扩大。

夺取全国政权大势已定，中国共产党就立即邀请各民主党派、各民主人士参加全国政治协商会议为共同建设新中国献言、献策。

中国共产党广泛发动人民参政议政，参与宪法的讨论，让人民直接选举代表出席全国人民代表大会参政议政，并把这种热情引入城乡改革，发动工人群众参与城市和工商企业管理。发动农民在农村进行土地改革、剿匪。全国出现了近百年来从未有过的政治上统一、经济上蒸蒸日上的发展良好态势。

改革开放后，中国共产党拨乱反正，国内出现了一个接一个的经济建设高潮和思想创新、政策创新、政治创新、社会管理创新、文化艺术创新局面。究其原因就是在中国共产党领导下充分发挥人民群众的聪明才智，人民提出各种各样的建设性意见、办法和经验。中国人民享受着真实的人民当家作主的权利，这是资产阶级永远不能给予劳动者的权利。

在中国共产党的领导下，中国越来越强大，人民生活越来越富有，相信在党中央的正确领导下我们的国家会更加强大，我们的生活更加美好，我们的社会会更加繁荣富强。

3. 只有真正消灭剥削和压迫制度，人们才能享有完整的民主自由和人权

首先，人权这个概念是随着经济发展而逐步得到发展的。在原始社会由于生产力水平很低，在部落里实行平均分配食物的办法让每个人都能得到最低的生存需要。为了抢夺资源，部落间进行战争。胜方由于没有食物养活战俘，只能杀掉。当工具进一步改良，每个人生产的食物除去自己的最低消费外还有剩余时，战俘就成了带枷锁的奴隶生产者。当奴隶主看到让他们去掉枷锁带着妻子儿女一起生产可以交来更多的生产物时，奴隶主就开始让奴隶们在土地上自己生产了。在交出地租之外，奴隶可以自由的劳动生活。人权有了进一步发展。随着生产工具的进一步发展，特别是工业工具的发展，经济增长、需求增加、资本对劳动要求增加，在西方要求把劳动力从封建庄园中解放出来，允许劳动力自由流动，人们获得了更多的劳动自由的状况下，资产阶级喊出了人权民主自由的口号，并借助劳动者的力量获得了政权。资产者获得了人权民主和自由。而劳动者仍然受到资产阶级的压迫和剥削。工人继续进行反剥削反压迫的斗争（包括怠工、罢工、武装起义、成立巴黎公社等）。此后由于工人的斗争以及经济的发展要求，资产者感到必须改善工人的生活条件，工人在工作中才能尽力。这一点首先被英国空想社会主义者欧文认识到，他在自己的工厂实行 8 小时工作制，提高工人的福利，结果工作效率大为提高，利润不降反而增加。在美国，汽车资本家福特主动为工人提高工资，使汽车销售大量增加。聪明的资本家和资产阶级政治精英意识到，只有给工人更多的人权民主和自由社会才能稳定，经济才能更好地发展。而经济发展又显示，只有给工人增加工资和更多的福利才能刺激市场需求，资本家才能扩大生产增加更多的利润。

随着经济发展进入知识经济时代，掌握高新技术的劳动者在生产中的地位和作用空前增强，随着创新企业的大量增加，在大企业中的管理人才成了企业经营成败的关键，财富的分配发生了倾斜，中产阶级成了社会中的大多数，享受到了更广泛的人权民主和自由。由于经济发展劳动力出现了供求不平衡和供不应求的势态。同时由于生产过程中对劳动力素质要求提高了，劳动力的再生产成本也提高了，劳动者对工资、社会保障和受教育的程度的要求也在提高。工人的休息权、社会保障、社会福利得到普及和提高。由于劳动力的短缺，民族歧视行为也逐渐得到减少和克服。劳动权得到了进一步的巩固。当世界经济发展为全球化，资本可以在世界范围内自由流动，发达国家的资本在发展中国家找到资源，资本的权力进一步扩展。发展中国家的劳动力得到就业、贫困人口减少、受教育权普及和提高、社会保障程度提高等等，各项人权的保障程度得以进一步提高。从全球人类总体看，资产阶级由于资本在全球流动，利润大幅增长，对财富的支配权得到大幅度提高，随着经济发展水平的提高，劳动者享有人权的范围和程度也在提高。这一方面是因为人权的发展要有财力的保证，另一方面是由于劳动者在生产中的地位和作用提高了，资产者和统治者不得不给劳动者更多的人权保障。

第二，在生产资料私有制的社会里，生产资料的所有权决定着人权的享有程度。在奴隶社会奴隶主占有生产资料——土地、工具和奴隶，奴隶主享有任意的人权。而奴隶只有为奴隶主生产财富才能生存。在封建社会人权民主自由是以土地和官阶来衡量。土地越多官阶越大，人权享有就越多，土地少人权享有的也少。在欧洲，农奴在领主土地上劳动，连出行的自由都没有。在封建社会，皇帝是名义上的全国土地的所有者，掌握着人们的生杀大权。各级官员官阶越大，享有的特权越多。普通农民有土地就有生存权，失去了土地就失去了人权。他能不能生存就看他能否给地主带来地租。在资本主义社会，资本是衡量人权民主自由的标准。资本多，权力就大，就有能力购买、占有、使用、消费更多的资源。比如石油、土地、天然气等资源，谁钱多谁就使用的多，无钱购买就无权使用，金钱决定一切。除了自然资源外，社会资源也是按资本多少占有使用。例如，有钱人可以上好的学校，资本多的人可以使用医疗费用很高的医护为其服务。而贫穷的劳动者往往无钱医病。有钱人可以到世界各地享受高级别的休假旅游服务，无钱人不要说休假，他们为了生存往往要做双份甚至多份工作。

资本主义国家说他们的人权有法律保障。法律确实有保护作用，但只说对了一面，另一面是法律面前并不人人平等。资本多的人有钱请律师、请大律师、请多个律师。这些律师拿了雇主的钱，为雇主服务，他们可以把有罪辩护成无罪，把大罪辩护成小罪。也可以把无罪说成有罪。他们让金钱牵动自己的嘴在法庭上巧舌如簧，使有钱的犯罪分子免于处罚。被害者得不到伸张正义，人权得不到保护。这就是在法律平等的掩盖下的资本使人权不平等。

第三，财富分配的公正公平程度，决定着人权民主自由的程度。当生产力发展水平达不到消灭生产资料私有制，财富分配还不能满足人们各尽所能各取所需的时候，人权民主自由的享有程度就会有差别。这时如果能做到财富分配公平一些，那么人们享有的人权民主自由也会公平一些。但现代资本主义社会分配十分不公平，例如，美国1%的人拥有全国40%的财富①。

发达资本主义国家的政府利用其对国民收入的可能的干预，确保了资本家和高管的收入不断增加，也就确保了他们的人权享有的程度不断提高。但他们不管劳动者的工资下降，使劳动者的人权"日渐衰落"。劳动生产率在提高，工人的收入相对在下降，其实这是用人们熟悉的经济政治制度明目张胆的用资本和政权来抢夺劳动者生产出来的财富。难道这不是最严重的侵犯人权吗？

虽然经济发展水平制约着人权享有的水平，但社会制度、国家政权的性质是决定因素。

要让每个人充分享有人权，过真正人的生活，不再有侵犯人权和种族歧视，让每个人都能从事自己喜欢的工作，不再受战争等等野蛮不文明行为的侵害，这是每一个共产主义者的奋斗目标，是共产主义事业的内容。

工人阶级劳动人民掌握国家政权才能做到真正关心人权。是否重视人权是评判一个国家人权的最根本的标准，就是这个国家的执政党、政府是否始终把人民的利益放在第一位；它制定的政策、法律的出发点是为了人民的利益还是为少数统治阶级的利益。人民满意就是保证了人民利益。人民生活得到改善和提高，也可以说人民享有的人权得到了保证和发展。

如果一个国家制定的法律和政策的出发点是为了少数统治阶级的利益，那必然要侵犯大多数人的利益，引起大多数人的不满。这里说的不

①　苏文洋:《占领华尔街才刚刚开始》,《北京晚报》2011年11月17日。

是指一种生产方式下的分配形式，而是指执政党和政府用政治手段，在国民经济再分配中把人民应得的一部分划给了剥削者、统治者或资产者。这种把劳动者创造的财富，剥削者拿走了剩余价值后，资产阶级国家再用法律的名义再拿走的部分，就应该说是侵犯人权。

劳动者掌权的国家和资产者掌权的国家在人权问题上看法根本不同，就是劳动者掌权的国家始终把人民的利益放在第一位，特别是在巨大灾害侵来时，需要国家对保护人的生命和经济建设迅速做出抉择时，劳动人民掌权的国家、共产党执政的国家认为人的生命高于一切。经济发展虽然重要，但和人的生命相比只能放在第二位。

2020年初，中国遭受新冠肺炎疫情侵害时，中国政府采取的果断措施明显与西方国家不同。中国人民在中国共产党领导下采取严格的封闭措施，广大医务人员，不辞辛劳，不计个人利益，不怕牺牲，英勇的战斗在救死扶伤的第一线，共产党的基层组织带领广大共产党员起模范带头作用和人民群众日夜奋斗在第一线。

反观资产阶级掌权的国家在疫情出现后，疫情扩散面感染人数和死亡人数都远远超过中国。西方国家为什么迟迟不能像中国一样采取果断措施？其原因在于资本主义国家把人看作是劳动力，并没有把人看作是社会的主人（这里说的主人主要是指以工人阶级为代表的广大劳动者）。2020年，比利时经济学家马克·旺德皮特在西班牙《起义报》发表文章称：1月中旬，美国首例新冠肺炎患者被确诊。在此一周前，美国疾病控制和预防中心就与中国方面取得联系，得到了一种奇怪肺炎爆发的相关信息，当时已经很清楚的是这种病毒一旦传播开来，将在美国流行。中国和其他亚洲国家的报告就是警报。

然而华盛顿并未认真对待这一威胁。2月10日，特朗普泰然自若地宣布，随着气温升高，病毒会"自然消失"。直到3月9日股价大跌时，美国才惊醒。一些州开始禁止聚集性活动、关闭学校或实行隔离。其他一些州仍允许举行集会，例如人头攒动的体育赛事。结果，美国浪费了追踪和隔离感染者的宝贵时间，因此也错过遏制流行病发展的最佳时机。

美国政府反应如此迟缓的原因有两个。首先，特朗普为维护大型资本集团的利益一直坚持到最后一刻，即使是以牺牲对民众的防护为代价。其次，特朗普政府削减预算的政策极大地降低了该国抗击流行病的能力。

从文章中我们看出：一方面，出现感染者美国政府并不在意，直到股价大幅下跌才惊醒。股市是资产者的俱乐部，股价下跌影响资产者利益。另一方面，文章讲到美国政府反应迟缓的原因，首先是要维护大型资本集团的利益。这也是工人阶级与资产阶级人权观的根本区别。工人阶级认为人的生存权、发展权、生命权高于一切，而资产阶级只有为保障自己利润或者怕影响自己利润的情况下才想到工人要生存。

此外，受西方哲学思想支配，西方一些传染病专家散布新冠病毒的死亡率与正常人口的死亡率相差不大，不必惊慌。更有甚者说，应该走"群体免疫"的路，就是让60%—70%的人都得了这种病，就产生了群体免疫。这显然是一个不人道的观点，虽然最终没有任何国家采纳这一措施，但这使得一些西方国家领导推迟了封闭、隔离措施的时间，导致了2020年2月下旬到3月上旬新冠肺炎疫情在西方国家迅速暴发。虽然造成资本主义国家控制疫情不利的原因有很多，如制度缺陷、疫情重视不够、疫情预判错误、防御物资供应不足、个人主义的哲学思想等等，但是错误的人权观念，是造成控制疫情不利的重要原因之一。

第五部分

资本主义走向衰落和马克思主义再度兴起

一、资产阶级把战争推向顶端

（一）私有制产生后就有了剥削与反剥削的斗争，同时产生了真正意义上的战争

1. 进入了奴隶社会后才有了真正意义上的战争

什么是战争？战争就是人类互相残杀。人类从动物进化为人类的过程中最初是为了生存争夺生活资料而争斗。在当时，虽然生活空间很大，单靠双手和简单的木棒石器采摘植物，围捕动物，渔猎获取生活资料是很困难的。为了争夺生存空间，抢夺生活资料，常常发生人与人之间、部落与部落之间的争斗，规模大的即形成战争。也标志着奴隶社会的形成。进入奴隶社会，斗争演变成了掠夺财富和奴隶的战争。人类发明了农牧业生产之后，生产的生活资料已可以养活自己并有了少量的剩余。人类已不需要为争夺生存资料而互相残杀。家庭已成为基本的生产生活方式。土地固定给家庭使用有了私有财产，氏族群体成了保护家庭生活的外部条件。家庭要把剩余产品的一部或大部交给氏族首领和管理者，并将家庭成员的一人作为士兵交给氏族领袖，对内保持氏族统一，对外征战保护本氏族财产，掠夺其他氏族的财产。战争中掠夺的土地大部分为氏族领袖所占有，少部分奖励给有功士兵。大部分俘虏已不被杀掉，而是强迫他们从事劳动，成为氏族领袖的奴隶。由于这时农牧业的劳动生产率还很低，剩余产品不多，又多被部落首领和管理者享用。氏族首领为了巩固自己的利益还编制了很多诸如神鬼妖魔，人权神授等迷信、神话愚弄氏族成员，巩固氏族首领地位，并逐步演变成为世袭首领。奴隶和土地成了他们的私有财产。谁有了更多的奴隶和土地，就意味着谁有了更多的财富。为了保护和扩大自己的财富，为了抢夺更多的奴隶和土地，不得不经常进行部落间的战争，以及奴隶为反抗奴隶主的压迫剥削，爆发的奴隶起义和奴隶主疯狂镇压形成了奴隶社会战争的特色。

进入封建社会，皇帝视全国土地为己有，即所谓"普天之下莫非王土"。皇帝任命各级官员向人民征收苛刻的赋税和徭役。赋税之重被形容为"苛政猛于虎。"封建主即皇帝发动战争开疆扩土，就意味着他会有更多赋税和徭役，意味着他有更多的可支配财富。于是开疆扩土和农民的反抗剥削成了引发战争的原因和特色。

封建社会的经济基础是农业。封建地主土地所有制使大量的土地集中在地主阶级手中。控制了农民的生产手段。无地少地的农民不得不租种地主的土地谋生，承受着或实物或货币或劳役的地租剥削，过着丰年稍余、平年勉强自给、灾年生活不保的糠菜半年粮的生活。遇到大灾之年是饿殍遍野，就要过逃荒要饭的生活。

残酷的封建剥削和压迫激起了农民不断的反抗。皇帝与地主阶级利用强大的政治经济力量，残酷地镇压势单力薄的农民反抗。尽管如此，仍有农民冒着全家问斩的风险进行反抗。在中国2000多年的封建社会中大大小小的农民起义千百次。每隔两三百年便会出现一次全国规模的农民大起义。不论成功与失败，都表明了农民对封建社会的剥削和压迫的反抗。

2. 资本主义社会把战争推向了更高的阶段，也助推了其资本的原始积累

进入资本主义社会后劳动生产率得到了持续不断地提高。人们的衣、食、住、行等各方面都能做到相对的满足。劳动的艰苦程度也较前大大降低。如果能和平稳定地发展下去，合理地分配劳动成果，人类对自己的生活再加以自律，是可以达到美满的生活要求。然而在资本主义私有制度下，这一切不仅变得十分渺茫，而且往往给人们带来的是更加痛苦和巨大的灾难。因为：一是，由于资本的私有制，彼此之间的竞争非常激烈，胜者扩大积累，败者破产、倒闭、自杀。国与国之间的资本竞争带有了民族性和政治性。二是，资本与劳动的矛盾也变得十分尖锐，特别是在资本原始积累时期，资本对劳动剥削和压榨，往往逼得工人无路可走，罢工不断甚至武装起义。当资本主义社会发展到发达阶段以后，国内劳动力相对短缺、生产过程机械化、自动化大幅提高、相对剩余价值被劳动者更多地创造出来，资本家为扩大市场需求、缓和劳动者的斗争，资本家也提高了工人的工资和福利。但资本对劳动的剥削程度并没有放松，资本与劳动的矛盾出现了时而尖锐时而缓和的状况。

资本的政治代理人为了保护本国资本的利益加速资本积累，往往采取侵略小国、弱国，掠夺其财富、自然资源甚至屠杀人民，以及采取出口补贴、关税壁垒、货币贬值，以致战争等手段，提高竞争力，独霸市场以缓和本国资本与资本、资本与劳动的矛盾。近代史上，国与国的矛盾和世界战争大都出于此因。

（二）用战争助推资本的原始积累的历史事实

1. 从葡萄牙开始，而后是西班牙、荷兰开始了资本主义早期掠夺殖民地

西欧从 15 世纪起进入了原始积累阶段。葡萄牙是最早掠夺殖民地的国家。先是从西非的几内亚、刚果、安哥拉等地掠夺黄金、象牙、贩卖奴隶。1498 年入侵印度，1502 年占领了好望角，继而占领了东非的莫桑比克、桑给巴尔、肯尼亚。后又占领了印度西海岸，1505 年派了第一位驻印度总督，1510 年又占领了印度的果阿、占领了锡兰、马六甲、苏门答腊、爪哇，1517 年窃据了中国澳门、南美的巴西。从 1493 年—1600 年就从非洲掠夺黄金 2760 吨，从 1442 年贩卖奴隶到南美洲，建种植园。从非洲、亚洲收购珠宝，鸦片、米、糖、丝、棉、香料运到欧洲赚取大量利润，垄断了亚欧贸易达 100 年之久。

随后是西班牙先后占领了中南美洲、亚洲的菲律宾，强迫当地印第安人为其开采黄金，从 16 世纪到 19 世纪从美洲获得了 250 万公斤黄金、1 亿公斤白银。从 16 世纪起，又从非洲贩卖奴隶到美洲。到 17 世纪，荷兰的带有资本主义性质的工商业发展起来，建起了当时世界上最强大的造船业和海上运输业。1593 年派舰队东征,在爪哇岛大肆掠夺,又派舰船到印尼。1605 年在安波那岛建立了入侵东方的据点,驱逐葡萄牙势力。1619 年在雅加达建城,作为殖民地据点,1614 年夺占马六甲,1659 年占领锡兰(今斯里兰卡)。从 17 世纪 40 年代开始东扩到日本、占领中国台湾,17 世纪中叶又扩展到印度西海岸。从 17 世纪 20 年代就不断从西班牙手中夺取印度群岛、中南美洲的殖民地。1613 年又夺取了巴西。除暴力掠夺外还通过商业掠夺殖民地。1602 年成立的东印度公司垄断了荷兰与东方的贸易赚取大量利润,每年分取的红利往往超过本金。

到 17 世纪中叶,法、英逐步强大起来,向外扩张。法国从 1595 年到 1649 年先后建立了 22 个商业公司在中南美洲和印度开展殖民活动。1643 年到 1715 年大力造船。1664 年成立了法国东印度公司。从 1667 年到 1697 年法荷进行了三次大战。法国先后占领了加拿大、路易安娜、西印度的岛屿,马达加斯加和印度的部分地区。到 17 世纪末,法国的殖民活动达到鼎盛时期,进入 18 世纪开始与强大的英国争霸。从 1757 年到 1763 年与英国打了 7 年战争,受到了重创。

17 世纪中叶,英国资产阶级革命胜利后,军事实力、经济实力大增,进入以战争掠夺殖民地财富的阶段。1650 年首先向西班牙发动战争,夺取了对葡萄牙殖民地的贸易权。1655 年又派舰队夺取了西班牙在加勒比海的殖民地,占领了牙买加。在这段时期英国在北美建立了 13 个殖民点。在 17 世纪二三十年代相继占领了西印度群岛的圣基茨等地。1657 年至 1674 年与荷兰进行了三次大战,取得了胜利,夺取了北美新尼德兰殖民地,又把荷兰挤出了印度。1600 年英国成立东印度公司,1612 年击败了在印度的葡萄牙。

2. 英、法成为殖民大国

进入 18 世纪开始了英法争霸,从 1689 至 1763 年英法进行了四次大战。从 1757 年至 1763 年连续打了 7 年战争,英国从法国手中夺取了加拿大、小安德列斯群岛和非洲的塞内加尔,赶出了法国在印度的势力。1757 年通过普拉西战争奠定了对印度的统治。此后在 1767 年到 1799 年四次进攻迈索尔邦，1803 到 1804 年又打败了马拉特人的反抗，占领了克塔克和恒河地区。随后又与荷兰大战夺取了苏门答腊。1668 年至 1711 年占领澳大利亚和新西兰。在反拿破仑的战争后又夺取了法国、荷兰、西班牙的殖民地。1843 年至 1849 年又兼并了克什米尔和旁遮普，完成了对印度的占领。在这期间，又占领了尼泊尔南部。1824 年、1852 年两次入侵缅甸，1864 年、1865 年又占领不丹一部分，将其并入印度。1824 年又从荷兰手中夺取了新加坡，把马来西亚划入英国的势力范围。此后，又将文莱、土耳其占领。1806 年、1861 年、1874 年先后入侵塞拉里昂、尼日利亚、黄金海岸等国。1840 年入侵中国（即鸦片战争），1841 年占领香港。1878 年到 1879 年占领了阿富汗，1886 年完成了对缅甸的占领。同时又向中国新疆、西藏、云南进攻，在新疆被中国打败。1876 年云南被迫开放。1888 年、1904 年两次进攻西藏，西藏被迫开放。1898 年强租中国威海卫和九龙半岛。1907 年与俄国在伊朗划分势力范围。1874 年占领斐济，1884 年巴布亚又成为英国的保护地。1893—1904 年又先后占领所罗门、汤加、吉尔伯特等地。1878 年又从土耳其手中夺取了塞浦路斯。

在非洲从 1868 年至 1885 年先后将巴苏、托兰、贝专纳归入保护地，1887 年占领祖鲁兰，1889 年成立南非公司。经过与德、意、法等国战争，终于在 19 世纪末将东非的索马里、乌干达、肯尼亚、桑给巴尔等地归入其殖民地。1882 年埃及成为殖民地。1889 年又占领了德兰士瓦和奥伦治，1910 年成立南非联邦成为英国殖民地。第一次世界大战，英国成为战胜国，又从德国手中接受了殖民地，并将巴勒斯坦、（包括外约旦）美索不达米亚归入英国殖民地。到 1914 年殖民地增加到 3350 万平方公里，是本土面积的 137 倍，被称之为日不落国。英国强迫殖民地种植棉花、大麻、黄麻、蓝靛等原料作物和羊毛等纺织业原料，并向殖民地输出纺织品。从 1818 年至 1836 年，英国输往印度的面纱增加 5200 倍，把印度的民族纺织业彻底挤垮了。东印度公司 1600 年成立时股本只有 6.3 万英镑，到 1708 年增加到了 316.3 万英镑，是原来的 50 倍。从 1757 年至 1815 年，从印度搜刮的财富达 10 亿英镑。1757 年 6 月，英军战胜印军的反抗，乘势进军孟加拉国，据不完全统计，被英军抢走的金银珠宝总价值达 3700 万英镑，东印度公司职员个人抢走了价值 2100 万英镑的财产。

3. 血腥的奴隶贸易

从 15 世纪葡萄牙就开始贩卖奴隶，此后，西班牙、荷兰、法国、英国都参与进来。1730 年拿四码白布就可以换一个奴隶，运到美洲可卖 60 至 100 英镑。一船可运 300 多奴隶，可获利润 19000 英镑。（有的专家研究的数据是：17 世纪一个奴隶的离岸价格是 25 英镑运到美洲可卖 150 英镑。18 世纪离岸价格是 50 美元，运到美洲是 400 美元）贩卖的奴隶包括成人、妇女和儿童。贩卖奴隶前后经过了 400 年，有人估计在这四百年中贩卖奴隶总数应在 1500 万至 2000 万至少也在 1200 万。死于猎奴和贩运途中的人数是此数的 5 倍，60% 死于运输途中。非洲因此人口损失不下一亿人，使创新力、生产力下降，再加上被掠夺的黄金、矿产、木材，使非洲长期处于贫困状态，经济不能发展。

对殖民地的掠夺、贩卖奴隶为欧洲资本主义早期发展提供了资金、市场和原料。英、法两国最先发展起来的城市都是从事对外贸易和贩奴的港口。如英国的伦敦、利物浦、布里斯特尔、法国的南特等这些地方的商人带上工业品和棉布、金属制品、镜子等到非洲换取奴隶，转运到美国再换取美洲的棉花、咖啡、糖原料、蓝靛等运回国内加工成工业品，棉布、糖、酒等再销往非洲、亚洲、美洲换取原材料和奴隶。在这个三角贸易中赚取了大量利润，促进港口及其腹地的造船业、金属加工业、染坊、服装、日用品、枪械以及银行业、保险业的发展。例如利物浦原来是个不足 5000 人的小渔村，1700 年有 1 艘船贩奴，到 1730 年增加到了 15 艘，1792 年达到 132 艘。利物浦造船主都兼做奴隶贩子。法国的南特在 18 世纪是法国最大的贩奴港口，由于贩奴和殖民地的贸易，促进了其炼油业、棉纺业、制糖业、造船业、印染业的发展。到 1789 年南特的工厂主几乎都是贩奴商。英国人瓦特发明的第一架蒸汽机是由富商从事西印度贸易积累起来的资金资助的。连接利物浦和曼彻斯特的英国第一条铁路就是由贩奴利润修筑的。曼彻斯特称为棉都，其出口贸易中 1/3 输往非洲、1/2 输往美国，约翰·克拉彭爵士说："曼彻斯特是靠为黑人做衬衣繁荣起来的。"南特的工厂主直言不讳地说："奴隶贸易是我们航海事业的基础，这种贸易为我们的岛屿（殖民地）带来耕种土地的劳动力，我们的岛屿（殖民地）因此才生产出大批的糖、咖啡、棉花、蓝靛，供应国内贸易的需求。"

4. 美国和日本的侵略战争与掠夺

美国和日本的资本发展史同样与掠夺和战争分不开。据不完全统计，1798 年至 1993 年期间美国以武力解决冲突的案例高达 234 次；冷战期间美国对外较大规模的军事行动约有 125 次；1990 年以来，美国以执行联合国决议、维持和平、实施人道援助、反对侵略以及保护国民安全等理由，先后对外出兵达 40 多次，其中对他国进行强力军事干预就有至少 12 次[①]。

美国 1776 年独立，1787 年成立联邦共和国。1812 年就爆发了美、英第二次大战。1812—1813 年美国进攻英国殖民地加拿大。1822 年占领利比亚建立殖民地。1846 年进行美国、墨西哥战争。打了两年美国胜利了，攫取了墨西哥一半领土约合 230 万平方公里，美国给了墨西哥 1500 万美元作为补偿。战争一结束就开始了刚从墨西哥掠夺来的土地加利福尼亚州开采大金矿，黄金产量猛增。美国产量原来只有 4.3 万盎司。由于加利福尼亚金矿的开采 1848 年达到了 48.4 万盎司，1849 年达到 193.5 万盎司，1853 年达到 314.4 万盎司。1854 年财政收入增加 7300 万美元。1849 年大规模屠杀印第安人，开始时印第安人对西方入侵者给予欢迎和帮助，但入侵者却掠夺他们的土地和财富，印第安人不得不反抗，遭到了入侵者残酷的屠杀。这一屠杀与反抗进行了 300 年，到 19 世纪时入侵者把印第安人赶到一个很小的贫瘠的土地上，即"保留地"之中。入侵

---

① 《中老年生活报》2013 年 8 月 29 日。

者在原本是印第安人的土地上建立起城镇和农庄。美国原有印第安人250万（建国时），到19世纪末只剩下24万人。1866年、1867年、1821年三次入侵朝鲜。1893年入侵夏威夷，1898年正式吞并。1898年进行美西战争，夺取西班牙属地古巴、波多黎各、菲律宾。1890年参与八国联军入侵中国。1903年策动巴拿马政变，1906年侵占古巴。1915年占领海地。1917年参加第一次世界大战。1927年派海军陆战队入侵中国青岛。1941年对日作战。1950年武装发动朝鲜战争。1953年干涉伊朗推翻伊朗政府，扶持国王上台。1954年推翻危地马拉民选政府。1958年美军4.5万人入侵黎巴嫩。1959年入侵古巴。1960年以休假为名登陆多米尼加、干涉内政，使其总统自杀。1960年支持比利时对刚果的入侵。1961年500名陆战成员入侵老挝。1961年派军队帮助南越作战，1962年武装干涉多米尼加，1964年发动越南战争。1965年再次进攻多米尼加。1970年策动推翻柬埔寨西哈努克政府。1971年用雇佣军入侵也门。1973年策动智利政变。1977年支持萨尔瓦多政变。1983年入侵格林纳达。1986年入侵巴拿马。1991年进行第一次与伊拉克的战争。1994年入侵海地，1994年发动了对波黑的战争，1999年发动了对南联盟的战争。2001年入侵阿富汗。2003年入侵伊拉克，发动第二次与伊拉克的战争。2011年参与法、英为主的对利比亚战争。美国从1776年独立战争时的75平方公里土地面积，扩大936万平方公里。

　　日本是亚洲第一个成功采用资本主义生产方式的国家。刚刚有些起色的时候就像他的近邻朝鲜和中国发动战争。在吞并了琉球群岛后就向朝鲜进军，接着就发动1894年的中日甲午战争。中国清朝政府在一个战役失败后怕引起国内动乱不想打下去，同意割地赔款。甲午战争赔款23150万两白银。这个赔款是向俄、德、英、法借款赔偿，前后5次加上利息，专家估计不少于7亿两。日本从1896年至1898年的三年中，从中国获得了23150万两白银，折合日元36448万元，超过其三年财政收入总计的26870万元。在短短的时间内成了战争暴发户。战后十年日本资本主义迅速发展，公司由2844家猛增到8895家。用赔款建成"八幡制铁所",其钢铁产量占了全国的82%。由于赔款是向外资借款日本有了大量外汇,可直接向世界各国购买先进军事装备、工业制品。实现了强军、富国之梦。日本统治者尝到战争让本国资本能得到快速发展之后,就更加起劲地愚弄本国劳动人民,灌输军国主义思想,效忠天皇,死后进靖国神社。参加皇军,为天皇战死成了日本流行的英雄行为。掠夺财富、发动战争成了国策。之后,屠杀保护自己利益的台湾人民。在中国东北发动日俄战争,胜利后掠夺中国东北的财富。一战后强行继承德国在中国山东的利益,接着武装占领中国东北三省,发动了全面侵略中国的战争。

总之,资本主义发展的过程中,一开始就在剥削本国劳动者的同时为了争夺殖民地而发动侵略战争,疯狂地掠夺殖民地,贩卖奴隶,残酷地镇压、屠杀殖民地人民。根本看不到他们所宣传的博爱、人权、民主、自由。只有剥削,掠夺和血腥屠杀。是资本第一个犯下了反人类罪。资本把私有制推向了极致。[1]

在奴隶社会是部落间的战争,在封建社会多数是国内战争,到资本主义社会就发展到了国家间的战争以至世界大战,武器也由一般枪炮发展成核武、化武、电子武器,达到瞬间可致几十万人死亡和毁灭整座城市的程度。

这里需指出资本主义在原始积累阶段,存在残酷剥削、掠夺、屠杀、战争,并不是说资本主义发展只靠掠夺而来。掠夺的财富如黄金作为货币一下子冲向市场还可能造成货币贬值,物价上涨。但是黄金不是纸币,它本身有价值它可以作为储存手段,又是世界各国都接受的支付手段,它不会像滥发纸币那样造成市场崩溃。当经济发展进入资本主义生产方式以后,它们就加入了资本主义生产方式大循环,成了可以带来剩余价值的资本。

当今资本主义发达国家是因产业革命带来的结果,由农业社会进入

---

① 《中老年生活报》2014年4月17日。

工业社会，是生产力发展选择了资本主义生产方式，而资本主义生产方式适应现代生产力的发展才有了今天的繁荣。但也不可否认掠夺的财富、贩卖奴隶赚取的利润加速了原始积累，对资本主义发展起到了助推作用。就像强盗一样，他偷窃抢夺的财富，只用于消费迟早会花光。如果把抢夺的钱洗白了上岸投资，抢夺的财富就会转化为资本。这就是为什么掠夺殖民地财富，贩卖奴隶开始都是政府支持的公司行为，后来西欧各国政府为了保护本国资本家的利益，垄断市场抢夺殖民地，政府才参加进来，才有了连绵不断几百年的葡、西、荷、法、英等国相继侵略非洲和非洲人民进而反抗，侵略美洲掠夺其土地、屠杀印第安人和印第安人反抗，侵略亚洲国家和亚洲国家的反侵略战争，才有了西欧各国相互大战、英美大战、美国南北战争、美墨大战等等。

（三）第一次、第二次世界大战

1. 战争中资本损失最少得利最大

资本主义发展的中期阶段，发达的生产力，资本家的资本获得迅速扩张，特别是美国遇到了人民消费的不足，经济危机一次比一次更加严重的出现。资本主义国家把过剩的生产力转向了武器生产，后起的资本主义国家德国和日本想用武力重新分割已被老牌资本主义国家占据的殖民地和国际市场，发动了第一次第二次世界大战。日本侵略中国的目的就是把中国变成它的殖民地，掠夺中国的财富和资源。在十四年的侵华战争中日本掠夺了中国数千亿美元的财富。在世界第一次、第二次世界大战时，美国直到参战前，才停止向战争双方做生意，并利用战时劳动者的激情创造了更多的剩余价值，比平时更快地积累资本，成了第一次第二次世界大战中的最大赢家，建成了世界上最大的经济体。例如：1931年九一八事变后，美国一直向日本供应物资，资料显示1937年美国向日本出口 2.89 亿美元。其中石油、精炼油、废钢铁、原棉四种战略物资占 1/2 以上。直到 1941 年 12 月 7 日日本偷袭珍珠港第二天美国向日本宣战才停止向日本出口战略物资。在第一次世界大战时，从 1914 年至 1916

年美国同协约国的贸易额从 8.24 亿美元增加到 32.14 亿美元。与发动战争的同盟国的贸易额从 4.3 亿元增加到 35.6 亿元。从 1914 年至 1918 年美国国民生产总值从 386 亿美元增加到 840 亿美元。二战后美国工业产值在资本主义世界的比重从 13% 上升到 32%，黄金储备占了世界的 2/3。

在一战、二战中美国利用境外战争境内和平的有利时机，引进了大量资金和科学家，战后又由于环境没有受战争影响经济发达生活水平高，吸引了很多资本家和科学家到美国投资和生活。这不仅促进美国经济发展，还促进了美国的科学技术突飞猛进。

美国利用一战、二战发了财，其他几个发达的资本主义国家在人民遭受战争苦难的同时，其工业企业特别是涉军工业都得到发展壮大。例如日本的丰田汽车七十多年前侵华战争爆发后，濒临破产的"丰田"和其他工业企业一起，被纳入日本战时军需工业品的生产轨道。日本陆军将"丰田"的所有库存货车一购而空，从而解了它的燃眉之急。档案资料显示，1935 年末，"丰田"生产出来的还只有 20 辆卡车，而在战争爆发的 1937 年则生产了大约 1936 年 4 倍的 4013 辆（其中轿车 577 辆）。丰田汽车的产量在侵华战争期间一路飙升，从第二次世界大战爆发的 1939 年起到太平洋战争第二年的 1942 年，"丰田"持续每年生产汽车超过 1.6 万辆，其中大部分是军用卡车。[1] 军企与军队互相结盟，日本垄断财阀是对外扩张的基础力量和直接的受益者，财阀"三井"是陆军的后台，"三菱"是海军的后台。[2] 战争不仅挽救这些企业，而且可以得到飞速发展。战争中虽然说很多建筑、工业设施被轰炸、被炮火摧毁，但金融资产损失不大，而且一些国家还在侵略过程中掠夺了大量的黄金、文物等财富。特别是日本从 1931 年侵占东北开始到战败投降一直掠夺中国的黄金、文物、煤炭等物资财富。美国在轰炸日本时多避开工业城市，原子弹只轰炸了工业不多、人口较多的广岛和长崎。所以这些发达的资

---

① 《中老年生活报》2014 年 7 月 21 日。
② 《参考消息》2014 年 7 月 21 日。

本主义国家战后都能得到较快的恢复和发展。一些资本主义的文人鼓吹战争使人类发展进步，这是站在资本的立场上看战争，这话不假。

2. 战争中遭受灾难的是劳动者

在战争中真正遭受灾难的是各国的劳动者。在战前和战争中被欺骗去当兵死伤于战场，自己的财产（住房和家具）毁于战火。一些资料显示，在第一次世界大战中死伤的人数达 3700 万人，普通人民死伤于战火 1000 万人，战祸涉及 13 亿人口。在第二次世界大战中先后有 60 多个国家参战，双方军力达 1.1 亿人，战死 5000 多万人，死伤总数达 9000 多万人，仅中国就死伤 3000 万以上。直接用于军事费用 11170 亿美元，参战国物资损失 4 万亿美元以上。据不完全统计，全世界二战经济损失 15 万亿美元。犹太人被杀 600 多万，中国在日本的三光政策下（烧光、杀光、抢光）许多村庄被毁灭。日军每攻下一城就是奸淫、烧、杀。沦陷区人民生活极度悲惨，人们缺衣少食，传染病大面积频发，无数居民因饥饿致死，铁蹄下人民生活在水火之中，其悲惨难以言状。全中国在 14 年抗日战争中共伤亡人口 3500 万人（包括军人、平民、劳工）。国家直接经济损失 1000 亿美元以上，国家、民间间接经济损失 5000 亿美元以上。

日本从 1932—1944 年从东北掠走了大量的黄金、白银，粮食 2148 亿吨，生铁 1100 万吨，钢铁 580 万吨。有关专家测算，日本对中国的侵略给中国经济发展造成损失是使中国倒退了 102.9 年，医治战争创伤，中国以 10% 的速度增长也要 60 年才能恢复。在这里我想插入一段话。日本是亚洲最早发展起来的资本主义国家，我们看到其国力刚刚稍强于中国，就开始对近邻朝鲜、中国发动掠夺战争。我们再看中国，20 世纪末、21 世纪初，中国发展起来了，强大了。2014 年中国国民生产总值将是日本的一倍以上，中国是怎么做的呢！德国《时代》周报网站 2014 年 11 月 22 日一篇题为"中国正使整个亚洲现代化"的文章写道："中国在过去两周里显得慷慨大方。中国拿出约 500 亿美元筹建由其倡议的亚洲基础设施投资银行。这个新开发银行将为整个亚洲的港口、铁路和输电线等方面的建设提供资金。中国还拿出另外 400 亿美元建立丝路基金。所谓的新丝绸之路将重新激活从中国经中亚至欧洲的历史贸易路线。如今，在亚洲和非洲的公路和铁路建设有望获得更大成功。"[1] 如果有人说，中国这样做也是追求利益。那么，比中国早就富强的日本为什么不这样做呢？答案只有或无利可图，或者不愿意让这些国家发展起来。中、日两国的根本区别在于一个是资产阶级掌权的国家，一个是劳动者掌握的国家，让世界各国都发展起来，都有高度发展的生产力，是共产主义者的国际主义的一个根本观点。

（四）第二次世界大战后，剥削掠夺的形式发生了变化

1. 二战后世界政治局势根本改变

第一，殖民地国家开始独立。第二次世界大战后，一些国家的人民赶走了殖民统治者成为独立国家。这是世界局势的一大变化，但这些国家独立后，虽然把内政、外交大权掌握到自己手中，而仍受原宗主国在经济、政治、文化各方面的影响。

第二，苏联、东欧一些国家形成了社会主义阵营。苏联在战后很快恢复了经济，并取得了较快发展，在二战中形成了强大的军事力量，并掌握了尖端武器可与美国相抗衡，对亚、非国家反剥削、反压迫的斗争能给予支持。

第三，大国都掌握核武器。大国间发生战争，若使用核武器，就有可能导致人类毁灭，[2] 资本家也逃脱不了死亡的命运，因此，大国间都避免直接发生战争，美苏间展开冷战。

据刘亚洲所著《赢在控制权》一书，在《北京晚报》连载的第 12 篇核冬天一文中所写：据统计，1982 年，全世界共储存了 5 万枚核弹头，总当量 150 亿吨。就在这一年，由联邦德国、荷兰、美国等国的化学、气象环境专家在美国加利福尼亚州的巴巴拉举行的科学家大会上宣读了

---

① 《参考消息》2014 年 11 月 25 日。
② 《北京晚报》2014 年 7 月 9 日。

一份报告。这个报告提到，核武器的使用将导致核冬天的到来。当核武器的当量达到 50 亿吨时，核爆炸引起的烟尘，将遮断阳光长达数月或数年，引起海洋和内陆的气温下降至零下 21 摄氏度，包括人类在内的许多生命，将像 6500 万年前的恐龙一样，彻底灭绝。

第四，美国成为世界霸主。二战后美国的经济力量占到世界的 1/3，并拥有了世界上最强大的军事力量和最先进的武器，美元独霸了世界市场，成了世界上最大的贸易国，它已不需要向二战前那样掠夺殖民地原料和霸占销售市场而削弱其他资本主义国独占的殖民地，转向支持殖民地独立。

第五，中国和亚洲国家成为社会主义国家。中国和亚洲一些国家以及古巴，先后成为社会主义国家，中国在抗美援朝、越南战争中，向世界展示了在中国共产党领导下中国人民的力量，鼓舞了亚、非国家人民反剥削、反压迫的斗争。

第六，二战后日德经济恢复。日本和德国利用原有的人力和资本和战前、战后中积累的金融资本，（实体经济在战争中受到破坏，金融资本几乎没有损失）以及二战后的美苏冷战、朝鲜战争、越南战争期间迅速恢复和发展了经济。日本、德国成了第二大、第三大经济体，特别是日本，在 20 世纪 80 年代其金融财富曾超过美国。①

第七，殖民地人民觉醒，开始有意识的反抗。基本的战争武器即普通的枪炮子弹炸药，其制造技术和使用已普及变得简单、人人都可以使用。战争中即便有战胜国，也不能像过去占领殖民地那样长期占领别国。因为战败国的人民可以在地下制造武器，人人都会拿起武器反抗。战胜国的军事力量和经济力量无论多么强大，也很难对抗人民拼死的不间断的反抗和由此而造成的庞大的军事经济负担。占领别国领土，从长期看必然造成战争失败。

第八，核武器已经扩散。核武器的制造技术已不再秘密，有些国家

---

① 《参考消息》2014 年 2 月 21 日。

例如日本、德国仅是由于美国不允许其生产核武器才没有制造。只要允许，专家估计只要半年日本就可以大量的生产核武器。

第九，资本统治世界的欲望，由战争征服改为资本征服。目前虽然仍存在着世界战争的风险，但靠战争征服一个国家，即便是一个大国征服一个小国也并不容易。美国在阿富汗、伊拉克的战争与占领后的失败就是证明。

2. 资本剥削掠夺的新方式

由于国际局势的变化，像第二次世界大战前，直接掠夺殖民地财富的方法已行不通，为了资本增值，资本剥削采取了一些新方法。

第一，工资小幅增长。主要资本主义国家利用二战期间掠夺的财富，迅速实现生产手段的现代化，劳动效率大幅度提高，剩余价值率以更高速度增长（劳动报酬的提高低于劳动效率的提高）。由于国民收入增长扩大了国内市场消费，资本得以迅速增值。实现了劳动报酬以较小增长幅度、资本以较大增长幅度的共同提高，取得了资本剥削程度增加、劳动者反剥削程度减少的效果。自1967年以来，美国中等收入阶层的收入增长了19%，而5%的最富裕阶层的收入却增长了67%。

第二，扩充军费，把劳动者的收入通过税收，转化为军工利益集团的利润。二战后，美国推行战争边缘政策，对苏联推行冷战，并先后进行了朝鲜战争，越南战争，军费大量扩张。"在苏联获得制造核武器的能力，以及1949年中国发生共产党革命后，哈里·杜鲁门总统命令国家安全团队重新评估美国的地缘战略利益。这份编号为NSC68的文件认为苏联的霸权野心是国际安全的显著威胁。该报告获得了两党广泛支持并成为美国外交政策的基石。在此后4年里，美国的军事预算从每年140亿美元急剧增加到530亿美元。杜齐亚克指出，德怀特·艾森豪威尔总统在51年前就曾警告人们警惕"军工复合体有意无意地获得不正当影响力"带来的威胁，他将之定义为"规模巨大的永久性军事工业。"[1]

_____

① 《参考消息》2013年9月19日。

1949 年"美国爆发了要枪炮和要黄油的争论"，经济顾问委员会主席诺斯认为枪炮黄油不可兼得，而委员凯瑟琳认为只要经济不断扩大，庞大的军费不会影响生活水平提高。凯瑟琳得到国务卿艾奇逊的支持，并影响了总统和安全委员会。该委员会的第 68 号文件"号召美国经济在和平时期实行全面动员……创造了美国经济一个巨大的军事工业部门。"1952 年美国总统杜鲁门说："在过去一年里，我们武装力量增加了一百万以上的男女，现在有 6100 万人就业，工资、农田收入、商业利润处于高水平。"还有的美国学者认为："军事开支刺激经济是美国半个世纪以来的政策。"① 其实，军费本质上就是把劳动者创造的收入通过政府的手，转化为军工利益集团的资本和利润。如果说军工产品有什么作用的话，那就是把消费不足造成的生产过剩，本应用于提高人民物质生活的生产力，则用于军工企业制造枪炮的形式销毁了。就像经济危机销毁过剩产品一样。所不同的是经济危机几年一次，军工企业是年年销毁。

第三，国际贸易中以不等价的商品交换低价掠夺资源。二战后，很多发展中国家虽然独立了，但经济上由于长期遭受宗主国的剥削和掠夺，国内资本薄弱、生产技术落后，很少有制成品向资本强国出售，只能出售自己的资源（农产品、木材、矿产品）换取外汇和进口商品，而发达国家进口时尽量压低这些商品的价格，同时又利用发展中国家需要又没有技术生产的技术含量高的产品进行不等价交换。利用封锁技术、广告宣传等各种促销手段打压这些国家的工业发展，以达到长期占领这些国家市场，使这些刚刚独立的国家仍然不能完全摆脱发达国家的剥削和掠夺。这些国家仍然是发达国家剥削和掠夺的对象和巨额利润的来源，也是发展中国家不得不让出市场的原因之一。

由于发展中国家科学技术落后，往往对很多宝贵资源不知利用价值，发达国家利用发展中国家的技术盲点，以极低价格、甚至废品的价格买走。例如，一些珍贵的木材、稀土等都长期被低价买走。最典型的例子

---

① 《时代周刊》第 84 期。

莫过于对中东石油的掠夺。在 1960 年 OPEC 成立前，几十年时间石油每桶只有 1.5—1.8 美元。到 1970 年 OPEC 的议价能力仍然很低，石油价格也仅是 1.8—2 美元之间。直到中东国家实现了石油资源国有化后，OPEC 才有真正石油定价权。70 年代中期到后期，石油价格才上涨每桶 10—12 美元。对低价石油的掠夺，帮助发达国家迅速恢复了经济，实现了经济现代化。

到了 20 世纪 80 年代以后，石油价格虽然没有完全摆脱垄断资本的控制，但也能够做到随着国际局势、供求关系，实现价格上涨和短期下跌的正常的价格走向。

3. 苏联解体后世界出现了新局面

第一，苏联解体后，美国成为唯一的霸权国家。再加上北约军事集团、美日军事同盟等，成了可任意左右世界的力量，美国自称是世界的领导者、国际警察。在国际事务中，完全根据美国资本的利益行事，根据对美国资本的利害，随意制定国际事务行为标准，根本不顾国际法、国际条约，对世界各国人民（包括国家领导人）联合国工作人员进行窃听。只要认为对美国资本不利，可以编造任何理由进行制裁，甚至战争。但月满则亏，其国民生产总值增长缓慢，经济规模由过去占世界的近 1/3 下降到现在的 21.5%。[1] 其军事力量由过去领先世界 10—20 年下降到领先 5—10 年。[2] 另一数据，美国占全球财富的 17.1%。[3] 有些电子技术被日本超过。

第二，中国实行改革开放，经济快速增长。20 世纪 70 年代末 80 年代初，在中国共产党领导下，进行了改革开放，建立起了社会主义市场经济体系，经济得到了快速发展，人民生活水平迅速提高，实现了从站起来到富起来、强起来的历史性转变。中国对外实行睦邻的和平外交政策，不干涉别国内政，在力所能及的范围对经济发展缓慢的国家不附条

---

① 《参考消息》2013 年 7 月 23 日。
② 《参考消息》2013 年 7 月 23 日。
③ 《参考消息》2014 年 5 月 2 日。

件的进行帮助，提高了在发展中国家的影响力，得到了这些国家和人民的赞扬和支持，一些发达资本主义国家也纷纷与中国建立战略伙伴关系。

第三，俄罗斯正在复苏。俄罗斯继承了苏联在国际中的地位，与原苏联各加盟共和国成立独联体，有的成为成员，有的却成为反俄力量。原东欧社会主义国家，重新回到了资本主义社会，加入了欧盟、北约，成了反俄力量。

俄罗斯经过十几年的努力，经济力量和军事力量又有了新的发展，有些先进武器与美国不相上下。

第四，经济全球化提速。经济全球化程度提升很快，国与国之间相互投资的增长速度也很快，经济互相依赖程度不断提高，一个大国的经济增长或危机就会影响其他国家的经济甚至全球。北美、欧美、中日韩、美日、美国与一些拉美国家、中澳、中国与东盟或已建立了自由贸易区，或正在谈判建立自由贸易区。

第五，科学技术飞速发展。一些高精尖的新技术、新能源、新材料、信息技术、生物技术等不断创新。

各种新技术虽然可以被发明国垄断，但在信息时代保密程度已大不如从前，很快就会被其他国家攻破，特别是在军事技术上，由于信息技术突飞猛进的发展，可在战前收集敌国各种情报、战时利用信息技术掌握敌军各种动态或瘫痪其指挥系统或操纵机器精准打击敌方。一旦信息瘫痪就可能遭到毁灭性打击。但各大国间的信息技术差距已经缩小，靠信息技术优势，在大国间取得战争胜利的可能性不大。小国信息技术落后，不能相应地采用新的信息技术，相应改变战略、战术，仍然会被侵略和打击。

第六，大国间军事工业占据高位。军事工业在大国工业中占据相当高的位置。并最先使用最先进的技术，调整战略、战术，防备因落后了仍有被侵略、被压迫、被战败的可能。发展军事技术仍然是国家的安全保障。

（五）资本对劳动者的剥削增加了新手段

1.劳动生产率提高，实际工资不增长，资本家获得更多剩余价值

在劳动生产率大幅提高的情况，现在的相对工资（2013—2014 年）低于 20 世纪 60 年代。前面已经说过，现代新技术发展很快，发达国家的设备更新也很快，使劳动生产率能大幅度提高。按理，可以在劳动充分就业的条件下，减少工时，增加培训、增加工资、增加社会福利，使劳动者分享到经济发展的成果。

然而发达资本主义国家并没有这样做，而是继续采取保持有利于资本的失业率（5%—6%，有时高达 10%，有的国家青年失业率高达 20% 以上），在少量增加名义工资的同时，降低实际工资，攫取全部增长的剩余价值。"美国蓝领工资从 2004 年至今仅上涨 27%，同期内 25 国的劳动工资平均上涨 71%。经过通胀调整后，美国工人现在的实际工资低于上世纪 60 年代，而劳动生产率却提高了一倍。"[①] 有些资本主义国家工人工资虽较美国增长较快，但经济发展的成果也同样被富人和最富的人拿走了。"美国最富的 1% 的人口掌握了该国 20% 的财富，而 1981 年为 8%。英国最富的 1% 的人口在 30 年时间里所拥有的财富份额从 6% 升至约 14%，德国则是从 10% 升至约 13%。"[②] "从 2007 年到 2010 年，美国中产阶级家庭足足丧失了一代人的财富，他们的经济状况与 1992 年时相当。与此同时，2010 年，中产阶级男性的实际收入，只相当于 1964 年的水平。美国工人的生产力仍在不断提高，美国企业仍在不断盈利。去年，企业盈利在国民经济中的比重，达到自二战结束以来的最高水平。"[③] 另据英国汤森路透集团数字编辑克里斯蒂亚·弗里兰在《贫富鸿沟加速扩大》的分配文章中说：从 2002 年到 2007 年，美国不平衡的分配结果意味着，在今天，有一半的国民收入属于 10% 最富裕的人口。

各发达资本主义国家，资本家对劳动者的剥削程度都相差不多。

[①] 《参考消息》2014 年 4 月 29 日。
[②] 《参考消息》2014 年 5 月 2 日。
[③] 《参考消息》2013 年 9 月 29 日。

2010 年"英国 1000 个最富的人的财产总和就增加了 30%",在"德国位列前 100 名的亿万富翁的财富总和在过去 12 个月内增长了 5.2%,达到 3366 亿欧元。"[1] "德国经济研究所的一项调查显示,五分之一的德国人口没有任何资产;最富有的 1% 的人口拥有房子、股票、人寿保险和其他财产,人均资产至少为 80 万欧元;最富裕的 10% 的人口平均资产为 21.7 万欧元或更多。"[2]

2. 资本主义大国编造新的战争理论

为满足军火利益集团资本扩张需求扩大军费支出,发达国家的理论界编造了战争的新理论。苏联解体后俄罗斯新领导希望转向西方,制定亲西方政策,也开始削减大规模杀伤性武器,世界矛盾本可缓和下来可以大力削减军费转用于民生,但这不利于军工利益集团,以美国为首的西方拒绝了俄罗斯的意愿。军工利益集团利用其御用文人编造新的战争理论,这里引证西班牙起义报的文章:"苏联解体后,国际体系进入了变化的关键时期。美国开始重新设计国际关系。正是从这一时期开始,美国政治哲学家和古典政治理论的阐述者莱奥·施特劳斯的门徒们在新保守派记者们的帮助下,在美国逐步赢得胜利。施特劳斯坚持呼吁废除《威斯特伐利亚合约》,也就是放弃尊重国家主权,取消不干涉内政的原则。为了实施西方霸权,他们发明创造出了'人道主义干涉权'和'保护责任'之说。《威斯特伐利亚合约》确立了四点基本原则:民族国家享有绝对主权和政治自主的根本权力;各个民族国家在司法意义上平等;遵守该条约和由此而确立的必需履行的国际法原则;不干涉别国内政。1999 年,所谓的新保守派人士在几个西方国家找到了共鸣。托尼·布莱尔认为,北约对科索沃的空袭是历史上的第一次人道主义战争。在芝加哥发表演讲时,布莱尔表示英国并非在捍卫自己的利益,而是在推动普世价值观。"[3]

---

[1] 《参考消息》2013 年 10 月 9 日。
[2] 《参考消息》2014 年 2 月 8 日。
[3] 《参考消息》2012 年 9 月 3 日。

　　"《联合国宪章》于 1965 年在 20 届联大上通过了禁止干涉别国内政和保护国家独立和主权的宣言，不允许以任何借口干涉别国内政。1981 年联大宣言再次重申不允许武装干涉和干涉别国内政。"[①]而美国制造的这个战争哲学虽然违背了联合国宪章，违背了国家间关系的基本原则，但却为美国发动干涉别国内政的战争提供了理论基础，蒙蔽了美国人的思想认识并为其庞大的军费支出而纳税。

　　美国的政治家们还提出了俄罗斯敌视美国、中国"威胁"美国安全网络攻击美国。对小国则散布俄罗斯"威胁"欧洲小国安全、中国威胁亚洲邻国，在中东挑起伊斯兰国家互不信任和教派冲突使他们纷纷购买美国军火。对某些不听话的小国说他们是邪恶国家，制造谎言说什么有大规模杀伤武器以保护人权等为由出兵镇压小国人民。为实施这些政策美国组织利用三支队伍：一是军火商金融资本家的御用文人，让他们在各种媒体上散步各种谎言为其政策编造舆论，误导人们视听；二是由国家直接出面组建网络大军监听各国政要和人民通讯；三是组建装备不断改进的具有高杀伤性武器，高效防身设备的军队，采用无人飞行器、无人军舰、无人战车、作战机器人，既可杀伤敌人，又可降低自己兵员损失和本国人的反战情绪，并达到大量消耗军火和军火出口，满足了金融资本家和军火商的利益需求。可用以下数据证明上述结论：

　　（1）据斯德哥尔摩国际和平研究所公布的报告，"据它估计，2010 年，美国的军费开支达到 6980 亿美元，占全球军费开支总额的 43%。"[②]"美国一个国家的军费开支就占了全球军费总开支的 40%。2011 年，美国的军费开支总额约为 7000 亿美元。"[③]

　　（2）美国在亚洲的盟友军费大量增加。"从整体而言，在 2013 年至 2018 之间，澳大利亚、印度、印度尼西亚、日本、马来西亚、巴基斯坦、新加坡、韩国、'台湾'和泰国预计在军事项目上将花费 1.4 万亿美元左

---

① 《参考消息》2011 年 9 月 2 日。
② 《参考消息》2011 年 6 月 8 日。
③ 《参考消息》2012 年 4 月 27 日。

右，比它们在 2008 年至 2012 年的 9195 亿美元开支增加超过 50%。分析报告表明，在今后几年中，采购金额将增加到 3796 亿美元，比起 2008 年至 2012 年的 2359 亿美元的投入，增幅约为 61%。"①

（3）全世界前 100 名武器生产商前四名都是美国公司，其 2010 年的销售额达到 1283 亿美元。据报道，"斯德哥尔摩国际和平研究所前 100 名武器生产商的名单中，美国洛克希德—马丁公司排名第一位，2010 年该公司武器和军事服务销售额达到 357 亿美元；排名第二位的是英国航空航天系统公司，销售额为 328 亿美元；排名第三位的是美国的波音公司，销售额 313 亿美元；第四位是美国的诺斯罗普格鲁曼公司，销售额 285 亿美元。该报告特别提到了美国军用车辆制造商什科什公司。该公司在赢得美国反地雷防伏击车辆订单后，销售额增长了 87%。"② 又根据最新报告，"美国前十大军工企业的员工总数高达 986000 人，这意味着与美国武器生产有关的直接就业岗位接近百万，而整个美国与武器生产有关的人接近全部工作人口的 10% 甚至更高。"③

3. 巨额军费开支转嫁到劳动者身上

苏联解体后，美国发动的战争有伊拉克战争、科索沃战争、阿富汗战争、第二次伊拉克战争，这些战争都耗费了巨资，而这些巨额战争支出都要美国纳税人支付，并将一部分通过印刷美钞转嫁给世界人民。这么大的军事消费由谁供给并赚取利润呢？毫无疑问大部分是美国的军工利益集团和金融资本家，少部分是由美国盟国的军工利益集团所赚取。可见战争有百害，唯利于军工集团和金融资本家。

4. 军火交易成为剥削手段

各大资本主义国家在世界各地制造紧张局势，向发展中国家推销武器，剥削和掠夺发展中国家。因为武器的使用是有时效的，发展中国家

---

① 《参考消息》2013 年 7 月 27 日。
② 《参考消息》2012 年 3 月 2 日。
③ 《北京晚报》2012 年 5 月 2 日。

购买武器只可以在一定时间内提高自己的军事力量。在时效内如遇外敌入侵可以在战争中发挥作用。如果没有战争这些武器只能对想侵略者起威慑作用。时效期一过武器就成了一堆破铜烂铁。本来可以用于基本建设、教育和社会福利的经费被用于购买武器，消耗了可以用来发展本国经济的资金，是造成这些国家经济发展缓慢的原因之一，实际上是把出卖资源获得的外汇一部分，用于购买武器又送还给了发达国家。

再者，发展中国家互邻之间的紧张局势多是发达国家有意制造的，如利用不同宗教派别制造的国内矛盾，利用国家间的宗教信仰派别不同制造国与国的矛盾，利用殖民地独立时制造模糊的国际边界、典型的例子如伊朗政权更替后由亲美变为反美后、支持伊拉克进攻伊朗，印度与巴基斯坦在克什米尔的边界矛盾，印度与中国的边界矛盾都是英国有意制造。中日之间钓鱼岛的归属矛盾，更是美国把二战后本应归还中国的钓鱼岛，有意交给日本行政托管，制造本来可以不发生的领土纠纷。中国南海诸岛是中国固有领土，与相邻国从没有什么争议，他们国家的地图也没有标明属于中国的岛屿，当他们偷偷地占领了某些岛屿并提出是他们的领土后，中国本着睦邻的政策提出两国协商解决争端，这本身是一种忍让，只是美国介入，力挺这些国家与中国争吵，搅起紧张局势。日本和东南亚一些国家利用紧张局势购买军火武装自己。有数据显示，美国 2012 年出口军事设备 249 亿美元，2013 年出口 252 亿美元。2009 年印度从美国进口了价值 2.37 亿美元的军需装备，2012 年达到 19 亿美元。沙特阿拉伯、阿曼、阿联酋三国进口了 93 亿美元的武器装备。中东进口的军事装备占全球武器市场的三分之一。另据报道，"仅沙特阿拉伯进口了价值超过 54 亿美元的装备，比其 2009 年 22 亿美元的进口额翻了一番还多。到 2015 年，其进口将增至 78 亿美元。到 2015 年，阿联酋的进口额也将翻一番还多，预计将从总计 14 亿美元上升到 31 亿美元。美国公司占对该地区国防出口的半壁江山。"① 发展中国家创造的财富，特别

---

① 《参考消息》2014 年 2 月 25 日。

是中东国家用有限的石油资源创造的巨额财富，就这样被美国等发达国家拿走了很大一部分。

5. 加大直接投资掠夺发展中国家

发达国家到发展中国家直接投资，对发达国家来说有以下几点利益：（1）发达国家可以直接利用发展中国家低廉的资源（包括：土地、能源、劳动力等）降低了生产成本，再加优惠税率（有专家测算税收仅占利益的8%—9%），可获取大量利润；（2）产品返回国内后由于价格低廉，可以更多地占领国内市场；（3）由于商品价格低廉等于增加了国内人民的收入；（4）由于产品的一些零部件，特别是带有核心机密技术零部件，不在发展中国家生产，增加了发达国家的出口，再加上发展中国家人民收入增加，购买发达国家的商品增加也增加了出口，但所带来的问题是资本向发展中国家转移了，本国劳动力不能随着转移，造成了本国劳动者就业困难，失业人口增加，劳动者的工资长期得不到提高。

对发展中国家来说也有以下几点利益：（1）尽管外国直接投资带来的经济利益，大部分甚至2/3都被发达国家拿走，但毕竟增加了本国的就业和劳动者收入；（2）由于发展中国家的人民收入增加，市场需求增加，也促使本国企业得到较快发展；（3）尽管对外国投资者实行优惠税率，但仍然增加了本国的税收总量；（4）发展中国家用市场换技术虽然核心技术换不到，但一般的技术还是可以学到的。缩短了本国高科技产品生产技术掌握的时间，特别是锻炼出了一大批企业高管、营销、工程师、技术工人，对发展中国家是很有利的。问题是：发达国家除从发展中国家拿走大部分经济利益外，还想方设法打压发展中国家研制核心技术，即便发展中国家研制出核心技术，推广应用也受到发达国家竞争而推广非常缓慢。

6. 利用货币、金融手段攫取发展中国家的财富

二战后美元成了能与黄金挂钩的唯一的世界储存货币，世界贸易的支付货币，美元统治了世界。随着世界经济发展世界贸易量增加，对美元需要量大幅度增加，美国借机大量发行货币。到了20世纪60—70年代，世界各国用手中的货币按 35 美元一盎司购买美国黄金，美国已支付不起取消了美元与黄金的直接挂钩。此后，美元不断贬值。由于日本、德国、英国的经济发展，日元、马克、英镑、法郎也都成了硬通货，在货币市场上可以自由兑换流通。于是世界强国的货币都成了世界贸易中的支付手段和储藏手段，各资本主义强国都可以通过印刷货币的手段掠夺弱国的财富。美国为了保住美元的统治地位。1975 年（即 1971 年美国取消美元于黄金直接挂钩后，仅 4 年时间）美国与海湾国家达成协议，石油贸易只能用美元结算，成功的抑制了各资本主义强国在货币市场上与美元的竞争。美元在外汇市场占 80%，在股票、石油、黄金、劳务、金融市场上占 70%—90%。美元的货币供应量 60% 在世界，40% 在国内都远超过了各资本强国的其他币种。美国金融资本家成为用货币手段掠夺发展中国家的主要集群。

由于发达国家的资本家积累了雄厚的资金，有能力左右全球市场，利用自由主义市场经济理论，对发展中国家的劳动者继续剥削和掠夺，以至今日富国与穷国的贫富差距拉大。"事实上全球最富的 300 人拥有的财富比全球最穷的 30 亿人（几乎相当于地球一半人口）的财富总和还要多。如此悬殊的差距是怎样产生的呢？部分原因在于世界银行、国际货币基金组织和世界贸易组织等国际机构最近几十年向发展中国家推行的新自由主义经济政策。这些政策是为强制实行市场自由化而设计的，最终是为了让跨国公司前所未有地获得廉价的土地、自然资源和劳动力。但是代价很高，据马萨诸塞大学经济学家罗伯特·波林统计，贫困国家每年因此失去大约 5000 亿美元的 GDP。

我们可以清楚地看到财富单纯地从贫穷国家流往富有国家。很少有人知道这个长期存在的财富虹吸现象，原因之一是充斥各地的关于援助的演讲，还有各种慈善机构的大批广告混淆了视听。

富国政府和跨国机构经常宣传它们向发展中国家提供了多少援助，却从不提他们从贫困国家中掠夺了多少财富。控制世界经济的机构仍然由西方国家垄断，跨国公司权利有时甚至超过了国家主权，要改变日益悬殊的贫富差距，改变现状，就需要改变规则，创建全球民主监督机制来制止贪婪和商业主义。"①

据世界银行的经济学家布兰科·米拉诺维奇说，《共产党宣言》问世的 1848 年，全球范围内收入的最大不平等是由国家内部的阶级差异造成的。虽然有些国家显然比别国更加富有，但一份在英格兰被人视为让人变得富有或者让人陷入贫困的收入换到法国、美国乃至阿根廷也基本如此。

但在接下来的一个世纪里，随着工业革命加快步伐，这种差异产生了巨大的变化。世界进入的这一段，哈佛大学经济学家兰特·普里切特所说的"分化的大时代"。历史统计数据库麦迪逊项目显示，1870 年英国的人均国内生产总值（GDP）（以 1990 年美元计算，经过购买力的调整）约为 3190 美元，非洲的人均 GDP 为 648 美元。相比之下，2010 年英国的人均 GDP 为 23777 美元，非洲平均为 2034 美元，140 年前，一个非洲人的平均财富相当于英国人的大约五分之一。如今，他的财富只相当于不到十分之一。

想想看：印度最富 5% 人群的平均收入大约相当于美国最穷 5% 人群的平均收入。正如银行和跨国公司一样，财富和贫穷现在也走向全球化了。②

"这份名为《为少数人工作》的报告说，世界半数人口——大约 35 亿人——拥有约 1.7 万亿美元（世界财富总和的 0.7% 左右），而这是全球最富有的 85 人的财富总和。该报告还说，这些超级富翁只是全球最富的 1% 人口的一小部分。全球最富有的 1% 人口拥有全球约 46% 的财富，大概 110 万亿美元，相当于贫困的全球半数人口财富总和的 65 倍。"③

无论资本主义在发展的初期阶段，还是到了今天的发达阶段，对劳动者的剥削丝毫没有减轻，只是由于劳动效率提高和劳动力再生产的需

---

① 《参考消息》2013 年 8 月 8 日。
② 《参考消息》2014 年 1 月 28 日。
③ 《参考消息》2014 年 1 月 22 日。

要，劳动者的物质生活现在要比初期好得多。不过在今天发达国家如此富裕的情况下，仍有大约 15% 的贫困家庭，他们需要领取救济金，才能解决温饱。据美国人口普查局统计，美国有超过 4600 万穷人，大约相同数量的人没有医疗保险；非政府组织"喂养美国"称，每 6 个美国人中就有一个面临饥饿威胁，近 70 万人没有任何形式的住房。①

有剥削有压迫，就有反剥削反压迫。20 世纪 50、60 年代罢工几乎年年都有，70 年代后，过了 30 多年较平稳的时期，到了 21 世纪斗争又尖锐起来，罢工成了经常的现象。不论发达国家、发展中国家、或者说即便生产力达到相当高的水平，只要存在着私有制、资本主义制度，无论资本家多么富有，仍然要剥削劳动者，必然引起劳动者反抗，资本家放松一些，反抗小一些，然后又加重剥削，反抗便又加大。只要资本主义制度存在，剥削永远不会停止，反剥削不会停止，动乱也不会停止。战争的内在因素就会存在。

（六）二战后美国打局部战争不断

1. 美国资本扩张需要直接发动战争

二次世界大战后至今，虽然没有发生第三次世界大战，但战争、甚至较大规模的战争不断，有人统计从联合国 1945 年 10 月 24 日成立至 2012 年 67 年间，发生了大大小小 68 次战争。（包括民族解放反殖民独立战争）较大规模的战争有 16 次：如朝鲜战争、五次中东战争、两伊战争、越南战争、英阿马岛战争、苏联入侵阿富汗战争、美国两次打伊拉克战争（即海湾战争）、美国打阿富汗战争、科索沃战争、美法空袭利比亚战争等。这些战争中有些是美国直接出兵打仗，如朝鲜战争、科索沃战争、阿富汗战争等。有些是幕后参与如在中东战争中支持以色列，为其提供先进武器和情报，在两伊战争中支持伊拉克，向其提供情报，在英阿战争中向英方提供情报，英国败中取胜。在苏联入侵阿富汗向

---

① 《参考消息》2013 年 10 月 4 日。

本·拉登的基地组织提供援助等等。美国在南美洲除策动军事政变颠覆他不喜欢的政权外，也直接出兵推翻一些国家的政权，仅二战后1965年直接出兵35000人、380架飞机、40艘战舰，进攻多米尼加，镇压人民起义、杀害多米尼加2800多名军民。1966年又入侵危地马拉、1983年入侵格林纳达，1989年入侵巴拿马绑架其总统诺列加。[①]

美国这种独自发动的战争是从美国的利益出发，其他国家如有战争行为，则要看对美国的利害关系，伊拉克与伊朗开战，美国高兴，两伊打了8年，打不下去了自己去和谈。伊拉克入侵科威特，美国不高兴立即制止，不听从立即下令攻打伊拉克。南联盟解体后，波黑内战打了三年，各方打到筋疲力尽，美国才出面调停。科索沃战争也是南联盟内战，只是美国希望削弱南联盟立即出面制止，南联盟领导人不同意便立即轰炸，并逮捕了其总统。俄罗斯占领了克罗米亚，立即发起经济制裁。美国错打了伊拉克，没有一个国家出面让美国认错和赔偿伊拉克人民的损失。国际法院更是不敢出声。即便有少数媒体刊登几篇指责、揭露的文章，也被数不尽的叫好声所淹没，国际社会对美国滥用武力的沉默，成了这一时代的特点。

2. 美国军工利益集团金融资本需要战争

在前面已经用历史事实证明了，从资本主义兴起、到第一次、第二次世界大战都是为了资本扩张发起了一次次战争。二战后已经没有充足的条件发动世界规模的大战。世界人民本可以过和平、安定的生活。但害怕和平会损害军工集团的利益，发明了新的战争理论：诸如发展军工有利于美国经济发展，为了人道、人权可以发动战争。至今仍有不少资产阶级学者鼓吹，战争可以促进科学技术发展、社会发展，是生物生存竞争的普遍规律，植物有生存竞争、动物有生存竞争，人类也脱不开生

---

① 1979年3月，这个地处美国后院的小国产生了新的政府，一边大量接收苏联和古巴的援助，一边试图寻求英美的"谅解"。这种左右逢源的策略无法维持太久。1983年10月，格林纳达亲苏派处决了时任总统毕晓普，华盛顿闻讯，立刻以"保护侨民"为由发动军事干预，阻止该国成为"古巴第二"。

存竞争，人类可以离开地球的时候还会有星球大战等等。这些貌似都有根据的谬论，也俘虏了一些盲从的人。于是，战争不但没有消失，而且越打越大、杀人武器越来越高效。这不是人类生存的需要，不是劳动者的需要，而是资本追求利润、金融资本集团、军工利益集团资本扩张的需求。虽说美国每次出兵都事出有因，有些出兵可以说有一定的合理性，譬如制止对伊拉克入侵科威特。而更多的出兵则是编造谎言：什么为了人道、人权、消灭暴君、独裁者屠杀人民、该国有大规模杀伤武器等等，待到真相被揭穿时，战争已经结束。

正如美国一位学者说："从华盛顿的角度来看，世界基本上是用来武装、培训、规划与发动战争的地方。战争是我们投入时间、精力和资源的对象，一旦华盛顿看到这个星球上任何地方的问题，华盛顿版本的'外交政策'最有可能召唤美国军方。武力越来越不再是我们不得已的最后选择，而是我们的第一选择。

让我们这样思考，美国在这个星球上是孤军奋战，不仅是实力方面，也在其原意在反毒战争、宗教战争、政治战争，以及几乎任何形式的冲突中持续不断地在全球范围内动用武力。没有任何其他国家或组织甚至能够接近做到这一点。美国也是单枪匹马的主要武器供应商，还是战争的主要发动者。从某种意义上来说，美国是在全球范围内推广战争的巨大机器。

作战公司和军备出租公司可能被动员到美国的不同战线上，从日益私有化的 21 世纪美国版的战争中获得利润。然而，美国人民对以他们的名义发动战争、干预、行动和其他军事活动表现出超脱而冷淡。"[1] 这里明确地道出美国之所以总爱发动战争是从作战公司、军备出租公司、军火商获取利润出发。早在二战刚结束时，艾森豪威尔总统就十分担心地指出："警惕美国被军工利益集团控制"。但这种担心仅仅是政治家对当时美国现实的反应和呼吁而已，他拿不出也改变不了美国的资本主义制度。

---

① 《参考消息》2012 年 10 月 4 日。

二战后美国成了被军工利益集团控制的国家。美国的军工资本壮大了美国的军事力量和军事技术，实现了美国对世界的控制。同时也为美国民用资本提供了资金、市场和需求，保障了美元的霸主地位，使美元成为世界最主要的交换手段、储存手段、保值手段，实现了美元对世界物资交换的控制。

鉴于美国经济对全球其他地区的吸引力及其强大的军事实力和软实力，以及文化霸权，其他资本主义国家的民众一声不吭地接受了美联储确立的美元的虚构价值。

1981 年里根上台执政后，美国军费急剧增长，公共债务达到二战结束后前所未有的水平。但这并没有对美国经济造成任何影响，因为资金都是通过简单的发行更多美元获得的，成本无非来自纸张、墨水和开动印钞机等开销。同时，这并没有导致很高的通货膨胀，因为美元是全世界都想要的国际储备货币。即使在金融危机爆发 5 年后的今天，美元占国际储备货币的比例仍有 61.5%。低成本融资不但使美国政府能够疯狂增加军费，而且可以令美国民众像国王一样生活，从其他国家购买任何想买的东西。

其结果是美国在全球践行据说是欧洲金融家罗特希尔德说过的一句话，这句话大概是这样的："如果任由我发行和控制世界上的货币，每个国家制定的法律对我来说将不再重要。"

美国凭借遍布全球的金融系统（即生产活动的金融化），使其银行系统能够从全球经济中榨取巨额剩余价值，同时通过强大的赢利能力从全球其他地区吸引更多资本。这种情况之所以能够发生，是因为国际货币体系主要是一个基于美元作为唯一国际储备货币的人为建立体系，因此美国可以几十年来不断增加债务却不必为此感到愧疚。大量制造"垃圾货币"加剧了资本的过度积累，而很大一部分资本是以已经达不到所有者所说价值的资产为基础的。在危机爆发前的一段时期里，全球资金流动规模达到贸易总量的 20 倍，这种情况导致负债大量增加，经济陷入停滞。①

3.用谎言编造战争借口欺骗群众

在一个军火资本家、金融资本家统治的世界里，为金融资本、军火资本服务获取报酬，并且是高额报酬，就永远是一些政治精英和各类社会精英自觉的服务对象，就会制造各种理论欺骗劳动者为他们生产利润，为他去打仗。何况这种谎言，有时还貌似有根据。美国有正义感的新闻记者对媒体"顺从执政当局"也是承认的。比尔·凯勒曾是《纽约时报》的一位编辑，他承认，"现有的媒体机构"在最近几十年中确实做过一些"精彩报道"。但他认为，美国新闻业的默认模式造就了"糟糕透顶的新闻"和不好的习惯。其中包括过度顺从当时的执政当局，为求"平衡"而错误地将正确的观点等同于不正确的观点。②大量的媒体追随政府编造战争谎言欺骗美国人民，也欺骗了世界上许多善良的人民。

4.借口"捍卫人权"发动战争

美国提出的人权大于国权的战争理论，只是他想发动战争时寻找到的一种借口。1999年以美国为首的北约，发动对南联盟的战争，这场战争被美、英等国家说成是典型的人权大于国权的战争。然而，研究这场战争的专家提出了有力的反驳。认为是美国以人权为借口，通过战争以实现自己的经济利益目的。

此外，美国发动的针对阿拉伯国家战争中也根本不是为了人权，而是为了巩固美元的霸权地位。

（七）美国背后插手挑起多国小规模战争

1.美国在世界各地挑拨争端

当今世界上的战争，除了美国发动的以外，还有一些地区是小霸权国家发动的战争和一些国家的内战。譬如伊拉克发动的对伊朗的战争、伊拉克入侵科威特的战争、印度与巴基斯坦在克什米尔地区打了多年，

---

① 《参考消息》2013年1月23日。
② 《北京晚报》2014年5月14日。

打打停停的战争、叙利亚以及非洲南美一些国家的内战等等，这些战争虽然不是美国直接发动，但背后总能看到美国的背影，支持一方打一方或向双方卖武器无休止地打下去。

2. 提升核武器制造高效杀人武器挑起军备竞赛

美国政府、政治家、军事家知道核武器给人类造成的巨大灾难，也知道美国、俄罗斯现有核武器足以毁灭地球三四次，但美国政府仍然计划斥巨资提升美国核武器的威力。

3. 到处散布中国威胁论

美国的右派政治家、学者、记者就散布中国威胁论。他们制造舆论说历史的经验是新兴的大国与衰退的大国必然要战争，所以中美之间必然有一场大战。中国强盛了，由于缺少资源必然要掠夺别的国家；必然要侵略别的国家；在中美贸易上占美国便宜；偷美国专利；造成美国工人失业；中国军事力量日渐强大威胁美国利益；威胁美国安全等等。中国一再向世界宣告：我们要和平崛起绝不称霸，中美之间可建立新型的大国关系。但中国威胁论却仍在不断散布。其实世界各国明智的政治家和有识之士，都知道中国不会发动战争侵略任何一个国家。那为什么一直有媒体散布中国威胁论呢？一是资产阶级世界观作怪。二是大资产阶级特别是军火资本家为了自身的利益，故意散布的谎言。三是吓唬那些受中国影响或中国周边的国家，让他们害怕中国强大后会侵略他们，借此叫他们赶紧购买美国的武器以获暴利。四是制造中国威胁论，找到了围堵中国的借口。五是散布中国威胁论是推广其资本主义价值观的需要。中国的崛起对发展中国家影响很大，他们认为中国模式是一条富国强民的道路，特别是2008年美国金融危机发生之后，为了消除人们对美国模式，资本主义生产方式的广泛质疑，必然要找借口诋毁中国。

（八）战争给美国人民带来巨大损害

1. 基础设施投资不足

美国政治家总是说他们是为了美国的利益，确实，美国在每次战争中，资本都实现了快速增值，是不是对劳动者也有利呢？有人说提高了就业率，这是很少的。实际上美国什么时候都会保持一个对资本有利的失业率。战争给美国和美国劳动者带来的只是灾难和巨大损失。一个典型表现就是美国的基础设施投资逐年下降，只及欧洲水平的一半。道路基础设施和教育是关系经济发展、人民生活质量、社会福利的重要条件，基础设施投资不足，主要是影响劳动者的生活。

2. 财政赤字巨大

2014 年 9 月 4 日，美国财政部报告称，受政府长期赤字的影响，美国的债务总额已经突破 16 万亿美元，目前的联邦赤字水平已超过人均 5 万美元。这些赤字是要还的，谁来还债？当然是美国人民，也有一部分通过印钞转嫁给世界人民。有人说美国政府现在是花子孙的钱。

3. 加重了两极分化，收入分配不公

美国是当今世界最发达的国家之一，特别是粮食生产，人均在 700 公斤以上，是美国出口的重要物资，然而在美国 2011 年约有 1800 万个家庭吃不饱饭，其中有 390 万个家庭有孩子（占全美有孩子家庭的 10%）。调查结果显示，单身母亲、黑人和拉美裔家庭的情况更为糟糕。这项调查跟踪了"食品得不到保障"和"食品极端得不到保障"两大类家庭，后者大约包括 680 万个家庭，他们常常上顿不接下顿，无法获得平衡膳食，而且在一年之中有几个月的时间常常会担心没有足够的钱购买食品。2011 年"食品得不到保障"的家庭占美国家庭总数的 5.7%。与 2010 年相比，这一数值并没有太大变化，但它比 1998 年上升了两个百分点，意味着又有更多的家庭食不果腹。而且，据彭博新闻社报道，在 9 月份结束的财年里，美国食品券计划的年度支出已达到创纪录的 757 亿美元。在领取食品券的人中近一半是儿童。[①] 比 1999 年科索沃战前，增加了两个百分点。

收入分配严重不公。据有关资料，2010 年美国收入最高的 1% 的家

---

① 《参考消息》2012 年 9 月 7 日。

庭收入增长占到全部收入增长的 93%。99% 的家庭收入增长分配到剩下的 7%，说明很多家庭收入没增长或下降。收入分配不公平的根本原因应该说是社会制度问题、或者说是资本主义制度下、不论经济发展到多高水平，也不能从根本上解决。但美国的战争政策加重这种不公。美国每年 7000 亿的军费支出等于 1000 户中等家庭的资产被毁灭了，如果再加上 3 万—4 万亿美元的阿富汗伊拉克战费，而这些大部分都是劳动者缴纳的税费，这里即使包括企业缴纳的税费也是被资本家拿走的劳动者创造的剩余价值的一部分。

收入不公引起的贫困，必然导致社会不安全。恐怖袭击和枪杀事件就不必说了。贫困导致了犯罪事件激增。结果就是社会的团结受到动摇。紧邻首都的马里兰州立大学周边，夜间外出都伴随着极高的风险。曾经发生过这样的案件，5 名学生在参加完聚会后结伴返回宿舍，却在路上遭遇两倍于他们人数的犯罪团伙，不仅被打还被抢劫了财物。而这些地区距离白宫的车程不到 30 分钟。①

4. 侵略战争屠杀人民扭曲了士兵心理给军人造成严重的心理创伤

美国的战争政策让美国兵在战场上用高效武器疯狂杀人，退伍后与美国人民的文化和宗教信仰形成巨大的反差，精神受到摧残和创伤。

5. 战争导致美国劳动者大量伤亡

美国前总统奥巴马在纪念伊拉克战争十周年会上的讲话，他说："我们向作出终极牺牲的将近 4500 名美国人致敬，我们必须确保在伊拉克受伤的 3 万多名美国人得到他们应得的关心和抚恤，确保我们继续改善对创伤性脑损伤和创伤后压力症的治疗。"② 在阿富汗战争中牺牲了 2250 名美国人都是劳动者的子弟。

6. 战争使美国在世界上树敌很多

战争政策使美国在世界上树敌太多，特别是恐怖分子想方设法要袭击美国，致使美国政府和美国人民时时处于紧张状态。

---

① 《参考消息》2012 年 10 月 10 日。
② 《参考消息》2013 年 3 月 21 日。

美国为什么这么好战？美国斯坦福大学教授伊恩·莫里斯在 2014 年发表一书《战争》就渲染战争创造出更大的社会，不仅让人们生活得更安全，也让人们变得更富有。2018 年 2 月《北京晨报》发表了埃玛纽埃尔·托德的文章，该文介绍（法）托马·拉比诺的《美国战争文化》一书，在书中，拉比诺怀着一股垦荒者般的热情，围绕美国战争文化展开了全面的研究：各大军工企业的关系、国会中退伍老兵代表的问题学校等场所国旗摆放的位置、美国的玩具和电子游戏，以及电影 – 军事联合体（艾森豪威尔总统任期临近结束时提出了军事 – 工业联合发展的问题，而电影和军事的结合，则是对这一问题在文化方面的有益补充）。在本书的结尾部分，作者认为，奥巴马美好的愿望和动人的演讲都没有真正地影响美国军事行动的根本，凌驾于奥巴马行为之上的是美国厚重的军事文化，认识到这一点，应该会让我们变得更为谨慎。对美国的批判往往是与其经济制度、不平等现象有关，而拉比诺研究的更加深入，描述得更加精准。他告诉我们，未来的美国，终将是一个军事国家。这个国家将以战争为生，并为战争而存在，我们必须保持对美国的警惕之心。

（九）只有共产主义社会人类才能最终消灭战争

1. 共产主义者反对战争

战争中死伤的、遭受痛苦摧残的大多数是劳动者。共产主义者反对战争，是因为共产党是劳动者的政党，是为劳动者服务的，是为劳动者彻底解放、幸福而奋斗的组织。战争从古至今双方作战的士兵都是劳动者，他们在战场上互相厮杀，本人或死或伤，家庭妻离子散，家破人亡。没有到战场的劳动者，为了躲避战争，抛家舍业，携老扶幼到处逃亡，几代人积累的财富或被炮火摧毁，或被掠夺。战败一方的人民被奸淫、奴役和屠杀。如日军在甲午战争中采取了极为凶残的屠杀手段。1894 年11 月 21 日，日军攻陷旅顺，对城内进行了 4 天 3 夜的烧杀淫掠，滥杀手无寸铁的无辜民众，致使整个旅顺尸骨成山，海面浮尸无数。这就是闻名中外的旅顺大屠杀惨案。当时旅顺的一些外国武官亲眼看见了惨案的经过，并发报告给本国政府。1898年伦敦出版的《在龙旗下》一书，作者艾伦是一名水手，在旅顺目睹了日军的屠杀。他在书中写道："日本军队进入旅顺后，兽性大发，对中国平民进行了四天的大屠杀。全市幸免于难的仅36人。"[1] 在1931年九一八抗日战争爆发后，日军每攻陷一城一村都进行屠杀、奸淫、抢劫。攻陷南京后竟屠杀中国军民30万人。进行细菌战竟用活人进行病菌试验，军人竟以砍杀中国平民的头颅竞赛取乐。

战争中，不仅死伤的战士是劳动者，而且在战时、战后或因战火侵略者的奸淫、烧杀或因饥饿、传染病而大量死亡，或因躲避战火或因轰炸遭受财产损失的也多是劳动者。例如一战时，"大约1400万人（500万平民和900万军人）丧生，其中包括28个国家的海军和空军将士，此外还给至少700万军人造成了终身残疾。"[2] 同时，战争年代就是饥饿的年代。漫长的四年饥饿就更可怕了。所谓的"德国芜菁之冬"（1916—1917年）。阿托拉说："英国人的海上封锁从一开始就很严厉，但后来的情况越来越糟糕。有一些儿童的照片很恐怖，就像集中营里的孩子一样。"重要的食物，马铃薯也遭遇歉收的一年。芜菁取代了马铃薯，但芜菁所含的热量要少得多。悲剧发生了，因为营养不良、食用有毒性的替代食品和严寒（煤炭同样短缺）而死亡的平民成倍增加。[3] 一战结束后部队返乡时，无意中把这传染疾病带到了世界各地，导致5000万人死亡。[4]

在二战时日本占领下的中国沦陷区，平民因饥饿、传染病的死亡者不计其数，在农村实行三光政策（烧光、杀光、抢光），无数中国农村变成了无人村。

再举一些近期的例子："在1994年至1995年期间美国在波黑地区共投放了超过1万枚贫铀弹。1996年曾遭美军轰炸的萨拉热窝，白血病患病率过去5年来增加到了3倍。但是患病的不仅是塞尔维亚人。北约和

---

① 《参考消息》2014年3月24日。
② 《参考消息》2014年6月28日。
③ 《参考消息》2014年7月22日。
④ 《参考消息》2014年6月27日。

联合国驻该地区维和部队士兵也受到了癌症的影响"。在第二次伊拉克战争中，美英军队连续数月对伊拉克的导弹轰炸：留下了大量的贫铀弹碎片和弹壳。美军共动用超过 970 枚放射性炸弹和导弹轰炸伊拉克的各个目标。1990 年以来，伊拉克的白血病患病率增加了 600%。

肿瘤专家、英国皇家医学会成员贾瓦德·阿里指出："沙尘携带着死亡。我们的研究表明，生活在巴士拉地区的 40% 以上的居民都将患上癌症。我们正成为另一个广岛。"

大多数白血病或癌症患者都不是士兵，而是平民，其中又以儿童居多。

当坦克携带的炸弹爆炸后，贫铀氧化为微小碎片，随着沙漠风暴可以在空气中飘浮长达数十年之久，成为一种致癌物质。这些致命尘埃被人体吸入之后便贴附在肺部纤维上，最终对人体造成巨大的伤害，使之患上肿瘤、出血、破坏免疫系统，甚至患上白血病。

英国原子能局 1991 年的一项研究指出，吸入不到 10% 的贫铀武器释放的颗粒，就有可能导致大约"30 万人死亡。"

美军负责在科威特监管清理贫铀碎片的健康专家道格·罗克也被查出患病。他体内的辐射水平是"安全"标准的 5000 倍。他本人十分清楚谁该为此负责。在接受澳大利亚记者约翰·皮尔格采访时他指出："生活在伊拉克南部的人都深受重金属和贫铀弹放射性有毒物质的影响，出现了呼吸道问题，或者患上肾病和癌症。我团队中的很多人因为癌症相继去世。"[1]

下面再摘引一篇美国科学家的研究报告，说明战争对出生婴儿缺陷、孕妇流产的关系：这份研究报告发表在美国《环境污染与毒物学通报》双月刊上。报告将为有关美国和北约在战争中使用的弹药导致伊拉克出现大规模健康危机的说法提供证据。

报告的主要作者之一、密歇根大学公共卫生学院的环境毒理学家莫

---

[1] 《参考消息》2013 年 9 月 23 日。

根·萨瓦别阿斯法哈尼说，有"令人信服的证据"说明，出生缺陷和流产数量增加与军事行动有关。

研究报告发现，在费卢杰，从 2007 年至 2010 年，半数以上被调查的婴儿出生时有缺陷。在费卢杰爆发战斗之前，这一比例大约为 1/10。在 21 世纪初之前，不到 2% 的婴儿有出生缺陷。在 2004 年之后的两年中，超过 45% 的被调查孕妇最终流产，比费卢杰遭轰炸前的 10% 大幅增加。2007 年至 2010 年，1/6 的孕妇流产。2003 年，在巴士拉妇产医院出生的婴儿中，出生缺陷率超过 20%，是此前出生缺陷率的 17 倍。在过去 7 年中，畸形儿出生数量增加了 60% 以上。现在，每 1000 名新生儿中，就有 37 人有出生缺陷。通过化验，他们发现，出生缺陷儿童头发中的铅含量是其他儿童的 5 倍；汞含量达到 6 倍。巴士拉的出生缺陷儿童牙齿中的铅含量是生活在不受影响地区儿童的 3 倍。[①]

共产主义者反对战争不仅仅是战争中死伤的、受损失最大的是劳动者，还应为战争毁灭了许多人类创造的历史文化，许多工艺技术由于战争失传，许多积累起来的物质文化被毁灭，许多改善人民物质生活状况的科学研究被停止，转向研究杀人武器，许多战争使人类社会发展倒退几十年。当然也有正义战争。例如为反压迫、反侵略、要求民族独立解放的战争，这种战争往往是人民深受压迫剥削、要求民主自由、反对侵略的反抗战争。这种战争往往是被迫的，是人民为了生存不得不拿起武器的战争。进行这种反剥削、反压迫、反侵略的战争，是为了劳动者利益。共产主义者不仅要参加这种战争，而且要领导这种战争。

2. 共产党人武装斗争夺取政权是中国革命的必由之路

共产党人反对战争为什么要武装夺取政权？共产党人支持武装斗争最早是法国工人的武装斗争夺取政权。然后是俄国工人的武装斗争夺取政权。后来是中国共产党领导的武装斗争夺取政权。原因是法国、俄罗斯的工人生活不下去了，无路可走，只好武装起义，夺取政权，保护自

---

① 《参考消息》2012 年 10 月 15 日。

己的利益。此后的欧洲工人阶级虽然仍遭受剥削、压迫，但由于资产阶级政治家采取了各种手段，以及劳动生产率大幅提高，工人可以生活下去，就再也没有采取武装斗争，而是采用罢工、议会斗争保护自己的利益。

中国革命是武装夺取政权。本来是中国共产党与中国国民党联合起来进行北伐战争结束军阀混战的局面。但北伐军占领上海取得决定性胜利后，以蒋介石为代表的国民党反动派倒行逆施，疯狂屠杀共产党人。中国共产党深刻认识到，没有革命的武装就无法战胜武装的反革命，就无法担起领导中国革命的重任，就无法夺取中国革命的胜利，就无法改变中国人民和中华民族的命运。1927 年 8 月 1 日，南昌城头一声枪响，打响了武装反抗国民党反动派的第一枪，标志着中国共产党独立领导革命战争、创建人民军队和武装夺取政权的开端，开启了中国革命新纪元。中国共产党领导武装斗争，是为了广大人民群众翻身解放，是为了中华民族的独立自由，是为了建设一个人民当家作主的新中国，因而得到了广大人民群众的拥护。人们清楚地记得抗日战争胜利后，为了国家和平，为了人民福祉，毛泽东主席亲赴重庆与蒋介石谈判，共产党准备与国民党成立联合政府，和平建国。但国民党选择了内战，依靠美式装备的军事力量和美国的支援，想在三个月消灭共产党。结果是共产党奋起战斗，打败了国民党建立了新中国。

3. 发展军事力量是为了保卫国家、保护人民和维护世界和平

中国不希望发生战争，只希望和平崛起，实现中华民族伟大复兴梦想。一些军事力量强大的国家质问中国：你们为什么要发展军事力量？这是因为世界上一些大国资产阶级政治家，他们不希望共产党领导的国家能够成功，他们总想方设法颠覆中国政权，公开宣称中国是他们的敌人，甚至公开叫嚣："中美 20 年内必有一战"。近年来，个别大国在涉台问题上消极动向不断，向"台独"势力频频发出错误信号，严重威胁台海地区和平与稳定。他们公开支持"藏独""东突""港独"等分裂活动……在这种威胁下难道我们不应该发展自己的军事力量吗？只搞经济建设，不相应地发展军事力量，经济建设会受到严重威胁，甚至是不可能发展的。中国近代不断遭受外国侵略的历史，已经给了善良的中国人民永远不能忘记的耻辱和教训。

清末中国经济确实开始衰退，西方此时进行了产业革命，经济力量上升，但从世界经济力量总体看，有专家测算中国清末的国内生产总值，约占世界的20%。① 中国经济仍然有相当的实力。之所以遭受侵略，除了政治腐败、国力、民力分散以外，主要是军事力量太弱、太落后。以至不能抵抗一支小小的外国侵略军。从1840年鸦片战争开始，就不断遭受英军、英法联军、八国联军、中日甲午战争等外国侵略百年间多达479次。② 割地和巨额的经济赔款，使中国经济遭受一轮更甚一轮的沉重打击。国库与民间的财富几乎被掠夺一空。几乎没有能力进行现代化建设，洋务运动以及后来利用第一次世界大战的间隙，发展了一些现代工业，但不仅速度很慢，而且规模很小，现代军事工业几乎没有。日本利用中国超过其国民生产总值的巨额经济赔款，③ 迅速实现了现代化，大力发展军工，对中国进行了灭绝人性的野蛮侵略，给中国人民造成巨大灾难。世界上霸权国家曾扬言用原子弹轰炸中国。时至今日，过去曾侵略过中国的某些国家的右派政治家仍扬言仇恨共产党，把中国视为敌人。历史和现实告诉我们，中国人民必须要防备，必须搞军事现代化，搞好了有了反抗能力，扬言侵略中国的人就不敢发动战争了。中国人民才能全力发展经济，才能实现伟大的复兴梦想，才能过幸福和平美好稳定的生活。

4. 中国人民是一个爱好和平的民族

有人说中国人的文化之根就是爱和善良。辜鸿铭先生在《中国人的精神》一书中认为，真正的中国人从不野蛮、不残忍也不凶狠，借用一个应用于动物的术语，真正的中国人是被驯化了的动物。一个真正的旧式中国人很少令人厌恶，甚至最低等的阶层也是如此。中国式的人性给你的总体印象是他的温顺，温顺到无以言表的程度。这种温顺是两种品

---

① 《参考消息》2014年4月1日。
② 《参考消息》2014年3月4日。
③ 《参考消息》2014年3月5日。

质结合的产物，即同情心和智慧。而智慧不是来源于本能、也不是来自推理，而是来自同情心，来自一种爱和依恋的感觉。

也正是这种温顺品质，使得国人即使在面对强权、压迫到无法生存的时候，也不轻易反击。

辜鸿铭认为真正的中国人，是无价的文明财富，因为他是一个不需要社会付出多少代价就能遵守秩序的人。因此，他只需要一个小成本的政府即可安居乐业。对于世界人民来说，他不会轻易发动战争、不会拥兵自重。

中国人对外来客人的一切好的行为，上千年来各国来华做生意的人、佛教徒、伊斯兰教徒，在中国都可以容纳接受。中国人这种包容开放的性格也溶化了很多民族。以犹太人为例，他们在世界各国都有分布，并保持着本民族的特色，只有在中国他们却溶化在汉族中。其实，汉族本身在形成的过程中就溶化了许多中国的少数民族，这其中也包括与汉族作战的少数民族，无论胜败也都溶于汉文化中。中国人从不强迫外国人信奉中国文化，也从不强迫别人接受自己的价值观。中国人相信别人认为自己的文化好自然会接受。这一点亨利·基辛格先生写的《论中国》一书中也有表述："从古至今，中国不乏残酷的战争，多在本国，偶尔也在国外。一旦爆发战争，例如秦统一中国、三国时期的战争等等，都体现为一国内部的一种调整。对中国而言，国内稳定和抵御日益逼近的外国入侵同等重要。"

"中国是块福地，中国人在这块乐土上生息繁衍。从理论上讲，中国文化或许可以惠及周边邻国。然而漂洋过海迫使异族人皈依中国文化，对中国人没有荣耀可言，天朝礼仪因而无法向遥远异域传播。西方人漂洋过海，把贸易触角伸向全世界，到处传播其价值观。中国挟其独特的传统和千年养成的优越感步入近代。这个独特的帝国声称它的文化和体制适用于四海，却不屑于去改变异族的宗教信仰。"[1] 中国人除了爱、善良

---

① 《参考消息》2012 年 10 月 9 日。

和温顺之外，还有中庸、尊严。中美清洁能源合作组织创始人刘佩琦也提到这个特性，他说："当今中国渴望创建一种新的民族特性，这种民族特性要融合中国的传统价值观（如平衡、尊重和流动），与现代城市的现实。"① 中国人的精神还有另一面，就是中国人为了自己尊严的生活，誓死反抗压迫者侵略者的精神；宁死不屈、宁可站着死不愿跪着生的精神。就像民间说法中国人不惹事有事也不怕事。中国历史上人民为反抗压迫剥削和抵抗外族侵略而进行拼死的斗争无数。中国战争的起因大多数是四个原因：一是反抗统治者压迫剥削的人民起义，多数都是人民因生活不下去了，被逼无奈而奋起抗争，即所谓的官逼民反的斗争；二是为了国家统一政治精英们率领人民进行国家统一的战争；三是民族战争，包括两类：一类是为国家统一的民族战争，另一类是争夺统治民族的民族战争；四是反侵略战争，主要是反抗外国骚扰和武装侵略的战争。这些战争都是被逼无奈的反抗，是重生或战死的抉择。

总之，中国人是一个爱好和平的民族，是共产党领导的国家，绝不会对外发动侵略战争。这一点，世界上有识之士包括美国的一些政治家都是承认的。那么一些资本主义国家，特别是美国的一些右翼政治家们，看到中国崛起就散布中国威胁论，威胁他们国家安全，影响他们国家工人就业，给他们造成外贸赤字等等言论的背后，其实都是该国大资本家、军火资本家为其谋求军火巨额利润所为。

5. 共产主义社会人类才能消灭战争

共产主义社会应是生产高度发展的社会，它可以激活在发达资本主义国家经济萎靡不振的势态，使生产力能够更快地发展。

共产主义社会不仅将充分满足人民的各种物质生活需求，而且精神生活也能得到充分的满足，由于人们用于物质生产时间不断减少、用于精神生活的时间就会不断增加。一些人可能专门从事自己喜欢的各种文学艺术工作，而且全体人民都会用各种业余时间从事文学、艺术活动，

---

① 《参考消息》2012 年 10 月 11 日。

人们会在各种休闲的场合、正规场合讨论哲学、文学、各种艺术。

人们的各种需求不仅因生产力高度发达而得到满足，而且人们有了高尚的道德、文化、脱离了自私的文明。人们的需求也会变得更加真诚、理性和科学，而不会像今天资本家的这种炫富、虚荣、奢靡，想把各种优秀艺术真品、古董都藏在自己家中升值、欣赏。人们也不会把赌博、吸毒、嫖娼当作自己的享乐或无休止的消费、浪费不可再生的资源当作一种文明。

共产主义社会的人们有高尚道德和文明生活，人们会把需求看作是为了快乐生活、幸福生活、健康生活。人们朋友式互助、友爱地生活在一起，共同享有各种文化、物质生活。共产主义社会永远地消除了贫穷，永远地消除了为获取生活资料而争夺资源的战争。

高度发达的生产力，使人们的生活达到了各尽所能、各取所需的水平，私有制就失去了存在的基础。私有制没有了，因私利而产生的争夺、屠杀、战争也就不存在了。最终会使人们认识到资本主义社会是人类野蛮的顶峰，随着资本主义制度的衰落、消亡取而代之的，真正的人类文明时代将是共产主义社会的到来。

二、美国的军事霸权主义是造成
世界动荡不安的主因

（一）经济全球化与美国霸权政治

1. 资本主义全球化造成国与国之间矛盾

当今世界经济已进入全球化深度发展阶段，全球已有 140 多个国家加入了世贸组织。全球世界贸易额每年达到 22.5 万亿美元。占当年国内生产总值 77.7 万亿美元的 30%，可见各国经济互相依存度相当高。各国为了发展本国经济，又通过双边，多边谈判建立自由贸易区，扩大相互投资，相互购买对方债券、股票。各国经济已是你中有我，我中有你，几乎达到谁也离不开谁。一个大国的经济发展可以推动影响整个世界的经济发展。2008 年美国出现金融危机，引发了全世界金融危机，以至世界经济多年萎靡。

资本主义的经济全球化与国家政体产生了矛盾。虽然国家政权有推动经济全球化的一面，但也有阻碍全球化，甚至引起国与国之间为保护本国资本的利益，造成重大冲突的一面。因为：

第一，今天的经济全球化是资本为了获取更大利润产生的。最早是发展起来的资本主义国家为了本国的企业能够扩大市场和获取廉价原料开展世界贸易，国家政权利用强大的军事力量与弱国签订不平等条约，成为本国资本独占的市场和原料供应地，这种剥削和掠夺带给本国资本大量利润的同时，遭到了殖民地人民的不断反抗以及后发展起来的资本主义国家对殖民地的掠夺，导致国与国之间的战争不断，以至出现第一次，第二次世界大战。

第二，当今世界与一、二百年前相比已发生了巨大变化。发展中国家的经济有了长足的发展，但最发达的资本主义国家，仍然是原来的殖民者。虽然以平等贸易为规则，但仍然是资本主义生产方式统治世界。资本势力仍然空前强大。追求利润仍然是经济全球化的主导推力。剥削和掠夺以新的面孔继续存在并表现为国与国之间的矛盾和利益冲突。

第三，为了利润，通过市场对全球资源进行开发。在理论上可以做到资源的合理利用。但各国为了保护自己的弱势行业，往往利用政权阻止这种资源的合理利用。特别是发达国家与发展中国家之间，由于生产力水平和资金能力、技术水平有较大差距，发展中国家往往以资源（人力资源，自然资源）换取资金与技术，而发达国家封锁核心技术，很容易造成发展中国家的资源（主要是自然资源）过度开发，环境污染。而主要的核心技术仍需长期依赖发达国家。从而引起利益分配的不均等。导致发展中国家经济发展缓慢，人民收入增长缓慢或停滞（即中等收入陷阱），由于经济发展不是从全球人民的利益出发，不能合理的利用全球资源。再加上发达国家向发展中国家转移污染企业，以至发展中国家资源遭受破坏（包括劳动者职业病，森林，矿产过度砍伐，滥挖滥采），引起了发展中国家人民不满，进而引起国与国之间的矛盾。

第四，世界各国经济处于不同发展阶段。在全球化中各国利益不同，各国内各阶层、各行业以及国内不同地区的利益也不同。这就形成了国与国之间，各阶层各行业之间错综复杂的利益关系。这些利害关系也必然反应在各国的政治倾向政策上。各个国际组织在协调各国利害矛盾，互不让步，很难达成协议。

第五，国家政权为了推动本国经济发展，扶持本国各资本集团，占领甚至垄断世界市场和统治世界的目的，往往采用各种政策，各种明的暗的手段措施促进本国企业产品出口（如财政补贴、减免税收、汇率鼓励等），限制进口（如政治上威胁国家安全，制定不合理的质量技术标准等）阻挠他国与本国弱势行业的竞争。操纵国际组织做出不合理的裁决，也必然引起国与国之间的贸易纠纷。

第六，美国领导的世界经济全球化是从新自由主义思想指导制定的经济秩序，而且把美国利益放在第一位。二战后，帮助欧洲和日本发展经济以利于消纳美国的过剩产品，当欧洲和日本经济发展起来以后特别是日本经济发展对美国造成威胁时又进行打压，造成日本经济10年下滑。在拉丁美洲各国经济逐步发展起来时，遭受美国的政治打压国家政治动荡陷入了中等收入陷阱不能自拔。新自由主义思想指导下的全球化，一方面资本在世界上自由发展获取了最大利润，另一方面对劳动者的反剥削斗争进行打压，造成国家间穷国越穷富国越富，国内穷人越穷富人越富。形成以获取利润为目的的经济全球化造成的国与国之间的矛盾，国内阶级矛盾，是经济全球化必然经过的一个阶段。当生产力有了更高的发展，全球化进入自由贸易的时代，国与国之间的利害矛盾就将变得微不足道或将消失。

经济全球化标志生产力的巨大发展。经济全球化是全球经济发展的历史趋势不仅是资本追求利润的需要，也是生产力发展的需要，反全球化势力是阻挡不了的。各国资源优势不同，生产的各种产品的成本差别很大。资产阶级右派政客鼓吹的"产品自给""割断国际交易"的单边主义，既不能合理利用全球资源，也不利于本国经济发展，更不利于满足本国人民的多种多样的需求。

全球化必将以更合理的利用世界资源而继续发展。经济全球化使人类社会向共产主义社会迈进又进了一步。

2. 经济全球化与美国霸权主义

经济全球化要求建立与之相适应的上层建筑，从政治层面保护全球经济有序的、顺畅的向前发展，制定各国都必须遵守的法律、法规、有效的、公平的，协调各国之间的利害冲突。现在的各种国际组织，如联合国、世界贸易组织、世界银行、国际货币组织、国际法院等等制定了一系列法规、制度。在协调各国利益上起到了一定作用。但这些国际组织多被以美国为主的发达国家所控制，被人为地控制执行的各种法规制度往往被歪曲。

美国是资本主义国家的老大,有超强的经济实力、军事实力、在联合国之外建立了北约、美日军事同盟。用军事手段控制了欧洲、美洲和亚洲,在其他国家与其无能力竞争的条件下自封为世界的领导者,被称为世界警察。它比世界上任何国际组织更有实力的,更有手段的统治世界。对不听话的国家轻者警告,威胁,重者经济制裁或者出兵武装打击。通过它直接控制和盟友控制的媒体,散布各种舆论,编造各种歪理谎言支持美国的行为误导世界人民。①媒体铺天盖地的宣传舆论非常有效,而且收放自如,成为美国领导世界的最有利的推手。

美国领导世界不是为了发展世界经济,也不是为了世界人民的利益,更不是为了建立和谐的国际社会秩序。而是为了美国利益,并以美国利益为标准判断国家之间的矛盾和事务。监听(包括其盟国首脑)世界各国人民的言行,煽动发展中国家内部动乱,胁迫世界各国人民为其利益服务。事实证明,以资本获取利润的经济全球化和美国以霸权为本国资本谋利益的领导下,世界将永无安宁。

中国和俄罗斯是敢于对美国说不的国家,俄罗斯是苏联的继承者,在苏联时期其军事工业和军事科学与技术与美国旗鼓相当,在某些方面还超过美国。俄罗斯虽较苏联时期大为削弱,经过多年努力在军事能力上已可以与美国并肩。俄罗斯与美国双边贸易不大,虽然也用美元作为储存货币,但数量较小。为印刷美元提供的纯利润不大。自然成为美国最主要的竞争对手。美国一些政客常说俄罗斯是敌人,想尽办法削弱他。对苏联的加盟共和国或现在的独联体成员国一有机会或制造机会搞颜色革命,把北约的势力尽力东扩到俄罗斯的边界。对中国则不完全等同于俄罗斯。中国是共产党领导的国家,经济发展又很快,国际影响日渐扩大,这自然被美国看成是最大的竞争对手。但中国又是美国第二大贸易国或第一大贸易国,也是美国企业投资国,每年都向美国提供大量物美价廉的商品,也是美国商品的销售市场和美元最大的外汇储备国和美国

---

① 《参考消息》2014 年 4 月 23 日。

国债的购买国。从某些方面说，中国为美国提供大量的剩余价值。美国对中国的政策，一方面希望与中国扩大贸易扩大投资，接受更多的美国产品，为美国提供更多的物美价廉的商品，购买更多的美国国债。一句话为美国提供更多的剩余价值。另一方面，又加紧围堵中国，遏制中国，扰乱中国，想办法让中国发展放慢或让中国改变颜色，并时时向中国发出威胁。对中东盛产石油的国家，美国强制用美元购买石油。美国用强权掠夺了中东各国的财富和世界各国人民的财富。美国仅用印刷费就获得了超量的好处。对中东国家只要听他的话就保护，就援助，如果有人带头闹事，如伊拉克想不用美元了，利比亚想美元欧元都不用，对这种闹事者如果容忍，就会影响美国在整个中东的利益。所以必须打击，推翻其政权。

南美国家是美国的后院，是遭受美国剥削最早时间最长的国家，它们总想自己出来自由发展，这是美国绝对不允许的。美国从建国开始，就对南美不断地出兵干涉，打墨西哥获得大片领土，出兵占领一些国家改变为亲美政权。对一些国家一而再，再而三的搞军事政变。

美国的霸道还表现在它的治外法权上。无数事实告诉世界人民：法律在美国手中只是一个玩物，是一个实现霸权的工具，是为美国利益服务的工具。这种治外法权无疑会造成国与国之间、人民之间的矛盾。

3. 捏造中国威胁论

苏联解体后社会主义阵营消失，世界政治经济形势全面改观。美国的政治家认为美国制度胜利了，提出了建立以美国为榜样的世界新秩序，推行美国的价值观。按照美国面貌改造世界遇到的第一个问题就是中国。现在中国也是市场经济体制，在经济政治体制的某些方面与美国有相似之处，但中国与美国不同。特别是随着中国经济发展，经济不断增长，民生改善也远远超过了美国，在世界上的影响力不断扩大，很多发展中国家要学习中国模式。其实当今世界上无论是发达国家，还是发展中国家基本上都是资产阶级掌权的国家，不可能按照中国的模式走中国的道路。他们学习中国模式只是明白了不能完全按"华盛顿共识"指引的道路走，要创造适合自己国情的政治，经济，文化体制。中国的成功也对欧洲发达国家继续走自己选定的发展方向和价值观起到一定影响。对抵制自由主义市场经济起到了一定的作用。世界各国的这一动态，展示出了全球政治经济文化多元化的和平发展趋势。这对美国要按照美国模式改造世界的愿望则是一个沉重的打击。世界多元化和过和平的生活是世界各国人民的愿望。它丝毫不会影响美国的生存和发展。但和平对美国等发达国家的军工利益集团不利，他们不甘心衰退，要继续发展。他们一方面制造人权大于国权的新战争理论（国权是本国人权的最大保护，不承认国权，小国弱国就会被强国侵略和压迫，人权怎么能保证呢？）。另一方面，要找一个代替苏联的新对手。正好中国正在崛起。制造中国威胁论是美国军工利益集团不二的选择。美国海军学院教授写了一篇《历史的警告：美中开战的可能性极大》的文章列出十条理由，其中第四条是："四，英国没有在拼命寻找下一个宿敌。没有一个维多利亚时代的人认为英国为了保持在世界上的地位需要树立一个长期的敌人。但今天的美国人需要一个敌人。自从苏联瓦解后，我们就在祈祷有这样一个敌人。今天，只有中国有望符合这样一个标准。"①我们应该感谢这位美国海军军事学院教授能够坦诚相告，否则中国人怎么能想象中美两国经济联系这样密切，甚至超过中国与任何国家的经济联系，而对方却把自己当作长期敌人。每个善良的人都难想象美国为什么需要长期的敌人呢？

美国军工集团的御用文人以及一些仇华、仇共的文人大造舆论，一时掀起高潮。在军工利益集团的游说下美国国会议员，政府高官也参加进来。美国政府也开始用各种各样的手段刁难中国，说什么中国侵犯专利权，有假冒产品，产品质量低劣，侵犯人权，不民主，人民币值低估，政府操纵汇率，政府补贴出口产品等等一些不实之词一股脑儿地泼向中国。

美国政府也明白，制造中国威胁论，是让美国人民感到时局紧张，

---

① 《参考消息》2014年6月28日。

不反对维持高额军费和发展军工。

中国已成为世界经济发展的引擎，各国人民在中国看到的是自己经济发展的机遇，并没有看到什么对自己的威胁，并不断加强与中国的经济文化往来。

孤立中国，遏制中国的目的失败了。而美国维持高额军费，为军工利益集团服务的目的还是达到了。

（二）美国用尽各种手段颠覆干涉它不喜欢的政府

1. 美国政治家并不隐讳他们颠覆、干涉别国政府的霸道行为

俄罗斯《共青团真理报》2011 年 4 月 13 日一篇题为"美国 21 世纪的超级计划：按照美国改造世界（作者，法国评论家蒂埃里·梅桑）"的文章说，奥巴马 3 月 28 日在美国国防大学的演讲，公布了今后几十年美国的战略，这就是将世界控制在华盛顿掌控之中。（这个战略不是自奥巴马开始，而是美国自建国后就开始的目标，只是在苏联解体这一目标更接近现实）。奥巴马说："美国用了一个月的时间做国际伙伴的工作，组织了广泛的联盟。军事和外交反应之迅速，可以参照一个事实，那就是在上个世纪 90 年代波黑人民遭受苦难的时候，为了动用空军保护平民国际社会用了一年多的时间，而我们现在只要 31 天。"

奥巴马这里说的 31 天组织的联盟是指空袭利比亚，推翻卡扎菲政权。文章说："小布什用军队到处推行美国的生活方式"。到奥巴马时改变了一下口气："为了保障地区安全和保持贸易关系而发动战争。"文章还说："美国的国防部长拉姆斯菲尔德以及盖茨提出的学说是：首要目标是改变全世界范围内的政权，直到它们与美国的制度相容。这被称作'市场民主'，实际上就是寡头体制。""正是为了这一目的，美国制造颜色革命，并占领了阿富汗和伊拉克。"这篇文章引自 2011 年 4 月 21 日《参考消息》报，文章用美国领导人自己的话，正明了美国是颠覆合法政府；搅和世界动乱；推行新自由主义的经济政策；造成世界各国内部矛盾尖锐化；造成全世界无论是发达国家，还是发展中国家都有恐怖分子动乱或右翼势力趁机发展等等乱象的根源。

美国领导人认为统治世界是他们的权力，世界各国政府，各国人民都必须服从美国的统治、剥削和压迫，否则就会遭到打击。为了让世界人民顺从，也编制了一些歪理邪说和手段。

2. 美国用于颠覆、干涉他国政府的借口和手段

美国颠覆和干涉他国内政总是找一些借口以便蒙蔽各国人民和本国人民。常用的有这样几种：说你是专制独裁国家，残害了人民；推行美国的人权、民主、自由的价值观；推行美国的生活方式；人权大于国权；为了保障地区安全和贸易自由支持恐怖主义；说你有大规模杀伤武器威胁美国安全等等。

这些谎言背后是为了美国利益或者说是为了美国资本家用印刷美元获取世界各国的资源。这是资产阶级登上人类社会历史舞台就一直采取的，推行资本主义生活方式和掠夺世界资源的模式。不过美国在世界人民反殖民地浪潮的冲击下美国采用了新的发展策略，不再采取殖民化，而是允许听话的国家政治独立，一手用对听话的穷国政府给予美元奖励即用美元援助，卖给武器；一手用军事手段威胁入侵不听话的国家，即所谓大棒的手段。

美国也在不断寻找创新统治世界的手段，有见识的学者把它叫作"全谱统治"。西班牙《起义报》2019 年 7 月 8 日的一篇题为"帝国的混合战争"的文章指出：美国在越战失败，柏林墙倒塌后提出一个"全谱统治"的新理论。所谓全谱统治就是全方位控制人的生活：情感、语言、文化、价值观、爱好、情感需求、审美观。另外还必须在物质方面展开全方位的控制：市场、生产、消费、粮食、医疗甚至生育。最后，全谱统治也涉及武器装备领域，但是上述领域的重要性表明战争很可能在进入战场之前就在一定程度上通过占领上述领域取胜了。

21 世纪美国对世界人民的统治日渐惹怒各国人民，敢于抵制美国霸权的国家越来越多。人们已看出美国是"纸老虎"，已不再惧怕恫吓，美国的干涉、颠覆不断失败，美国霸权已走向衰落。

3. 斯诺登揭露了美国对世界组织各国政府和人民的监听

美国有美国的利益，世界各国也有各国的利益，美国以美国利益第一的思想统治世界不顾其他国家利益甚至侵犯他国利益，这种不能双赢的政策处理国与国之间的关系必然导致美国与其他国家之间的矛盾。美国领导人也深知这种矛盾，采取各种非法手段盗取各国情报。

美国国安局的雇员斯诺登站出来揭露了美国国安局不仅窃听中国领导人的通话，窃取中国政府，事业单位，大学，企业的各种情报，而且还窃听世界各主要国家领导人，各国政府，联合国，各主要国家人民的通话。把美国用互联网攻击各国政要和人民的嘴脸一下子暴露在世人面前，砸的美国疼痛难忍，半年说不出话来。气急败坏的美国，要把说真话的斯诺登定为叛国罪。没有审就定罪暴露出了所谓法治国家的失态。用攻击中国的这块石头狠狠地砸了美国自己的脚上。

有报道称这件事还暴露了美国不但监听中国，俄罗斯这些敢对美国说"不"的国家。还对自己的盟友不放心。把网络攻击的对象定在了世界上主要国家和人民，以及欧盟，联合国等国际组织。文件揭露的内容让世人十分惊讶，让人感到这个自诩为以民主，自由，人权为价值观的国家竟有如此的作为。

4. 美国颠覆他国的现实

美国在全球建立了 1000 到 1200 个军事基地，大约分布在 150 个国家中，还有 11 只航母战斗群布置在日本韩国关岛夏威夷等各地，包围中国的军事基地就有 200 多个。在用军事手段威胁的同时，用军事高压手段监控世界对其不满意的任何国家和政府：如价值观不同的国家，不顺从他的国家，不使用美元贸易的国家，为捍卫本国利益想摆脱美国压迫的国家。美国都想用各种办法，各种手段颠覆其政权。并利用美国政府财政支持的各种非政府组织在一些国家活动，宣传美国的价值观，煽动人民对现政府不满，搞各种各样的"颜色革命""数字革命"。对俄罗斯进行反导包围，对中国实行军事基地包围。在拉美，中东对一些小国直接出兵颠覆政权。

（三）美国霸权统治的阶级根源

美国用军事手段管理世界，招来的是越管越乱，劳民伤财，一片反对。应该说美国领导人，政治家也看到了。美国外交协会主席理查德哈斯说："我们现在不处于发号施令的地位"[①]但美国不想改变，也不能改变现行政策。因为他们必须为大资本家服务，为大军火资本家金融资本家服务。华盛顿的战争游说团控制着舆论、会议和政府。据英国《每日电讯报》网站4月16日报道，美国普林斯顿大学和西北大学开展的一项新研究认定，美国政府不代表该国大多数公民的利益，而是由富人和权贵的利益统治。这份题为美国政治的检验理论：精英、利益群体和普通公民的研究报告，在仔细查阅美国1981年至2002年间颁布的近1800项政策并将其与普通美国人、富裕阶层及大型特殊利益群体所表达的政策喜好做比较之后，研究人员认定美国由该国经济精英主导。这份研究报告称："从我们研究中浮现的中心点是，代表商业利益的经济精英和有组织群体对美国政府的政策拥有强大的独立影响力。"研究人员认定，美国政府的政策极少符合大多数美国人的喜好，但确实照顾了特殊利益群体和游说组织。这份报告称："当大多数公民与经济精英或有组织的利益群体意见不一致时，前者通常会输。此外，由于美国政治体系根深蒂固的安于现状偏差，甚至当绝大多数美国人支持政策改变时，他们通常也无法达成目标。"强大利益群体的立场"与普通公民的政策喜好没有多大关联"，但普通美国人与富裕美国人的政治立场有时会重叠。上述报告称这只是一个巧合而已。[②]前面已经提到美国是以军工企业带动民用企业发展的国家。不仅因军工企业涉及面很广，还因为军工可以消耗它的大量过剩生产力。维持高额军费可以推动市场供给。所以战争和军事紧张局势，对整体富人阶层都是有利的。对于劳动者除了加税，享受的社会福利停滞或减少，到战场遭受伤亡外，没有任何意义。当然，军官们不仅保住

---

① 《参考消息》2013年8月3日。
② 《参考消息》2014年4月18日。

位置还可以得到晋升，有了发财升官的机会。美国用资产阶级哲学指导，制定政策使得当今世界动荡不安。它的错误是用战争、围堵、制裁、监听、颠覆等各种手段领导世界，推行自己的价值观，即美国在自己的哲学思想—个人主义指导下，以美国利益为标准制定政策，丝毫不顾及国际法行为准则和其他国家利益。正是由于如此动机，其结果就损害了他国利益。美国的自由、民主、人权的国内的表现也越来越糟，也即形成了美国的霸道行为。人民要想获得真正的民主、自由和人权，不改变资本主义制度，不改变资产阶级统治不可能获得，也摆脱不掉战争和混乱的局面。

三、资本主义制度正在走向衰退

（一）资本主义国家仍然是两大阶级

1. 发达资本主义国家仍然是两大阶级

现今发达资本主义国家仍然是资产阶级为统治阶级的资产阶级和劳动者阶级两大阶级为主的社会。

20 世纪 90 年代，资本主义社会主流舆论散布：二战后，发达资本主义国家执行了福利政策，工人阶级收入增长，工人也有了住宅、汽车、股票、债券实现了中产阶级化。工人和资本家都很少了，是两头小，中间大的社会，阶级斗争已转化为有知识和无知识人群的矛盾。具有高级知识的人群与只有普通知识人群之间的矛盾。智力资本取代了货币资本，是知识经济时代，中产阶级将不断扩大，无产阶级已不存在，是市场解决了贫困问题。想从理论上否定马克思的论断，证明马克思主义已经不适用现代资本主义社会，它已经过时了。发达资本主义国家的一些学者想用高、中、低收入巨大差距说明出现的经济衰退、社会动荡、矛盾尖锐等社会问题，并认为这是执行新自由主义政策造成的。

2016 年和 2018 年发达资本主义国家的大选，竞选人几乎都提到了解决低收入问题。上台后都执行的是给工人和整个劳动者阶层以小利，给资产者以大利的政策。不但不能解决巨大的收入差距还将造成庞大的财政赤字，给劳动者眼前的小利，让劳动者的子孙去偿还国家的债务。两极分化，高、中、低收入现象在任何社会都有，显然用收入分配的方法分析社会问题只能看到表面现象。想要解决问题，必须找到事物的本质和问题的根源。

马克思的研究发现了人类社会发展的规律，创建了辩证历史唯物主义哲学，用来分析人类社会发展。指出了人类用什么生产、怎样生产、生产什么、怎样交换、决定着人们在生产过程中产生的各种关系，而这种关系决定着政治家们采用什么政策、国家的政治制度、法律等各种意识形态。恩格斯在1883年《共产党宣言》的序言中指出：每一个历史时代的经济生产以及必然由此产生的社会结构，是该时代政治的和精神的历史基础；因此，从原始土地公有制解体以来，全部历史都是阶级斗争的历史，即社会发展各个阶段上被剥削阶级和剥削阶级之间，被统治阶级和统治阶级之间斗争的历史。[①]用阶级分析方法分析社会，让人们看清了生产过程中有什么样的生产资料占有形式，就有什么样的产品分配，就有什么样的政治、文化支持这种占有和分配。尽管在原始社会后，人们经历的都是私有制社会，但生产资料的所有制以及产品分配却是完全不同的，与此相应的社会结构，政治制度也完全不同。

进入21世纪，对资本主义社会只能用雇佣劳动与资本划分阶级。当然，今天的劳动者并不是完全无产，除了自己的生活资料外，有的还有了少量的金融资产、股票、债券、存款。这些少量的金融资产对劳动者收入几乎不产生影响。它只是自己的劳动收入的一小部分以金融资产的形式用作失业时，或退休后，或受到疾病，自然灾害后的补充需要。

2. 用数字说明美国是两大阶级社会

2010 年美国家庭收入来源比例一览表

类别	工资收入 %	工资衍生收入		利息分红 %	商品收入 %	资本利得 %
		社会安全保障金	退休金及其他 %			
全部家产	68.1	12	3	3.6	12.2	0.9
低收入者	75.9	9.4	11.1	0.1	3.5	0.1
中等收入者	76.3	15.9	2.5	0.4	4.8	0.1
最高收入者	55.8	7.8	1.5	8.7	23.9	2.3

资料来源：2014 年 1 月 23 日百度网《美国人家底到底有多厚》

[①] 《马克思恩格斯选集》第一卷，人民出版社 1972 年版，第 232 页。

从上表我们看到：

（1）低收入家庭工资收入占到家庭总收入 96.4%。

（2）中等收入家庭工资收入也占到家庭总收入的 93.7%。

（3）高收入家庭工资收入占到 65.1%。

（4）中低收入家庭利息和资本利得只占 0.2—0.5%，商品收入对中低收入家庭应该是自己或家庭劳动的产品，等于工资收入。

（5）最高收入家庭除了资本家，还有企业高管、政府高官、企业高管的工资年薪达到数百万，高的大 3700 万美元，比一般中小资本家获得利润还要高。资本家一般都兼公司的董事长、董事、都拿有很高工资。

（6）企业高管、资本家才从企业中获得高额工资，虽然有他的劳动所得，但绝大部分是从公司员工中掠夺的剩余价值。

（7）用工资形式拿走剩余价值是资本家的高明之处。他们把自己的收入转入企业成本，降低了企业的增加值，降低税率，当企业也不敢把企业利润率降到很低，特别是上市公司，股价上涨会给他们带来更多的收入。

（8）最高收入家庭中的商品收入，既包含劳动收入，又包含剥削剩余价值的收入。在最高收入类家庭收入中，工资和商品收入在不同家庭中所占比重应有很大差别，有的很高，有的几乎为零。

从上表中我们看到劳动者家庭收入 99% 以上是出卖劳动力。资产者 90% 以上收入来自剩余价值。劳动者和资产者仍然是阶级分明。我们还可以从下表：美国不同收入家庭占全国家庭财富的比重，看出美国确实存在着两大阶级。

1989 年、2013 年美国不同家庭拥有财富占全国家庭财富总额的比重

时间 项目	1989	2013
占家庭总数 10% 的最富有家庭的财富占全国家庭财富总额的比重	66%	75%
占家庭总数 40% 的中间收入家庭的财富占全国家庭财富总额的比重	30%	23%

续表

项目　　　　　　　　　　时间	1989	2013
占家庭总数 50% 的低收入家庭的财富占全国家庭财富总额的比重	3%	1%

资料来源："美国梦"坠落，摘自百度网：美国家庭收入来源。百家号 1-16

2013 年不同收入段各类资产所占比例一览表

资产名称	较高收入家庭 %	中等收入家庭 %	较低收入家庭 %
自用住宅	21%	44%	48%
股票债券	26	21	7
商业企业	22	6	15
银行存款	6	7	7
其他	26	22	23

资料来源:《理财周刊》2018 年摘自百度网，美国家庭收入来源项

　　根据上表可见 10% 的家庭占有了全国家庭财富的 75%。90% 的家庭只占有 25%。而且主要是自有住宅。住宅往往是向银行通过抵押贷款购得。往往要用一生的劳动收入还贷。为此每年要用自己的劳动收入向银行交纳利息。劳动收入在自己手中还没有捂热，转手就成了交给资本家的剩余价值。退休后，又往往因退休金较少，或因疾病、医疗保险不足只能卖房支付，又成了无房户。从实质意义上说，这种自有住宅，算不上劳动者的资产，仍然是银行的资产。以利息的名义代替了租金。劳动者成了套在资本家身上的"房奴"。住宅就成了资产阶级剥削劳动者的一种形式。自用住宅在家庭资产中的比例不能说明任何问题。美国家庭住宅面积接近 250 平方米。穷人在此之下，富人在此之上，富人的住宅不仅面积大，而且位置好、环境好、造价高，不仅有草坪，还有游泳池。有的大富豪两口之家的住宅 3000 多平方米。较低收入家庭虽有商业和企业资产但他们或是个体商业或是家庭工业。还有少量的个体农户是靠自

- 241 -

己或全家的劳动换取收入；他们的商业资产和企业资产是他们从事劳动的手段，与资产者利用生产资料赚取劳动者剩余价值完全不同。

美国华盛顿邮报网站提供了美国人均收入两极分化最为突出的数据：在收入最低的 50% 人口中，在纳税和财产转让之后，平均实际年收入自 1970 年以来也只增加了区区 8000 美元，从 1.9 万美元上升到 2018 年的 2.7 万美元。相比之下，在收入最高的 1% 人口中，即便经过纳税和财产转让后，平均收入自 1970 年以来也增长了两倍，增加 80 万美元以上，从 30 多万美元增至 2018 年的 100 万美元以上。在最富有的 0.1% 人口中，纳税和财产转移后平均收入增长 4 倍，从 1970 年的略高于 100 万美元增至 2018 年的超过 500 万美元。对最富有的 0.01% 人口而言，收入增长了近 6 倍，从略高于 350 万美元增至超过 2400 万美元。[①]

在资产阶级需要工人阶级帮助统治的当今世界，工人中也有了"贵族""高收入者"以及由于灵活的剥削形式也使得有些工人有了少量的金融财产、股票、债券，这些资产大多用于失业和退休后的生活。他们的政治态度与大多数工人基本上没有区别。工人中的贵族由于受资产阶级的豢养往往对资产阶级更忠心。除去工人阶级，劳动者中还有大量的个体劳动者，是工人阶级的朋友，虽然他们的经济利益与工人阶级相同，但在资产阶级统治和强大势力压制下，他们的政治态度往往倾向于资产者。但当他们的收入下降也会起来反抗。

当今发达资本主义国家，虽然与马克思时代的资本主义已有了巨大变化，特别是工人有了福利制度，以及财富向顶尖资本家集中。但它的社会本质仍然是少数资本家和广大劳动者两大阶级为主的社会。马克思对资本主义社会的批判、分析、认识、指出资本主义的基本矛盾、经济运行规律、剩余价值学说都是正确的，仍然是分析、认识发达资本主义国家各种社会现象的钥匙。

[①] 《参考消息》2019 年 12 月 15 日。

3.影响工人阶级掌权的几个原因

发达资本主义国家劳动者、工人阶级占人口的绝大多数，资产阶级是绝对少数，顶尖资本家只是人口的0.1%。工人阶级为什么不能利用资产阶级给的民主权利夺取政权反而跟着资产阶级的两党跑？原因可能有以下几点：

第一，发达资本主义国家建立了完整的最适合资本主义生产关系的政治、经济、文化制度。用国家权利维护、巩固资本主义制度，为资产阶级谋利，资产阶级剥削合理合法，谁反抗谁就违法。威胁着劳动者产生反抗的思想和行为。

第二，资本主义生产关系虽然已经开始衰退即将进入老年，但仍然有生命力。虽然经济发展速度已经缓慢，大小政治疾病已缠绕上身，但仍能催生一些新的技术萌芽。政治精英、学者不断开药方，缓解政治病挽救健康，必然影响工人阶级推翻资本主义制度，建立工人阶级政权的认知度。

第三，个人主义的哲学思想的宣传，几千年的传统的私有心里紧密地联系在一起，很容易被人接受，成了资本主义私有制的思想基础，但私有制已与生产力高度发达相矛盾，造成的两极分化的社会矛盾，不断冲击资本主义私有制。虽然新的共产主义思想体系已经建立，而且在一些国家进行实践取得了经验和成功，使私有制思想体系已被动摇。但仍有相应的经济基础支持，仍然统治大多数人的思想。

第四，资产阶级培养了大量忠诚于资本主义制度的政治精英、文化精英，他们懂得如何哄骗劳动者服从资本的剥削和统治，如何给劳动者以小惠换得劳动者的支持，并给资本家以大利，文化精英创造了完整的巩固资本制度的文化，各种各样的为资本主义辩护的所谓理论。

第五，宣扬富翁、成功人士都是个人努力的结果。穷人都是懒汉、醉鬼。宣扬资本主义社会给每个人都能成为富翁的平等机会，好像每个人都在同一个起跑线上，每个人只要努力都可以实现这个"美国梦"。

资本主义的生产是由于新的生产力的出现，爆炸式的生产量的增长，使许多冒险家成了暴发户，再加上对外战争掠夺战败国和殖民地的财富，使不少人成了新的资产阶级。特别是在美国有着得天独厚的资源、地域广大、原住民人数不多且生产落后、更由于枪杀、疾病原住民大量死亡、殖民者用子弹取得了土地，利用非洲奴隶生产大量棉花输出欧洲。欧洲的穷人无偿地利用印第安人的土地和非洲奴隶使自己成了富翁。在第一次，第二次世界大战，欧洲亚洲各国进入战争，美国又利用战争和本土没有战争的历史机遇，让不少美国人发了财。历史送给美国人的历史机遇出现了大面积的富裕阶层。次后，每一次新的技术革命，经济结构调整，又会有一些人成为幸运儿。

在平民中也会有少数人成为资产阶级培养的政治精英，他们的忠诚和智慧深得资产阶层的赏识，在资产阶级的支持下成为议员、市长、州长，甚至总统、总理。这种极少数人的成功，是建筑在大多数失败的基础上，然而人们看到的是成功人士的炫富，看不到失败者流落街头、跳楼自杀、孤独、默默无闻的死去。这种少数人的成功成了宣传"美国梦"的诱饵，使不少或很多年青的劳动者以及不少成年劳动者希望子女实现"美国梦"。虽然由于教育费用特别是大学教育费用越来越昂贵，遗产继承，家族势力等等已经使阶级固化，但个人主义哲学、私有心里、幻想的美国梦、成功人士的榜样的诱惑，仍然麻痹着工人阶级的斗志。此外，文化精英把资产阶级选定的两三个政治领导人让劳动者投票选择。这种让劳动者帮助资产阶级进行统治的让步，被说成选举权是最大的民主。劳动者被这种假民主忽悠成好像自己真是国家的主人。2016 年美国选举总统，再一次证明劳动者还没有从这一欺骗中醒悟过来。此外资产阶级还利用色情文化、赌博、吸毒等等腐蚀劳动者。

第六，马克思主义一诞生，敏感的资产阶级就感到不妙，利用政权采取各种手段镇压、驱除、文化围剿、培养工人贵族、培植以左的面目或右的面目出现似乎也是代表工人阶级利益的理论，修正、攻击马克思主义并利用金钱控制的媒体散布各种各样的资产阶级理论，修正主义理论，甚至以科学的面目出现的辩护，以表面现象掩盖实质的伪科学理论得到资助、褒奖，得到大量印刷、宣传，尽力把马克思主义排挤到媒体之外，把资产阶级理论和修正主义理论，通过其控制的工人组织渗透的工人中。用资产阶级理论、修正主义理论控制工人组织、把马克思主义限制在学者书房中。马克思主义者要把马克思理论与工人运动相结合，必须冒着坐牢、杀头的危险。当然这并没有吓到马克思主义者，只是赫鲁晓夫，特别是戈尔巴乔夫担任苏联第一书记之后，对十月革命、苏联历史的攻击的言论和行为给马克思主义造成沉重的打击，使那些原本相信马克思主义的人动摇了转而又相信了资产阶级理论和修正主义理论。这是发达资本主义国家工人运动落后的另一个重要原因。

第七，发达资本主义国家是最先产生空想社会主义、产生工人运动、产生马克思主义的地方，在150多年当中，工人运动、马克思主义虽然也出现过高潮。但从1956年至今，仍处于被压抑的状态，对于绝大多数工人阶级来说，仍然是处于似醒非醒的状态。在当今世界各国经济发展极不平衡，发达国家与欠发达国家经济发展程度差别很大，劳动者处境差别很大的状况下，发达国家的劳动者与其相比更多的感觉是较满足，从而削弱了他们追求革命改变命运的迫切性，在没有接受革命理论的指导下，甚至心安理得的接受两党制的民主，放弃了追求、探索改变命运的诉求。

恩格斯在分析英国工人阶级政治力量不强的原因时，曾在《英国工人阶级状况》1892年德文第二版序言中说：在英国工商业繁荣被说成自由贸易的功劳，英国工人阶级在政治上成了"伟大的自由党，即工厂主领导的政党的尾巴"。"这时英国工业处于垄断地位，欧洲其他国家尚未发展起来工厂主们越来越了解到，没有工人阶级帮助，资产阶级永远不能取得对国家完全的社会统治和政治统治。这样两个阶级之间的相互关系就逐渐改变了，工厂主们由反对转变为支持工厂法、承认工联，并把工联变成有用的工具，成为工人阶级中的贵族，为自己的利益支持、挑起、允许罢工，取消选举权的财产限制等一些有利于工人的政策措施"，"但是，谈到广大工人群众，他们的贫困和生活无保障的情况，现在至少和过去一样严重"。① 此后，恩格斯在 1858 年致马克思的书信中提道："英国无产阶级实际上日益资产阶级化了……自然，对一个剥削全世界的民族来说，这在某种程度上是有道理的"。② 在 1863 年马克思致恩格斯的信中说："英国工人能够多快的摆脱资产阶级对他们的明显的腐蚀，我们还要等着瞧"。③ 1869 年马克思致恩格斯的信中还说："现在各国政府尽管向工人谄媚，但是他们清楚地知道，他们的唯一的支柱是资产阶级"。④ 1889 年 12 月 7 日恩格斯致弗.阿左尔格的信中说：这里最可恶的，就是其中每一个等级都有自己的自尊心，但同时还有一种生来就对比自己"更好""更高"的等级表示尊敬的心理；这种东西已经存在这样久和这样根深蒂固，以致资产者要搞欺骗还相当容易。⑤

恩格斯指出了当英国丧失了工业垄断地位后：经济出现停滞、工人沾的光也就失去了。失业、贫困接踵而来时，阶级关系变了，贫困的工人成立了新工联，社会主义重新出现。

恩格斯说"真实的事情是：当英国工业垄断地位还保存着的时候，英国工人阶级在一定程度上也是分沾过这一垄断地位的利益，这些利益在工人之间分配的极不均匀，取得极大部分的是享有特权的少数，但广大的群众有时也能沾到一点。正因为如此，所以欧文主义灭绝以后，英国再也没有社会主义了。当英国工业垄断一旦破产时，英国工人阶级就要失掉这些地位，……正因为如此，社会主义将重在英国出现。"⑥

恩格斯指出：由于其他国家法国、比利时、德国、美国、甚至俄国也能用蒸汽力和机器，英国享有了近 100 年的工业垄断，现在无可挽回地失去了。⑦

恩格斯还引用不列颠协会经济组主席英格利斯·鲍格雷夫先生在

① 《马克思恩格斯选集》第四卷，人民出版社 1972 年版，第 279—285 页。
② 《马克思恩格斯选集》第四卷，人民出版社 1972 年版，第 338 页。
③ 《马克思恩格斯选集》第四卷，人民出版社 1972 年版，第 348 页。
④ 《马克思恩格斯选集》第四卷，人民出版社 1972 年版，第 348 页。
⑤ 《马克思恩格斯选集》第四卷，人民出版社 1972 年版，第 468 页。
⑥ 《马克思恩格斯选集》第四卷，人民出版社 1972 年版，第 284 页。
⑦ 《马克思恩格斯选集》第四卷，人民出版社 1972 年版，第 282 页。

1983 年在该协会南港会议的发言："英国获得巨额利润的日子已经过去了，有些大工业部门的发展停顿了，几乎可以说，英国正进入停滞状态。"①

恩格斯指出："资本主义生产是不能停下来的，它必须继续增长和扩大，否则必定死亡。"现在仅仅缩减了一下英国在世界市场供应方面所占的那个最大份额，就意味着停滞、贫穷。一方面资本过剩，另方面工人失业过剩。要是每年的生产完全停止增长，情形又将怎样呢？②

恩格斯认为：比资产阶级圈子里这种卖弄掺了水的社会主义的短暂时髦、风尚重要得多的……是伦敦东头的觉醒，他们成立了新工联。旧工联把雇佣劳动制度看作永恒的，只能使它稍微温和一点。新工联是在雇佣劳动制度大大动摇的时候成立的，它的创始者和领导者都是自觉的社会主义者或本能的社会主义者。

恩格斯说："在伦敦有两个工人提出了自己的候选资格，并且公开宣布他们是社会主义者，他们当选了。"在密德尔斯布罗，一个工人候选人也当选了。③

"工人看到了以前任何一次选举中都不曾有过的直接的和间接的成绩，表露出的欢欣鼓舞是无法形容的。他们第一次看到和感觉到如果他们为了自己的利益而利用自己的选举权，就能获得什么东西。工人对资产阶级政党即自由党的迷信完全被打破了。工人们令人信服地看到：当他们提出要求而且了解到他们要求是什么的时候，他们在英国就成为一种决定的力量。1892 年的选举在这方面开了个头。""那时，英国工人政党就会组织得足以一下子永远结束为资产阶级统治永存而轮班执政的两个旧政党的跷跷板游戏。"

从上述恩格斯在 1885 年和 1892 年所说的当时在蒸汽机使代，英国处于工业垄断地位的时候和失去垄断，仅仅失去世界市场最大供应分额

---

① 《马克思恩格斯选集》第四卷，人民出版社 1972 年版，第 283 页。
② 《马克思恩格斯选集》第四卷，人民出版社 1972 年版，第 283—284 页。
③ 《马克思恩格斯选集》第四卷，人民出版社 1972 年版，第 285、286、287 页。

时，经济停滞、工人，特别穷苦工人成立了"新工联"，成立自觉的社会主义组织等的评论，与 21 世纪初美国乃至 7 个发达资本主义国家都可以看到，由于中国的崛起，以及新兴国家的发展，失去了世界市场供应的最大份额，经济发展停滞，再加上经济危机，出现了政治、经济、文化危机。社会主义在发达资本主义国家重新出现，多么相似。同时我们现在还可以看到：美国"工联"跟着两党跑，以至工人阶级谈判工资的能力都减弱了，甚至多年都没有进行过工资谈判；在发达资本主义国家参照苏联工人社会保障制度，推行福利政策后，他们感到自己的工资比苏联、东欧的工人工资高，在发达资本主义国家剥削发展中国家、掠夺的财富中他们也沾了光。他们接受了资产阶级的个人主义哲学，想象着自己也可以成功，成为体面的资本家或者不断提升自己的职位获得高工资，相信了资产阶级关于苏联等社会主义国家是独裁、是警察国家，而自己有权选总统、有民主、自由、人权等欺骗宣传，他们站在资产阶级一边，也跟着欢呼苏联解体，更有甚至敌视共产党、敌视中国，退出共产党成了一时的风尚。

苏联解体后，资产阶级加紧了剥削推行新自由主义政策，广大工人的生活不仅没有提高反而出现了下降。

4. 21 世纪政治经济环境变了工人阶级掌权是可能的

进入 21 世纪，中国改革取得了巨大的成功，中国人民生活水平迅速提高深得民心，社会稳定，国力日益强大。在经济总量上紧追美国成为世界上第二大经济体，世界各国的商店里摆满了中国制造的商品。

反观美国等 7 个发达资本主义国家，经济增长缓慢，最好的年份也不过 2% 或 3% 左右。在经济危机打击下经济增长停滞，出现了经济政治文化的衰退，家庭财富下降，生活困难。与此同时占人口 1%、10% 的富豪和 0.1% 高收入家庭的财富大幅增加。劳动者中出现两种趋势，一种是不再相信政治精英，但在资产阶级强大宣传的攻势下他们寄希望于换个总统调整政策上，另有一些劳动者看清了只要在资本主义制度下，劳动者创造的财富无论多么多，都会被资本拿走，相信了只有马克思主义、社会主义，劳动者才能获得解放。

马克思恩格斯在1885年和1892年说那段话的时候是蒸汽机时代。此后，由于技术进步、生产和交换的技术装备进入了内燃机、电动机、信息网络技术、机器人、人工智能时代，每一次技术革命，都带来了资本主义繁荣时期，经济危机和政治危机。社会主义运动也一起一落。在先前各社会发展阶段的残余、宗教和生产力水平还不高的影响下，在强大的系统的资本主义舆论攻势下工人被误导的同时资产阶级又利用收买和社会福利的诱导下，资产阶级取得了在工人阶级帮助下，一次次躲过了危机，巩固了政权。

21世纪不同了，第四次工业革命，核能、可再生能源、纳米技术、生物技术、机器人、人工智能等新的数字技术革命，可能会给人类带来廉价的无限能源，以及有可能代替或绝大部分代替人类体力和智力的技术装备，不仅可以或大部分可以代替人类进行生产和运输，还可以帮助人类进行科学研究和技术创新。发达国家垄断新技术已不可能了或只能短暂的垄断。这不仅是由于信息技术可以打破垄断，更是由于中国的存在，将可以帮助发展中国家迅速掌握新技术和迅速调整技术装备发展生产，这已不再是从前那样仅仅调整他们在世界市场的供应份额，也不仅仅是几个国家挑战英国的时代，而是整个世界的发展中国家挑战以美国为首的七国集团，他们将会看到昔日被他们侵略、奴役的国家、人们将成为与他们并肩的世界主人。整个世界市场的供应将可以满足人们的各种各样的需要（除了对特殊自然环境的需要）数字技术、信息技术，不仅可以预知各种各样的社会需求而且瞬间就可以知道全世界以及各个角落出现的供求关系，并进行调整。资产阶级可能为了追求利润利用新技术解雇工人降低成本。但当生产和交换全部被人工智能机器人进行生产和交换的时候，虽然可能还有一个相当长的时间，但在可预见的将来会实现。当一个工厂，一个车间只要一个指挥智能机器人操作的时候，那么世界就剩下占人口不到1%的资本家雇佣占人口不到1%的工人操作时，剩下98%的人怎么办呢？发给基本收入？要知道没有消费生产就会停止。基本收入是消费不了庞大的生产能力所提供的产品，除去最优秀的自然环境是有限的，其他产品都可以做到无限供给。到这个时候个人占有产品已经失去意义，生产条件的私有失去了存在价值，资产阶级也就没有存在的必要，那些以赚钱为个人享乐，损害他人享乐的失去人类道德的一群人就回到真正人的人群中来。人类从私欲中解放出来。从战争中解放出来。每个人都会在和谐的愉快的美好的生活中度过一生。

在经济关系发生根本变化的这一较长过程中，上层建筑只能随着经济关系的变化而改变。总的趋势必然是资产阶级在压力下自动的或被动的退出或交出统治权。亦就是在不断"左倾"的政治精英，顺从人民的力量，随着生产的发展改革，调整分配关系，创新政治环境，资产阶级逐步放弃为利润生产、接受绿色生态生活方式、健康生活方式，逐步放弃奢靡生活、放弃剥削，回到真正的人的生活轨道上；或者工人阶级觉醒了夺取政权，剥夺资产阶级私有制，大力促进人工智能、迅速发展生产、逐步实现了产品极大的丰富，产品可以按需分配给每个人，把人从生产中解放出来进行创新，把资产阶级从糜烂生活中解放出来，过健康人的生活，这时资产阶级也就不存在了，劳动者作为一个阶级也就不存在了，剥削也就不存在了，压迫自然就没有存在的必要。

我坚信新的技术革命，彻底改变人类社会生产、生活的同时，人类也将从阶级社会进入到人类生活无差别的社会。

马克思主义认为："理论一经掌握群众，也会变成物质的力量。理论只要说服人，就能掌握群众；而理论只要彻底，就能说服人。所谓彻底，就是抓住事物的根本。但人的根本就是人本身。""哲学把无产阶级当作自己的物质武器，同样地，无产阶级也把哲学当作自己的精神武器。"[①]把马克思主义哲学，直接交给劳动者，批判宿命论，个人主义的资产阶级哲学，把劳动者只为提高工资，社会福利的斗争提升到要掌握政权，把自己创造的财富掌握在自己手中，把自己创造的75%的财富从资产阶级

---

① 《马克思恩格斯选集》第一卷，人民出版社1972年版，第15页。

手中要回来收入就可以从 5 万多美元提升到 10 多万美元。更不用说劳动者从被剥削、压迫下解放出来后，激发的劳动热情，将使生产力更快的增长。到那时少数人可以实现的"美国梦"，就成了全民可以实现的美国梦。只要最底层的占人口 40% 的劳动者，团结好另外 50% 的劳动者，把占 10% 的富翁阶层中可以团结的人，也团结过来，最大的孤立 0.1% 的最大资本家，让工人阶级及其精英直接进入议会，管理国家，也许是可能的，甚至完全可能。

（二）进入 21 世纪资本主义制度衰落已成为共识

时代在前进，世界在发展。苏联解体 10 年后，人们对资本主义制度的认知变了。"20 世纪末，人们意识到始于 1945 年的资本主义黄金时代，正在随着信息经济的崛起而走向尽头"。资本主义不仅不是社会发展的终结，反而正走向衰退。英国《经济学》周刊，约翰·米克尔斯韦特和阿德里安·伍尔德里奇两位主编合著的《第四次革命》中说："21 世纪对西方模式来说是极为不幸的一个世纪。""21 世纪显得危险坎坷得多，民族主义日渐抬头，对民主的信心逐渐减弱，世界秩序行将解体"①。M&G 投资公司总裁安妮·理查兹说："在当前这个可以被称为焦虑年代的时期，如果资本主义不能找到一条从根本上解决这种焦虑的道路，我们会看到它最终遭到抛弃"。②"西方正在走下坡路，这点是明白无误的。……不管是对北约的改造还是欧盟的扩大都没有阻挡它的坍塌"。③ 畅销书《乡下人的悲歌》作者，被称作白人工人阶级发言人的 J.D. 万斯写道："在美国，薪资高的工作消失，药物依赖者比例、死亡率等各种指标都在朝着错误的方向发展。"他还说："美国正在出现的最严重的不平衡是阶级性的……阶级之间存在不可逾越的鸿沟。"阶级的固化越来越严重，民主面临衰退的危机，原因是政治分裂，按照意识形态分裂了国会，按照党派

---

① 《参考消息》2017 年 2 月 24 日。
② 《参考消息》2017 年 10 月 24 日。
③ 《参考消息》2017 年 10 月 25 日。

分裂了选民。媒体被弱化。^①美国的民主已演变成寡头政治。^②美国知名学者诺姆·乔姆斯基说：在超过一个世纪的时间里，美国大选都是买来的，大选结果和策略都可以从竞选阵营资金来源进行推断。^③《美国外交政策》杂志刊登的文章标题："我们熟悉的世界正在我们眼前崩塌。"^④弗朗西斯·福山也承认了美国的政治体制实际上出现了严重的衰败。^⑤德国政治评论家拉尔夫·基施施泰因说：美国正在衰落当中。^⑥

法国高等社会科学院经济学教授雅克·萨皮尔在俄罗斯瓦尔代俱乐部网站 2019 年 8 月 28 日发表的文章题目是 "G7 比亚里茨峰会：西方化的终结"。文章指出：比亚里茨的这届峰会得到一个重要的教训。我们的世界正面临西方化的终结，从 18 世纪末期到 20 世纪末期的那种世界架构结束了。这已不可否认。他分析说：用金钱交换政治影响力的交易已经通过后门溜了进来，但其形式却完全合法，也更难根除。一个人把好处给了另一个人，但并没有明确期待会得到回报，美国的游说行业恰恰就是在这种交易的基础上建立起来的。政客们通常不会把工作岗位回报给家族成员，而是代表这些家族做坏事，从利益集团手中拿钱，从游说集团手中拿好处，从而确保他们的孩子能够上名校。互惠利他主义在华盛顿盛行，是利益集团腐蚀败坏政府的主要渠道。在华盛顿，利益集团和游说团体的爆炸式增长是惊人的：游说企业的数量从 1971 年的 175 家增加到 10 年后的 2500 家，到了 2009 年，13700 名说客花费约 35 亿美元。通常情况下，利益集团和说客们的作用不是刺激新政策的出台，而是让现有的法律更糟。而市场经济往往会有赢家和输家。这种经济上的不平等本身并不是一件坏事，只要它能激发创新和增长，满足平等的前提。然而，当经济上的赢家谋求将自己的财富转化为不平等的政治影响

① 《参考消息》2017 年 6 月 30 日。
② 《参考消息》2017 年 6 月 27 日。
③ 《参考消息》2017 年 6 月 29 日。
④ 《参考消息》2016 年 12 月 8 日。
⑤ 《参考消息》2014 年 8 月 22 日。
⑥ 《参考消息》2017 年 6 月 27 日。

力的时候，这就有很大的问题了。虽然理论上民主的政治制度有一套让其进行改革的自我纠正机制，但它们将阻碍进行必要改革的强大利益集团的活动合法化，最终也会走向衰败。这正是近几十年来美国所发生的事情。美国许多的政治制度都已经变得越来越失常。

经济学家曼库尔·奥尔森在1982年著的《国家的兴衰》一书中，对利益集团政治对经济增长以及最终对民主所造成的不利影响提出了一个最著名的论断。他认为在和平与稳定的时代，民主国家往往会积聚越来越多的利益集团。这些利益集团非但不从事创造财富的经济活动，反而利用政治制度为自己谋取利益或寻租。美国的政治制度已经随着时间的推移走向衰败，因为传统的制衡制度越来越根深蒂固，越来越僵化。在政治两极化的背景下，这种权力分散的制度越来越难以代表大多数的利益，使利益集团和社会组织的观点获得过多的表达。

英国金融时报首席评论员马丁·沃尔夫用产值、储蓄、人口、技术、生产率、全球化、收入七大指标预示发达国家失去优势[1]。上述观点可以看出，西方政治、经济正在衰退，成了大多数政治家、学者的最少是21世纪初的共识。

这种政治、经济的衰退，致使西方民众普遍存在一种悲观情绪，"在欧洲，这种悲观情绪已经从神经系统侵蚀到政治系统……即使是在美国，有的也只是悲观。"这种悲观源自自身期望的衰落按西方学者鲁奇尔·夏尔马（摩根士丹利投资管理公司新兴市场和全球和全球宏观经济部主任）的说法：从全球来看，危机之后开始反对当权派的起义如火如荼[2]。21世纪，发达资本主义国家的政治家，学者的舆论大转变，反映的是阶级斗争形式的改变，不仅承认了阶级存在，还承认工人阶级力量的强大。最突出最明朗的例证就是美国前议长公认的代表大资产阶级利益美国共和党大老纽特·金里奇称赞当选美国总统的共和党人是一名建筑工人，而

---

① 《参考消息》2017年7月31日。
② 《参考消息》2016年8月8日。

不是资本家，是工人阶级的英雄。[①]

参考消息报记者刘阳在 2019 年 6 月 14 日发表《贫富悬殊"美式资本主义"频遭质疑》文中说：桥水集团总裁雷·戴利奥在一篇题为《为什么资本主义需要修理，以及应如何修理》的长文中说："许多年来资本主义的发展不符合大多数美国人的利益，因为这一制度为富人们制造了向上螺旋，而为穷人制造了向下螺旋。"他说："越来越大的收入、财富和差距对美国构成生存威胁，因为这些差距催生国内和国际矛盾，并令美国处境恶化。"戴利奥引用多组数据佐证其观点。他说，今天最富的 1% 人群比后的 90% 人群财富更多，今天财富在社会中前 40% 的人群比平均比后 60% 达到人群富 10 倍，这一差距是 1980 年的 6 倍。

英国金融时报驻华盛顿的专栏作家爱德华·卢斯在一篇文章中说，虽然上述观点并不新颖，但从戴利奥等从资本主义制度中获得巨大好处的人口中说出来则显得"十分惊人"。根据美国阿克西奥斯新闻网站今年 2 月的一项民调，49.6% 的"90 后""00 后"美国人更愿意生活在社会主义国家。

西班牙《国家报》网站 2020 年 1 月 20 日报道达沃斯论坛时说：我们今天所熟悉的这种资本主义已经行不通了，最明显的迹象包括就业岗位不稳定、不平等加剧以及环境的急剧恶化等。在金融危机后果显现和低增长持续的同时，世界经济正在发生结构性变化。2020 年世界经济论坛年会的焦点是向新的资本主义模式转变。在新模式下，企业的目标将不再仅仅是创造利润，而是为所有参与者创造价值。金年的世界经济论坛年会将聚焦所谓的"股东资本主义"，并关注具有包容性和可持续性的经济模式，以期解决现有资本主义模式所导致的，并在金融危机之后加剧的问题。达沃斯为今年赴会的企业高管们草拟了新的宣言，该宣言呼吁企业必须缴纳与经营规模相符的税款，对腐败零容忍，在全球供应链中尊重人权以及平等竞争。今年的年会将聚焦气候变化和社会问题的

---

① 《参考消息》2017 年 6 月 26 日。

紧迫性批判唯利是图的原始资本主义带来的后果。世界经济论坛创始人施瓦布说："许多人现在已经意识到，这种形式的资本主义已不可持续。"特别值得注意的是这次参加会议有 119 位超级富豪他们的财富总合约为 5000 亿美元。

（三）发达资本主义国家经济衰落的种种现实

1. 资产阶级对劳动者的剥削越来越重，劳动者收入停滞或下降

从 20 世纪 70 年代或苏共 19 次代表大会后共产主义运动逐步跌入低潮，资产阶级处于优势，采取了对劳动者加重剥削的新自由主义政策。这一时期经济增长相对缓慢，剥削就显得更加严重。"战后西方最繁荣的增长期出现在二战结束之后到上个世纪 70 年代初，那是福利资本主义和凯恩斯主义的时期，增长率比 1980 年到目前这个新自由主义时期高一倍"[1]。经济危机期间，经济增长基本处于停滞状态，"从 2008 年到 2015 年，整个七国集团的实际 GDP 年增长率为 0.8%，是之前四分之一个世纪里年均增长率的四分之一"[2]。在此期间不但不放松对劳动者的剥削，反而将经济危机带来的损失转嫁到劳动者身上。除对资本进行补贴外，还大幅度减少公共支出，美国失业率曾高达 9%，2011 年 16—24 岁的年轻人失业率高达 18.1%[3]。

新自由主义时期经济是典型的资本主义生产方式的经济形态，一头扩大资本积累，一头扩大贫困。亦即马丁·雅克先生说的如果缺少平衡力，资本主义自然而然扩大不平等。1948 年到 1972 年间美国各年龄段人口的生活水平都出现类似的可观提高，但是 1972 年到 2013 年，底层 10% 人口的实际收入下降，而顶层 10% 人口的财富增长却远快于其他人。眼下在美国，男性全职工薪族的实际收入中值比 40 年前还低。2006 年到 2014 年，平均说来，25 个高收入经济体有 65% 到 70% 的家庭经历

---

[1] 《参考消息》2016 年 8 月 24 日。
[2] 《参考消息》2016 年 12 月 21 日。
[3] 《参考消息》2012 年 3 月 19 日。

了实际收入停滞甚至下降。

2007 年美国处于经济危机爆发前新自由主义奇迹的顶峰。非管理层员工经通胀调整的实质薪资低于 1979 年，即低于新自由主义政策执行前①。2004 年美国最富裕的 10% 家庭税后总收入占到 44%（这个数字今天更高了），在英国最富有的 10% 家庭占全国家庭总收入 34%。②2015 年美国收入最高的 10% 家庭扣除通胀因素后较 10 年前增长 6%，与此同时，中产阶级的美国人收入增长仅刚刚跑赢了通胀。一般的美国家庭从 2005 年到 2015 年收入仅增长 0.5%，较低收入的家庭比起 10 年前的收入不增反降③根据盖洛普公司的一项调查，2008 年至今，美国自认为属于中产阶级的人数减少了将近 10 个百分点。2005 年至 2014 年发达经济体居民实际收入增长停滞，或者说 65%—70% 的家庭或超过 5.4 亿人口收入在下降④。有研究者称：美国收入最底层人口中有 50% 从 1978 年到 2015 年收入下降了 1%。⑤美国人口普查局 2017 年 9 月发布的最新官方数据显示，超过 4000 万美国人（占美国人口比例约八分之一）生活在贫困中，其中近一半人口 1850 万生活极端贫困，据称其家庭收入不到贫困线一半。⑥

2. 债务大幅上涨

经济学家莱西，亨特估计现在美国各种债务的总和超过 69 万亿美元。如果这个数字准确，那么现在美国的债务总额占国内生产总值的比例已从 2000 年的 294% 升至 370%。⑦家庭债务、国债都是要由美国人民偿还的。当企业无力偿还债务时可申请破产保护，名义上未偿债务由债权人承担了。最后实际上也都会转嫁到人民身上。

---

① 《参考消息》2017 年 6 月 29 日。
② 《参考消息》2014 年 7 月 16 日。
③ 《参考消息》2016 年 11 月 19 日。
④ 《参考消息》2016 年 10 月 17 日。
⑤ 《参考消息》2017 年 2 月 15 日。
⑥ 《参考消息》2017 年 12 月 24 日。
⑦ 《参考消息》2017 年 3 月 13 日。

3. 社会保障缺口大

美国社会研究新学院的劳动经济学家特雷莎·吉拉尔杜奇说："只有特权阶层可以过上没有后顾之忧的退休生活"，"几十年前，劳动者到了晚年可以依靠一份每月打入自己账户的固定养老金生活。1979年私营企业的雇员有38%加入了养老金计划。到了2013年，这一比例降至13%"。"与此同时社会保障——许多人退休计划的最后一道防线——面临压力。……社会保障的信托基金预计的2034年将消耗殆尽。那之后，该系统将入不敷出，除非华盛顿做出一些改变"。① 由于欧美各大国央行都执行低利率或零利率政策，以及人口老龄化造成了养老金负债。英国克里特研究公司首席执行官阿明·拉詹说："我们正在注视一颗定时炸弹，除非利率升至4%（没有人预计这种情况会在2020年前出现）许多养老金计划都很难兑现承诺。"②

社会保障的另一个医保也存在很大的缺口。2010年美国虽然通过了奥巴马的医改《平价医疗法》，未获得医保的美国人仍占10%，约2600万人没有获得医保。③

4. 意志消沉用药麻醉对前途绝望

美国穷人看不到希望找不到出路，有些人意志消沉，沉溺酗酒、吸毒。据美国疾病控制和预防中心统计2000—2015年美国有50多万人死于滥用药物。这一危机在过去很长一段时间主要困扰的是美国不发达地区或农村地区的白人工人阶层，然而现在这一情况在向其他社会群体和地区蔓延。④

美国人口仅占全球5%，却消耗着全球80%的鸦片类药物。

经济学家安妮·凯斯和安格斯·迪顿发表的论文指出：过量吸毒、自杀和酗酒相关疾病患者的数量的增加正导致拥有高中及以下学历的美

---

① 《参考消息》2016年11月19日。
② 《参考消息》2017年9月11日。
③ 《参考消息》2017年7月10日。
④ 《参考消息》2017年8月4日。

国白人死亡人数激增。凯斯说：这似乎不仅仅关乎收入，这关乎这些人积累起来的绝望。白人工人阶级现在可能自认为（美国）是阶梯的最底层。1999 年 50 岁至 54 岁拥有高中学历的美国白人的死亡率比美国黑人低 30%，2015 年前者比后者高 30%。[①]

5. 美国穷人寿命远低于富人，比有些发展中国家还低

贫穷的美国人不仅生活水平低，退休无保障，得不到医保，而且寿命短《美国公共卫生杂志》月刊公布了有关研究报告。报告中写道："美国境内隐藏着多个发展中国家"。研究者选择了 3114 个县，以 2% 的家庭收入中位数最低的县组成最穷的州，以此类推组成 50 个新州，每州有 62 或 63 个县。最穷的"州"民众生活条件大约相当于美国 1975 年或 1980 年的水平。最富的"州"民众生活水平是美国全国 2020 年乃至更长时间都达不到的水平。最富的"州"男子预期寿命为 79.3 岁，女性为 83 岁。最穷的"州"男子为 69.8 岁女子为 75.9 岁。最穷的"州"家庭收入中位数为 24960 美元。最富的"州"家庭收入中位数高达 89723 美元。最穷的"州"吸烟流行是最富的"州"两倍。世界上一半以上的国家的民众预期寿命都比美国最穷的县的预期寿命长。如果最穷的"州"是一个独立国家的话，男子寿命在世界排名在世界第 123 位，女子排名 116 位。最富的"州"男子预期寿命排名第 8，女子排名第 25 位。[②]

6. 枪击案频发自杀率犯罪率高

据非营利组织美国枪支暴力档案室统计，截至 12 月 24 日，2019 年美国发生 405 起至少造成 4 人死伤的枪击事件；除自杀外，与枪支相关的死亡人数已达 1.48 万人，伤者超过 2.8 万人。

沙特《阿拉伯新闻》日报网站 2019 年 8 月 10 日一篇题为"美国大规模枪击事件是病态社会的症状"的文章说：超级资本主义导致对个人主义的崇拜，而牺牲了社会的利益。对于被社会冷落和忽视的人来说，如果他们碰巧也痴迷于暴力，并在绝望中寻求创造辉煌的一丝机会，大

---

① 《参考消息》2017 年 3 月 25 日。
② 《参考消息》2016 年 11 月 24 日。

规模枪击事件可能是最后的手段。对美国而言，大规模枪击事件不仅仅是一个问题，而是一个极度不健康、急需治愈的社会症状。

美国社会问题严重还可以从囚犯占人数比例看出来。据英国《卫报》网站 2019 年 5 月 26 日报道称：美国有 230 万人被监禁，占人口比例远远高于世界上其他任何国家。在美国监狱人口过去 40 年中增长 500%，被监禁期间死亡的美国人数量激增。根据司法统计局的最新全国数据，2014 年美国拘押机构中 4980 名囚犯死亡，比 2013 年增加了近 3%。在州监狱中，死亡率为每 10 万人 275 人，是 2001 年开始收集数据以来最高的。自杀率这么高也和美国的监狱有关，美国民权联盟和南方贫困问题法律中心于 2013 年提起诉讼，称囚犯生活在"野蛮"条件下，疾病得不到治疗，老鼠爬到床上，看守过度使用武力。枪击、自杀、犯罪究其根本原因可能很多，但大多数这种行为是对社会不公、仇恨、无奈的反抗。

7. 大量穷人无家可归

美国的房地产业非常发达，户均住宅面积达到 250 多平方米，全美住房的价值达到 31.8 万亿美元，是美国国内生产总值的 1.5 倍。接近中国 GDP 的三倍。洛杉矶都会区住房总值达到 2.7 万亿美元，超过英国的 GDP。纽约都会区住房总值为 2.6 万亿美元超过法国的经济规模。这两地居民 2017 年花费的租金也最多，也是无家可归最多的地方。洛杉矶 2017 年无家可归者增加了 23%，达到 5.8 万人，纽约无家可归者超过 7.6 万人（不过晚上有地方过夜）洛杉矶四分之三的无家可归者没有栖身之所。

无家可归是发达资本主义国家的普遍现象。不仅美国、英国、法国、韩国都有流浪汉和住房危机。

8. 资产阶级财富迅猛增长

彭博亿万富豪指数显示，2016 年全世界最富有的 200 人的财富增加了 1473 亿美元，从而使这些人的财富总额增加到 3 万亿美元。在这些幸运儿中，有些人的运气更佳，例如股神巴菲特的财富增加了 120 亿美元，以 742 亿美元的总财富重登世界第二富宝座。世界首富比尔·盖茨的运气也不错，首富地位依然不可撼动。盖茨 2016 年赚了逾 95 亿美元，总财富增加到 912 亿美元。收入大幅增加的还有美国大陆资源公司创始人，被誉为水利压裂法之父的哈罗德·哈姆。哈姆今年从油价动荡中获益，财富增加 84 亿美元至 153 亿美元。还有很多亿万富豪在 2016 年收获颇丰，尤其是科技领域的富豪例如亚马逊公司创始人杰夫·贝索斯和脸书网站创始人马克·扎克伯格。贝索斯今年赚了 65 亿美元，总财富增加到 662 亿美元是世界第四富。扎克伯格则入账 51 美元，在财富排行榜上位居第五总财富为 509 亿美元。[①] 美国格兰瑟姆是格兰瑟姆——梅奥——范奥特洛公司联合创始人，该公司管理着 970 亿美元的资产。英国 2016 年富豪榜上资产超过 10 亿英镑的人数达到 134 人，千人富豪榜拥有的最低资产是 1.03 亿英镑。[②]

9.劫贫济富

资本对劳动的剥削不仅存在于经济过程中，而且资产阶级通过自己掌控的政权制定政策、法律掠夺劳动者的财富。

资本主义生产关系造成财富占有与分配向资本倾斜的角度越来越大。2017 年全球 GDP 增长 3.5%，而全球最富的 500 人的财富增长 1 万亿美元，增长速度为 23%，达到 5.4 万亿美元。劳动者创造的财富，流向资本家，富豪手中这一事实，是资本主义生产关系的规律。不改变资本主义生产关系，就扭转不了劳动者越来越贫困，资本家特别是最富有的资本家越来越富有规律。

10.经济增长缓慢失业率高

美国纽约时报专栏作家戴维·布鲁克斯说：埃伯施塔特和考恩通过不同方式描述了一个正在减速、疏离、丧失希望并且变得可悲的国家。经济放缓、社会不满和风险规避彼此推波助澜。他指出：21 世纪显得危险且坎坷得多：民族主义日渐抬头，对民主的信心逐渐减弱。尼古拉斯，

---

① 《参考消息》2016 年 12 月 30 日。
② 《参考消息》2017 年 5 月 8 日。

埃伯施塔特曾指出从 1948 年到 2000 年，美国人均 GDP 年增长率平均不到 1%，自从 2009 年以来，仅为 1.1%，低增长搞垮了美国工人。1985 年到 2000 年，美国的带薪工作时间增加了 35%。在接下来的 15 年里，带薪工作时间只增加了 4%。对于 25 岁到 55 岁的美国男性来说，每有一个人找工作，就有三个人退出劳动力市场，"显而易见的事实是 21 世纪的美国见证了可怕的就业崩溃"，有 57% 的退出劳动力市场的白人男性靠着某种形式的政府伤残福利金生活。

11. 阶层固化教育费用高

如今"美国梦正在褪色，阶级固化越来越严重"。① 一些学者，专家指出美国进入一个即便努力工作也无法致富的时代。美国最高层和最底层家庭的孩子更有可能留在原来的阶层。如果父亲的收入在顶层 10%，他抚养的孩子超过四分之一长大后仍然能进入顶层 10% 的行列。而父亲的收入在底层的 10%，他抚养的孩子有一半将来仍然属于最底层 10% 的行列。……据 2006 年的一份研究，美国有一半的工作是靠家人、朋友或熟人介绍的，通过"上一代男性亲戚"找到的工作其收入更高，这些人本身认识顾主，充当介绍人。一个高度不平等的时代让富人拥有更多资源提升其后代的能力，也让他们的孩子会更加受益。② 美国阶层固化的原因是教育费用过高，教育质量较高的私立中学一年的费用在 3 万美元，好的公立中学的择校费：如普林斯顿高中一年的费用为 15800 美元。按一般中等收入家庭四万美元算，支付这样一笔费用也是困难的。上私立中学更难，好的中学附近的学区房的价格也比一般地方高。如新泽西州米尔本镇的高中被评为 2008 年本州最好的高中，该镇平均房价达到 120 万美元。一般中等收入家庭也很难买得起。③ 高等教育的学费也普遍上涨。美国私立大学每年的学费平均为 4.537 万美元。公立大学每年的平均学费

---

① 《参考消息》2017 年 6 月 30 日。
② 《参考消息》2013 年 7 月 25 日。
③ 《北京晚报》2016 年 12 月 26 日。

为 2.009 万美元。^① 致使很多年轻人无力承担或负债上学，美国的学贷规模已超过万亿美元。^② 如果毕业后不能通过关系找到一份好工作，上大学的机会成本就太高了。上不如不上。待在自己父辈的群体里。

12. 大企业垄断了国民经济阻碍了经济发展

白宫经济顾问委员会，2016 年发布的对 13 个行业的调查发现，20 年来集中度已经增长了 75%，物流仓储、零售金融服务领域的集中度尤其高。全球销售的四分之一或三分之一的种子是德国拜尔公司生产的，同时全球使用的 22.9% 的农用化学产品（主要是肥料和杀虫剂）也是该公司生产。全世界销售的汽车 40% 是由德国大众、日本丰田、美国通用或雷诺日产联盟生产的。伦敦证券交易所 FTSE-350 指数中 97% 的上市公司以及华尔街股市标准普尔指数中 99% 的上市公司的账户是由以下四家会计师事务所审计的，分别是德勤、毕马威、安永和普华永道。在客机制造的不同领域，欧洲空客和美国波音公司占据了 90% 至 100% 的市场份额。

13. 创业、创新能力衰退

创业创新曾是资产阶级文明一个最突出的表现，使资本主义生产力像火山喷发一样促进生产力迅猛发展。短短的几百年时间，远远超过了人类历史上经济发展的总和。然而自 20 世纪 80 年代一直在衰退。据英国"对话"网站 2019 年 10 月 8 日题为"西方创业精神和创新的惊人"（作者，联合国大学马斯特里赫特创新技术问题经济与社会研究所教授级研究员威姆·诺代）文章以大量无可辩驳的事实证明着创业、创新的衰退。该文认为，自 20 世纪 80 年代以来，创业精神、创新以及更广泛的商业活力一直在慢慢衰退，在美国尤为如此。——不管你用什么标准来衡量创业精神，潜在趋势都是一样的衰退。例如，如果以新公司（开设不到一年的公司）与公司总数的比率衡量，那么在 1978 年至 2011 年间，美国的创业活动下降 50% 左右。而就年轻公司（那些成立不到五年的公

---

① 《参考消息》2017 年 1 月 17 日。
② 《北京晚报》2013 年 12 月 17 日。

司）的份额而言，创业活动从 20 世纪 80 年代末的 47% 下降到 2006 年的 39%。与此同时，在大公司（雇员超过 250 人的公司）工作的人占总劳动力的比例从 51% 增加到 57%，而同期企业的平均员工人数从 20 人增加到 24 人。不同工作单位间的流动性，同一工作单位内的流动性以及地域间的流动性——所有这些都是企业人员进出动态的间接衡量标准——直在下降。还有证据表明自 2000 年以来，美国创造的就业岗位从高薪岗位转向了低薪（低技能）岗位。同样，美国受过高等教育的企业家比例从 1985 年的 12.2% 下降到 2014 年 5.3%。

（四）资本主义制度的政治、文化的衰退

1. 多数人不信任政治精英和资产阶级政府

资本主义社会本来就存在各不同利益集团瓜分国民财富的矛盾，在经济发展缓慢的情况下，顶级富豪利用雄厚资金影响着政治权力，攫取了大部分国民收入，加剧了各利益集团的矛盾，尤其是占有劳动力越多的企业，劳动者被掠夺的越重。而且在美国的社会的舆论认为：穷人就是懒惰、赌徒、酗酒者，既得不到社会尊重，又被精英阶层瞧不起，使其愤怒、怨恨的情绪不断积累，到 21 世纪初终于爆发了被资产阶级学者贬低为民粹主义的反叛。

2. 白人至上主义、新纳粹主义抬头

2017 年 8 月 16 日英国《金融时报》发表该报首席外交事务评论员吉迪恩·拉赫曼的文章，标题就是《美国已成为一个危险的国家》。文中指出：现在美国街头出现了政治暴力活动白人至上主义和新纳粹主义。

3. 美式野蛮主义再现

对美国不断爆发的大规模枪击事件，有学者指出这是美式野蛮主义。而且有历史根源。美国是一个暴力国家一直都是。从边远地区的目无法纪和滥用私刑的"义务警员司法"到种族隔离的南方不按司法程序杀人；从美国城市打破纪录的谋杀率，到对小学教室中的孩子和老师的冷血屠杀，再到把拉斯维加斯大道变成陈尸所，文明的外表在这里比其他地方

要薄弱一些。枪支的流行既是这种现实的表达，也是对这种现实的反应。因为人们选择武装自己来对抗可能会在任何时刻爆发在自己身边的野蛮主义。这是一种可以理解的选择，但也正是这样一种选择，使文明更加徒有其表，而且因为野蛮主义年复一年更具致命性，更加频繁地爆发，或将使文明的外表越来越脆弱。①

4. 资本主义价值观已经变味

资产阶级上升时期提出的民主、自由、人权，曾起到推翻封建统治的积极作用。但在个人主义哲学侵蚀下，不但没有发展进步，反而越来越变味了。民主变成了一张个人选票，民心民意、决策程序都由金钱操纵，当选总统独断专行，自由成了个人的自由，成了干涉别国内政、出兵入侵别国的借口，成了谎言、谩骂、乱泼污水、不讲理的自由。人权变成了个人利益第一，可以不顾集体、众人的利益、国家的利益。什么社会道德、人类前途全不在考虑之内，吸毒也是他的人权。

上述事实说明，美国等国的政治、文化危机已到了相当高的程度。现实已是欧美发达资本主义国家犯罪分子猛增，白人至上主义、法西斯主义泛起，经济衰退、社会政治表层乱象，预示着真正的反资本主义力量正在聚集、暗潮涌动和重新兴起。

（五）发达资本主义国家制度衰退的根本原因

1. 衰退是共识，原因各说一词

由经济危机引起的以美国为首的整个西方的政治、文化危机是百年来从未有过的大变局。"自18世纪后半叶法国革命和工业化出现以来，尚未发生过如此影响深远的转变。"②是什么原因造成西方资本主义发达国家的政治危机、经济危机、思想文化文明危机？西方学者有的说是新自由主义政策，有的说是现在资本主义已不是原来的资本主义而是裙带资本主义。还有学者说是控制和操纵美国和资本主义世界的是"无国界"

---

① 《参考消息》2017年10月5日。
② 《参考消息》2017年9月29日。

金融集团和跨国集团以美联储和华尔街为基地，控制着国际货币基金组织、世界银行、各国央行、硅谷和美国军工产业的各项决策。现在的帝国主义不再是垄断国家的帝国主义，而是超级集中化的银行和跨国公司集团。它们控制着国家、经济和政府。剥夺这些机构的主权，把它们变成自己全球贸易活动的重要经理人。[①] 2017 年日本《金融财政商贸》3 月 27 日援引学者伊藤贯的话说："美国政治是被华尔街的金融家所操纵的。"还有些学者认为：在当今全球化和伟大技术革命的新时代，西方没有准备好迎接未来，而产生了深深的恐惧感。英国脱欧和特朗普的当选，表明了放弃斗争、丧失信心、悲叹。没有选择重新走上理性的道路，以更大的勇气面对未来。[②] 还有学者认为政治体制老朽，两党在国会越吵越凶，已丧失了自我管理能力。资本主义制度正处于遭到强大利益集团绑架的危险之中。[③]

西方学者对西方政治、经济、文明危机找到的各种各样的原因，应该说都有一定的道理。不过他们触及的都是表面现象，没有揭露事物的本质或接近事物的本质。福利主义、新自由主义都是资产阶级统治者针对国内阶级斗争形势演变采取的政策或策略。用新自由主义政策掩盖事物本质，可以模糊劳动者的思想，让劳动者搞不清自己利益受损的原因。如何才能真正保护自己的利益？好像通过选票换个总统改变政策就行，这种舆论忽悠，对不了解马克思剩余价值学说的广大劳动者来说，可以起到一时的安抚作用，平息一下对政治精英的愤怒。

西方经济学家把官商勾结定义为裙带主义，可能因为当前的政府官员、律师、法官与商界高管有同学关系或亲属关系相互勾结，或政府官员和商界精英联手加强对权力和财富的掌控垄断市场、把竞争对手排除在机会之外的裙带资本主义。美国自 20 世纪 90 年代中期，裙带主义与

---

① 《参考消息》2011 年 8 月 19 日。
② 《参考消息》2016 年 11 月 22 日。
③ 《参考消息》2013 年 11 月 15 日。

不平等现象同步发展正在一步步接近货真价实的裙带主义。[①] 裙带主义揭露了资本主义生产方式已经腐朽。触及了资本主义生产方式这个根本。

2. 资本主义生产关系已开始腐朽

马克思在《道德化的批判和批判化的道德》一文中指出"如果资产阶级从政治上即利用国家权力来维持财产关系上的不公平，它是不会成功的"。"财产关系上不公平，以现代分工、现代交换形式、竞争、积聚等等为前提，决不是来自资产阶级的政治统治。相反，资产阶级的政治统治倒是来自这些被资产阶级经济学家宣布为必然规律和永恒规律的现代生产关系。"[②] 马克思还认为消费资料的任何一种分配，都不过是生产条件本身分配的结果。而生产条件的分配，则表现为生产方式本身的性质。例如资本主义生产方式的基础就在于；物质生产条件以资本和地产的形式掌握非劳动者手中，而人民大众则只有人身的生产条件，即劳动力。既然生产的要素是这样分配的，那么自然而然地就要产生消费资料的现在这样的分配。[③] 马克思还指出：资产阶级经济学家把分配看成并解释成一种不依赖于生产方式的东西，在分配问题上兜圈子。把两极分化归罪于资产阶级政治家采用新自由主义政策和重新采用福利主义政策。这些是马克思已经批判过的资产阶级学者把消费品分配独立于生产方式之外，把分配看作事物本质的惯用手法，是对生产方式，生产条件的分配决定分配方式的一种掩饰。只要资本主义生产方式存在，两极分化的分配就必然存在。

新自由主义政策推动的全球化虽然促进了全球经济发展。当资金流入工资较低的发展中国家时，实际上也是对发达国家工人的一种竞争。大量移民进入发达国家更是直接竞争，必然压制工资增长。资产阶级因此赚取了更多利润，资本得到更快增殖。从发展中国家进口大量的廉价消费品也有对发达国家劳动力价格补偿的一面，但不会完全弥补资本压

---

① 《参考消息》2017 年 8 月 11 日。
② 《马克思恩格斯选集》第一卷，人民出版社 1972 年版，第 171 页。
③ 《马克思恩格斯选集》第三卷，人民出版社 1972 年版，第 13 页。

低劳动力价格的损失。

全球化是生产力发展的必然要求，对资产阶级来说有利于追求利润。资本主义世界的全球化，带来的经济利益，被资产阶级全部拿走，劳动者得到的是劳动力价格下降。特别是资本主义制度全球化，存在着制度缺陷，例如几乎没有监管、造成逃税、避税，给国家造成的损失又全部转移到劳动者身上。

全球化是造福于全球人的经济关系，它可以是完美的，只是资本主义制度，资产阶级的统治造成了对全球劳动者掠夺的新形式。资本主义生产方式决定资本主义国家采取的政策，裙带资本主义是这种生产方式已经腐朽的表现。

（六）工人劳动者对资本主义制度的不满、愤怒、反抗是对资产阶级长期越来越重的压迫剥削的爆发

1. "占领华尔街" 运动是不满反抗的新起点

自 20 世纪 70 年代随着共产主义运动低潮的到来，资产阶级政府执行大幅度向资产阶级利益倾斜的政策，通过各种手段"迫使"工人、劳动者接受越来越重的剥削。这里所说的迫使是指资产阶级政府通过各种政治、经济手段从劳动者腰包里或者本来应该属于劳动者的国民收入中的部分，转移给了资本家。如降低企业税率，收入越高的人税率越低，推行低息贷款、默认企业逃到避税天堂、增加劳动力竞争、压低、延缓或阻止工资上涨、降低社会福利、提高高等教育费用、大幅增加国防预算等等手段，用自由竞争、法律等说辞冠冕堂皇地从劳动者手中掠走。自由竞争是个幌子，法律是统治阶级的意志，在国会被资产阶级政党的控制下，通过有利于资产阶级的法律是很容易的，争议的只是如何在各利益集团之间进行分配。财力雄厚的集团对政党和议员的影响大，法律就更偏向大财团。劳动者也就在"合理""合法"的名义下被温水煮青蛙。

有剥削就要有压迫，剥削阶级制定的法律就是保护剥削，让剥削合

法化。反对剥削就是违法。用军事手段武装起来的的警察，监狱进行震慑，再用个人主义哲学宣扬富人都是个人奋斗的结果，麻痹劳动者的反抗精神，迫使劳动者默默地忍受掠夺和剥削。然而，收入停滞、下降与资产阶级财富爆炸式增长是现实的，劳动生产率的提高，生产的增长与自己的贫穷，劳动者有亲身的体会。有压迫就有反抗，不满情绪越积越多。几十年的忍耐终究会爆发。2011 年 9 月 17 日发生的占领华尔街，随后占领华盛顿，占领国会山，反抗掠夺的群众运动喊出了我们是 99% 的口号。此后，不断爆发种族对抗以及日益增多的枪击事件，其中应有不少是对掠夺的不满引发的。法国 2018 年 11 月爆发的"黄背心"运动就持续了一年多。

2. 工人相对贫困化与绝对贫困化的评判标准

资产阶级及其辩护师否认这是掠夺和剥削，宣扬利润是资本创造的，劳动力的价格是自由买卖，纳税是公民义务。资本主义社会还建立了福利制度、失业救济、对饥饿的劳动者发放食品券——等等。这些说辞用马克思主义的价值、剩余价值学说一照，就会成了苍白无力的诡辩。社会每年新增的价值都是劳动创造的。由于劳动者或不掌握生产手段或交换手段，只能靠出卖劳动力以求生存。劳动力的价格虽然自由买卖，但它决定于劳动力生产再生产；扩大再生产所需的费用，只是资产阶级利用劳动力的竞争、劳动力的供求市场，经常把它压得很低，以至不能有效地进行劳动力生产再生产。至于社会福利，失业救济食品券之类它本身也是新增殖的价值，是为稳定的进行社会再生产，保证社会再生产对劳动力的需求而必须扣除的部分。这是任何性质的社会再生产都需要的，只是规模和程度的不同。美国一位高官说：工人开着小汽车，吃麦当劳，哪来的贫困？什么是贫困？资产者，劳动者有着截然不同的看法。劳动力价格应该是指劳动力扩大再生产的全部费用。所谓贫困就是劳动者只能维持劳动力简单再生产。如果连简单再生产都不能维持那么就是绝对贫困。劳动力的再生产费用，应该随着社会生产力水平，劳动生产率水平的提高而相应提高，以满足社会再生产所需要的劳动力的数量和质量。

如果劳动力的价格低于劳动力再生产所需的费用，劳动力再生产就会受到影响，社会生产发展就会受到影响，或者经济增长缓慢，或极缓慢，或不增长，或负增长。这一点已被发达资本主义国家 1980 年后经济增长缓慢的事实所证明。也被 1945 年至 20 世纪 70 年代搞福利主义经济增长较快，更为大家熟知的英国空想社会主义者欧文对自己的企业改革，促进工厂利润，生产得到发展。美国福特制造，工人买得起汽车，提高工人工资促进了汽车发展的历史经验所证明。

劳动力再生产的费用应该随着社会生产力水平，劳动生产率的水平的提高而提高。因为劳动生产率的提高是掌握在更高生产技能，更高品格的劳动创造和使用更先进的生产设备，更好的生产管理过程，更低的生产，交换成本的结果。只有不断提高劳动力的素质（科学技术素质，文化道德素质），才能不断地创新（生产设备创新，生产管理创新），不断地提高劳动生产率。因此必须不断地提高劳动者的工资待遇，劳动力才有可能扩大再生产。如果扣除物价指数后，劳动者的实际工资收入不增长，劳动力就不能扩大再生产，或者说劳动者本人没有能力增加提高自身素质的投资，这就是贫穷。任何人都希望生活得更好，希望子女比自己生活得更好。这就是为什么尽量压缩自己的生活开支，也要对自己技能的提高、子女的学习进行投资。有人说这只是中国人的传统。这个说法不对！美国人也是如此，不然为什么美国的择校费那么高？为什么贷款上大学？在大学学习期间甚至挨饿也要学习？劳动者为自己的劳动力进行投资，就像资本家为赚取利润进行投资一样是本能的需要。如果资本家没有能力进行投资了，相对于他有能力进行投资时是贫穷了。劳动者收入不增长，相对于已经增长的社会总产值，总收入、相对于迅速增长的资本家的收入，劳动者就是相对贫困化了。或者说，由于劳动生产率的提高做大的蛋糕，按比例应该归劳动者的部分被资本家拿走了，劳动者得到的蛋糕没有增加，难道这不就是相对贫困化吗？再形象点说，假设你原来的收入恰是社会收入平均值年两万美元，现在社会产值、社会总收入增加了，社会平均值已增长到年 25000 美元，你的收入仍然是 2

万美元，你的消费水平，你的购买力已经降低了，应该就是相对贫困化。一些学者的研究已经证明，普通劳动者的收入扣除物价上涨的因素，实际工资下降了，中产阶级的人数下降了10%，应该说这部分人是绝对贫困化了。

劳动者实现劳动力简单再生产和扩大再生产的费用，在不同的国家，甚至一国内不同地区，因生产发展水平不同，导致的生活费用不同而不同。还因为生产发展水平不同对劳动者劳动能力的要求不同而不同。在不同的生产发展阶段，不同的生产水平，劳动者为恢复劳动能力所需的吃、穿、住、用、行的费用是不同的，劳动者劳动力恢复所需费用必须随着社会生产的不断发展不断提高。在现时今快节奏工作中不可能想象工作人员花费一两个或两三个小时步行去上班，否则他就不可能有较好的休息恢复体力、智力。不同的生产发展水平，各个不同行业和部门，对劳动力的需求也不同。对劳动者的技能、健康状况、学历、智力、表达能力、身材相貌、敬业精神、品德等等也有不同的程度的要求。劳动者要适应各种不同职业的需求，在工作前，工作中都要付出教育再教育，技能提高再提高等等各种各样的体力，智力的投入和支出，缓解精神压力，疾病预防和治疗等费用以适应劳动场所和雇主的需求，构成的劳动力生产再生产的费用支出，以及养老退休、应对突然灾害等多种需求。如果劳动者得不到这种支持或支持不足，劳动者就陷入一个贫穷或极度贫穷的状态。这里需要说明的是笔者不是想讨论贫困的界限，而是想说明的是贫困不仅是指是否有饭吃、有衣穿，而是指国民收入中，分配给劳动者的那一部分，即劳动者的工资和福利待遇、失业救济等内容能否满足劳动者的劳动力再生产和扩大再生产所需的费用。如果不能满足劳动者扩大再生产的费用，无力对自己进行投资就是相对贫困化了。如果连简单生产都不能维持即收入下降，生活水平下降就是绝对贫困化了。

3. 工人劳动者相对贫困化和绝对贫困化

在资本主义生产方式下，工资和利润是国民收入中的一对矛盾。在资本处于统治地位的条件下，资本总是想方设法增加利润，压低工资。

这就是资本主义生产方式自然而然的扩大不平等，一头积累资本，一头积累贫困，而且分化的程度越来越快，这就是马克思主义揭露的资本主义生产规律。资本主义为自己制造、发展了掘墓人。资产阶级政治家无论采取什么政策都解决不了这个基本事实。最大只能缓和一下，然后继续加速分化。

马克思列宁主义认为，只有到了共产主义社会，劳动创造的价值才能归劳动者所有。在保证社会持续不断进行扩大再生产的条件下，实行劳动者个人消费品不断增长的按需分配，每个劳动者进行的个别劳动不需要通过市场就直接表现为社会劳动。每个劳动者由分工和个人能力的差别提供产品的质量和数量可能有不同，但每个劳动者提供劳动是无差别的。相同的时间，创造相同的价值。产品的消费品分配不论是个人消费品，还是公共消费品，都可以按照每个人的实际需要获取。这些只有在推翻资本主义制度才能解决劳动者的相对贫困化、绝对贫困化、实现和谐社会。

4. 拯救资本主义制度的药方未能奏效

列宁在1917年发表的《帝国主义是资本主义最高阶段》一书中指出：资本主义世界发展到垄断资本统治的阶段，已进入最后阶段，走向衰落。在这100多年里资产阶级为了延续其统治开出了不少药方，但没能阻止资本主义制度从兴盛走向衰落。

（七）以人工智能机器人为代表的新生产力将导致资本主义生产关系消失

从人工智能机器人为标志的新的生产力虽然刚刚起步，但也显示与资本主义私有制，剥削工人阶级剩余价值的生产方式不相容。

人工智能机器人将会全面取代工、农业生产、交通运输、服务业中的各种人工操作。智能机器人可以按照人的要求，把各种生产要素组织在一起，按照人的需要生产各种产品和服务，不再需要资本购买各种生产要素才能组合起来进行生产，机器人可以自己生产自己，扩大再生产不需要资本积累，只需要按人的需要增加数量提高智能和操作能力。

人工智能机器时代生产力达到很高的水平，可以全面的满足人的各种需求，强大的生产力可以及时调整生产满足人们的新的临时或紧迫的各种需求。人工智能时代不仅在全面满足人类的需求上，甚至在满足需求的秩序也没有什么差别，个人利益被全人类的共同利益所取代。人工智能机器人时代必将淘汰资本主义生产关系，人们将从资本的统治下解放出来，人不再是机器的附属物，而是人真正掌握机器为自己过美好生活服务。

四、马克思主义再度兴起

（一）国际共产主义运动进入低潮

1. 20 世纪蓬勃发展的马克思主义被泼了冷水

十月革命一声炮响震醒了世界，马克思主义传入中国后，一些先进的中国青年认识到共产主义才是人类社会的最高理想，而马克思主义是实现这一理想的科学武器，无产阶级、被压迫被剥削的阶级是这一革命的真正动力。几年间中国革命青年中信仰马克思主义的人越来越多，中国共产党应运而生。

十月革命的成功使马克思主义的信徒受到极大的鼓舞，共产党的势力迅速壮大，在美洲，亚洲，非洲纷纷建立了共产党组织，并逐步发展壮大。

苏联经济建设的成功和在第二次世界大战中的胜利，以及在欧、亚被德、意、日法西斯侵略的国家中，共产党是最坚定的反法西斯的力量，领导人民开展多种形式的反法西斯斗争，并取得了胜利。

二战后，由于共产党在二战中建立的崇高威信，欧洲一些国家邀请共产党参加内阁，只是由于美国坚决反对，入阁没有成功。但在议会中的势力有了很大发展。东欧在苏联的支持下，出现了八个共产党领导的国家。在亚洲中国、朝鲜、越南共产党领导人民革命取得政权。在东南亚、日本、印度等国的共产党都有了很大的发展。共产党在南美洲也迅速发展。古巴共产党革命成功并巩固了政权。在非洲各国纷纷出现了共产党组织，并不断发展壮大。在共产主义运动蓬勃发展的大好形势下，遗憾的是苏联共产党的领袖赫鲁晓夫不知出于什么动机，忽然在苏联共产党代表大会上作了个秘密报告，攻击这一世界人民心目中伟大的马克思列宁主义者斯大林如何残暴、专制、独裁等等。这一秘密报告并不秘密，很快传到全世界，使世界各国的共产党组织在没有准备在情况下遭到突然袭击。本来就仇恨共产党的资本主义势力，抓住了把柄，借机大肆攻击共产主义。共产党成了专制、独裁、残暴加警察的代名词。

这一秘密报告的突然出现和资本主义宣传机构的猛烈攻击，使得没有做好准备的全世界许多共产党组织，特别是欧洲、美、日等各国共产党组织，一时不知如何应对，出现了许多共产党员退党，全世界共产主义运动受到沉重打击。但资本主义社会的矛盾并没有解决。各国共产党在反共浪潮中，逐步站稳了脚跟，调整思路，又开始重新发展。在这一转变过程中，中国共产党起了重要作用，批判了赫鲁晓夫的修正主义观点，指出了斯大林的功过是三七开，使混乱的思想逐步得到澄清。

事物的发展总是曲折的，共产主义运动也是如此，这不仅是由于资产阶级的攻击，也有共产党在自身发展过程中出现的错误。特别是对世界共产主义运动有重大影响的苏联共产党和中国共产党，对共产主义运动的发展、挫折和转折具有重大影响。

苏联共产党在戈尔巴乔夫领导下从 1985 年进行改革，因推行资产阶级自由化的方法进行政治改革，放弃了马克思列宁主义，放弃了共产党领导，党内一些背叛了马克思列宁主义的高层领导成员与国家政权机构高层管理人员，勾结一起篡夺了政权。把近 70 年苏联积累的财富据为已有。导致苏联解体，苏共被解散。东欧一些社会主义国家纷纷复辟了资本主义制度。塞尔维亚被北大西洋公约组织武装占领，推翻了其政权，共产党领袖被逮捕，死在海牙法院的监狱中。对共产主义运动这次打击可以说是灾难性的。全世界资产阶级高呼资本主义制度最后胜利了，它是人类的最终制度。《资本主义社会》一书作者彼得·德鲁克在 1993 年提出：资本主义社会的资本与劳动的矛盾和冲突的时代已经结束，是掌握知识和信息的劳动者在组织领导生产。似乎是资本主义社会进入知识经济时代。中产阶级化，大家都是劳动者，已不存在剥削。马克思的剩余价值理论已过时。这种观点影响了很多人。

2.反资本主义的斗争出现了新形式

马克思主义在欧洲遭到资本主义舆论铺天盖地的攻击，使一些人不再相信马克思列宁主义，发达国家的共产党大多数改换门庭偃旗息鼓，有的宣布解散。共产党组织极度萎缩。一些坚定的马克思列宁主义者到处受到孤立和挤压，共产主义运动处于低潮。而资本主义社会的矛盾，并没有因为资本家欢呼胜利而减弱，暗藏的矛盾不断深化。但反马克思主义，反共产党的宣传确实深深毒害了一些群众。

马克思主义在欧美等国的发展遇到了空前的严重困难。但资本主义生产方式只顾追求利润，只顾眼前利益造成的大气污染、环境污染这些与人民利益息息相关的社会问题，所造成的损害人民群众是看得见的，于是生态学马克思主义、生态社会主义应运而生了。

早在 20 世纪 60 年代，一些生态学学者出版了专著，如《寂静的春天》《赶在大自然毁灭之前》，就提出了人类面临的生态危机。1968 年法国的"五月风暴"震撼整个西方世界，显现出资本主义社会制度的尖锐矛盾。1972 年罗马俱乐部发表了《增长的极限》一文，应用详尽资料分析指出了人类现有发展模式的极限，自此人们走上街头要求保护环境，控制环境污染。社会人士不断发表文章谴责掠夺自然、侵害生态的行为。保护环境的组织也纷纷出现。如 80 年代出现了绿党。所谓绿党，有两个含义，一是相对红党（共产党、社会党）和白党其他各政党。二是代表生态、自然和和谐。绿党遍布欧洲发展很快。1984 年成立了欧洲绿党，是西欧各国绿党的联盟，其目标是保护生态平衡、反对核军备、提高社会福利、扩大基层民主、反对暴力活动，和共产党近期目标有些近似。

美国到 1983 年已有 100 多个绿色运动团体。从 20 世纪 90 年代开始，一些原来的共产党员、社会党员加入绿色生态运动中来，逐步演变成一支重要的政治力量。在芬兰、法国、意大利、比利时、德国等绿党已加入全国政府。其实力已超过了西欧共产党。现在看绿党是一股顺应世界发展潮流，具有一定革命倾向的政治力量。有的共产党已把生态主义与共产主义融为一体，把工人运动和生态运动结合起来，提出来生态共产主义。其主张有：(1)保护环境和生态平衡。(2)主张社会公正反对等级制，批判资本主义社会人与人之间的不平等现象和大多数人处于受压迫，受剥削的地位；主张让人民掌握政权，真正实现个人解放；反对利己主义；提倡互助精神和社会责任感；缩小贫富差距；提高社会福利；确保穷人利益；男女平等；反对种族歧视，排外主义；主张非暴力方式对资产阶级国家进行改变，反对统治阶级使用暴力压迫人民。(3)反对议会民主，主张基层民主，认为被少数大资本家掌握的议会民主，应由基层广大群众去讨论自己的利益，由基层直接选举代表，领导机构；实行权力分散，主要权力交给基层；各种文件都要自下而上讨论，反复征求意见。(4)主张以生态平衡为中心的经济模式。(5)主张世界和平，反对核威慑、核试验，反对军事集团，反对恐怖主义，主张全球性安全，帮助发展中国家。①

绿党的这些主张已远远超过保护环境和一般提高福利、提高工资的经济要求。在当时欧、美的政治形势下，绿党的出现和主张，也是反映人民反对资本主义生产方式的一种应对的政治行为。

绿党的出现以及工党、社会民主党的发展，证实了马克思主义关于资本主义社会基本矛盾论述的正确性，也预示着马克思主义必将再次形成高潮。

在共产主义运动处于低潮时期，资产阶级政权没有了真正的威胁时，他们又会放手剥削劳动者，压低工资，减少社会福利等等。让人们也会重新燃起对共产主义的向往，并重新感觉到马克思主义的正确性，认识到只有按照马克思主义对资本主义社会进行彻底改造，来一场革命，劳动者才能获得真正的解放，才能有真正的公正、平等、民主、自由，才能建设起美好的环境，美好的生活。

在资本主义国家中的一些政党如工党、社会民主党，针对资本主义社会的弊端也提出一些改良政见。如工党主张以经济管理民主，以改良

---

① 王伟光主编：《社会主义通史》第六卷，第346、348、349、350—355页。

与和平的方式，通过普选权、合法的议会斗争上台执政，建立民主的社会主义社会。

社会党提出建立福利国家后，又提出了职能社会主义，认为所有权是一个可以分割的理论。即：对资本主义所有权的各个职能分别实现社会化。20世纪70年代又提出"基金社会主义"，即工人集体控制企业利润和股份。短期内可以有利于资本积累扩大再生产，增加就业。从长远看可使工人逐步控制资本所有权，实现阶级合作，高水平的社会福利。①

苏联解体、苏共被解散之后，工党、社会民主党有了较快的发展。上台执政的机会增多。特别是代表资产阶级、大资产阶级利益的政党执政遇到困难，失去大多数人民支持时，资产阶级也会支持他们上台执政。但他们若推出有损于大资产阶级的政策，资产阶级政党通过议会进行否决，他们提出的有利于工人和劳动者的主张和政策大多不能实现，执政时间不会太长。而他们的主张只能麻痹了工人阶级的历史使命感，使资本主义制度渡过每一个危机时期。而资产阶级仍然是资产阶级，国王仍然是国王，资本主义制度并无根本改变。社会党长期执政的国家同样存在着大量的社会矛盾不得解决。

资产阶级为什么允许工人阶级政党的存在，并允许社会党、工党上台执政，这种让步政策是统治阶级的一种手段。恩格斯早已预见到，并解释了其中的原因："企业规模越大雇佣的工人越多每次同工人发生冲突时所遭受的损失和困难也就越多。因此，工厂主们，尤其是大的工厂主们，就渐渐感染了一种新的精神。他们学会了避免不必要纠纷，默认工联的存在和力量最后甚至把罢工——发生得适时的罢工——看作实现他们自己的目的的有效手段。过去带头同工人阶级斗争的最大的工厂主们，现在却首先起来鼓吹和平和协调了。"②

"工厂主……了解到并且越来越了解到，没有工人阶级的帮助，资产阶级永远不能取得对国家的完全的社会统治和政治统治。这样两个阶级

---

① 王伟光主编：《社会主义通史》第六卷，第373页。
② 《马克思恩格斯选集》第四卷，人民出版社1972年版，第273—274页。

之间的相互关系就逐渐改变了，从前被所有工厂主视为可畏之物的工厂法，现在他们不但自愿地遵守，甚至还容许把它推广到所有部门中去。以前被看作恶魔现形的工联，现在被工厂主们当作完全合法的机构。"①恩格斯还说过："正如资产阶级和无产阶级之间的斗争一样，首先是为了经济利益而进行的。政治权利不过是用来实现经济利益的手段。"恩格斯的论述在一些资产阶级政党也是明白的，提出了一些能够提高工人阶级和劳动人民利益的主张。他们上台后也会执行一些有利工人和劳动者的政策，对资本主义制度做一些改良。在目前资本主义制度还有存在的经济基础的社会发展阶段，社会党等的存在和执政有历史的必然性，对社会的发展也有一些推动作用。

（二）21世纪世界出现了三大变化

1.三大变化

进入21世纪，世界政治、经济形势发生了具有影响人类社会发展方向的三大变化，一是世界资本主义秩序的领导者及其发达资本主义制度的伙伴出现了危机和衰退；二是以马克思主义为指导，中国共产党领导的中国特色社会主义事业得到了迅速发展，日益走向世界中心，影响力日益增强；三是新技术革命已经从萌芽、成长、开始进入到社会生活的各个领域，正在迅速形成新的生产力。业内专家认为它将彻底改变人类的生活。人类社会的这三大变化给人们的政治思想造成巨大冲击。

2.中国的成功证明马克思主义的正确性优越性

在马克思主义处于低潮时期中国共产党高举马克思主义旗帜，领导中国进行社会主义建设。以人类社会从未出现过的高速度，以为人民谋求幸福、谋求美好生活为中心的，以政治经济文化等全方位的建设，取得了令世人瞩目的成就。

中国道路的成功再一次证明，也让世界人民看清了什么是社会主义，

---

① 《马克思恩格斯选集》第四卷，人民出版社1972年版，第281页。

社会主义可以利用市场手段、行政手段，有目的地按经济和客观事物发展规律、平稳的有步骤的制定相关政策，保障社会生产力持续不断地，均衡地迅速发展，建立起美好的生活环境、过美好生活、物质丰富、精神畅快、人民真正当家作主的社会主义制度。国家一切为人民的利益，以人民满意为目标，让人民越来越相信在共产党领导下，理想的共产主义社会是可以实现的。中国道路的成功，再一次让劳动者的事业必须以马克思主义为指导才能成功，把马克思主义与本国实际相结合，才是真正的马克思主义。教条主义，放弃马克思主义，放弃了共产党的领导，都必然导致革命的失败。

中国的改革，让世界政治家、学者惊呼中国出乎意料的崛起，走向了世界的中心。一些眼光敏锐的政治家和学者已经看到：世界将不是社会主义的终结，而是资本主义的终结。马克思在 100 多年前的预见，如今由于中国道路的成功，让现时人们重新重视马克思主义所揭露的资本主义社会发展的规律，掀起学习马克思著作的新热情，掀起了学习中文热。

3. 第四次工业革命必将引起世界的大变动

第四次工业革命将加剧资本主义社会的诸多矛盾，改变着原有生产模式和财产分配的方式。利润是资本主义生产方式的生命，资本家是否采用新技术关键是看能否增加利润，无论是降低成本或通过节省能源，降低资源消耗，节省人工等生产成本，以及交易成本，经营成本，还是扩大生产产值等增加利润就可以采用某种新技术。从这个角度看，资本家对能带来利润的新技术是有兴趣的。劳动者在资本主义社会是被动的群体，他们只有一种选择即被雇佣，当他们被雇主采用新技术被解雇后，只能等待新雇主。也许他们领取失业救济金期间能够被新雇主雇佣；也许他们因年龄、自己的知识、技术找不到新雇主；也许要等待一个相当长的时间；也许他们只能找一个比原来工资更低的工作或钟点工，因而感到迷茫，甚至陷入绝望之中。

（三）马克思主义在世界各地陆续兴起

1.发达资本主义国家人民特别是年轻人信任社会主义的越来越多

发达资本主义国家的衰退、中国的崛起、新技术不可阻挡的前进、劳动者由主要以经济利益为目标的反剥削，反压迫的斗争，到21世纪已带有了政治色彩，很多人已看到只有社会主义，马克思主义才能挽救社会危机，推动社会发展。

2.西方媒体出现一股宣传马克思主义的热潮

我们还可以从媒体报道中看到世界各地新的探讨马克思主义的热潮。随着俄国十月革命迎来100周年纪念日，全球再次掀起讨论十月革命的历史和现实意义，以及社会主义国家的马克思主义实践和现代化道路的热潮。

3.俄罗斯人怀念苏联社会主义时代

俄罗斯塔斯社莫斯科2017年10月11日报道，最近民调显示：认为十月革命反映了大多数人意愿的俄罗斯人比例较之1990年增加了9个百分点达到45%。去年的民调显示：在56%的受访者看来，革命是历史的必然。调查显示：有28%的人支持布尔什维克党人，尤其在60岁以上的受访者中支持比例高达60%。18—24岁年龄段仅有21%。对这场革命的目的，最受认同的答案是那是进行一场改变政体的政变（19%）；让政权属于人民、工厂属于工人，土地属于农民（13%）；令生活变得更好（10%）。①

（四）建设好马克思主义的政党

工人阶级、劳动人民要想摆脱剥削、压迫，摆脱种族主义，从根本上只能摆脱资本主义对人民的统治，建立人民自己管理自己的社会，建立人民当家作主的社会制度。实现这一理想首要的是，建立一个以马克思主义为指导的政党。因为马克思主义的政党永远把工人阶级劳动人民

---

① 《参考消息》2017年10月13日。

的利益放在第一位，始终站在工人阶级彻底解放斗争的最前列。

　　马克思、恩格斯领导的第一国际开展了轰轰烈烈的工人运动，列宁领导俄国共产党（布尔什维克）成功地建立了世界上第一个工人阶级政权，中国共产党领导中国人民取得了革命成功，创造了中国特色社会主义制度，正领导人民建立社会主义的美好生活，逐步向共产主义大目标方向迈进。必须坚定不移地宣传马克思主义、宣传马克思主义与本国革命相结合的马克思主义，坚定不移地把马克思主义与工人运动相结合，就必然会团结越来越多的人参加进来，必然会把在资产阶级政党、修正主义政党影响下的群众吸取过来。人类历史证明，只有马克思主义才能实现真正的社会主义制度，只有走中国特色社会主义道路，才能够发展中国、引领中国走向繁荣富强。所以，必须建设学习型、服务型、创新型马克思主义执政党，坚定不移走中国特色社会主义政治发展道路，始终坚持党的全面领导，坚持和完善党领导经济社会发展的体制机制，坚持和完善中国特色社会主义制度，不断提高贯彻新发展理念、构建新发展格局能力和水平，充分调动一切积极因素，广泛团结一切可以团结的力量，形成推动发展的强大合力，为实现高质量发展、高品质生活提供根本保证。

五、中国扛起了马克思主义的大旗

（一）中国特色社会主义的成功让世界更多的人相信和接受马克思主义思想

1. 中国扛起了马克思主义大旗

1964 年，赫鲁晓夫下台后，由于其后继者对斯大林时代没有做出马克思主义的实事求是的评价，赫鲁晓夫时代造成的社会主义就是"独裁、专制、警察国家、没有人权保证"等错误影响没有消除，再加上执行了一套美苏争霸的政策，重工业、军工业畸形发展，严重影响了人民生活水平的提高，党内腐败现象没有根治，甚至还有发展，使遭受打击的苏联共产主义运动没有扭转。

而中国共产党始终坚持马克思主义，坚持走社会主义道路，坚持实事求是的思想路线，特别是 20 世纪 70 年代末中国实行改革开放，创立了中国特色社会主义理论，让全世界人民看到中国是充分地掌握了马克思主义的本质和含义，把马克思主义基本原理与中国革命和建设的实际相结合，创造性地发展了马克思主义，建立了与生产力发展水平相适应的生产关系，排除了阻碍生产力发展的各种障碍，让生产力得到了全面解放，经济实现快速发展，综合国力不断提升，人民生活水平迅速改善，同时，建立并实现了人民当家作主的真正的民主制度，建立并实践着社会主义核心价值观。特别是中国共产党的十八大以来，以习近平同志为核心的党中央面对世界经济复苏乏力、局部冲突和动荡频发、全球性问题加剧的外部环境，面对我国经济发展进入新常态等一系列深刻变化，带领全党全国各族人民不忘初心，牢记使命，迎难而上，开拓进取，统筹推进"五位一体"总体布局、协调推进"四个全面"战略布局，解决了许多长期想解决而没有解决的难题，办成了许多过去想办而没有办成的大事，推动党和国家事业发生历史性变革，取得了改革开放和社会主义现代化建设的历史性成就。十八大以来，中国经济保持中高速增长，国内生产总值从五十四万亿元增长到一百万亿元，稳居世界第二，对世界经济增长贡献较大。"三农"工作实现历史性飞跃，粮食生产能力达到一万二千亿斤。城镇化率年均提高一点二个百分点，八千多万农业转移人口成为城镇居民。区域发展协调性增强，"一带一路"建设、京津冀协同发展、长江经济带发展都取得了显著成效。对外开放的步伐进一步加快，开放型经济新体制逐步健全。对外贸易、对外投资、外汇储备稳居世界前列。全面深化改革取得重大突破，改革广度和深度前所未有，改革全面发力、多点突破、纵深推进，着力增强改革系统性、整体性、协同性，重要领域和关键环节改革取得突破性进展，主要领域改革主体框架基本确立。在习近平新时代中国特色社会主义思想指引下，中国特色社会主义制度更加完善，国家治理体系和治理能力现代化水平明显提高，全社会发展活力和创新活力明显增强。民主法治建设迈出重大步伐，全面依法治国取得重大进展。党的领导、人民当家作主、依法治国有机统一的制度建设全面加强，党的领导体制机制不断完善，社会主义民主不断发展，党内民主更加广泛，社会主义协商民主全面展开，爱国统一战线巩固发展，民族宗教工作创新推进。科学立法、严格执法、公正司法、全民守法深入推进，法治国家、法治政府、法治社会建设相互促进，中国特色社会主义法治体系日益完善。思想文化领域各项建设成效显著。党的理论创新全面推进，马克思主义在意识形态领域的指导地位更加鲜明，中国特色社会主义和中国梦深入人心，社会主义核心价值观和中华优秀传统文化广泛弘扬，群众性精神文明创建活动扎实开展。公共文化服务水平不断提高，文艺创作持续繁荣，文化事业和文化产业蓬勃发展，互联网建设管理运用不断完善，全民健身和竞技体育全面发展。文化自信得到彰显，国家文化软实力和中华文化影响力大幅提升，全党全社会思想上的团结统一更加巩固。人民生活不断改善。脱贫攻坚战取得全面胜利，2020 年贫困人口全部脱贫。教育事业全面发展。就业状况持续改善，城镇新增就业年均一千三百万人以上。城乡居民收入增速超过经济增速。覆盖城乡居民的社会保障体系基本建立，人民健康和医疗卫生水平大幅提高。生态文明制度体系加快形成，主体功能区制度逐步健全，国家公园体制试点积极推进。全面节约资源有效推进。重大生态保护和修复工程进展顺利，森林覆盖率持续提高。生态环境状况得到改善。引导应对气候变化国际合作，成为全球生态文明建设的重要参与者、贡献者、引领者。着眼于实现中国梦强军梦，全力推进国防和军队现代化。人民军队在中国特色强军之路上迈出坚定步伐。全面准确贯彻"一国两制"方针，保持香港、澳门繁荣稳定。坚持一个中国原则和"九二共识"，推动两岸关系和平发展。全面推进中国特色大国外交，形成全方位、多层次、立体化的外交布局，为我国发展营造了良好外部条件。实施共建"一带一路"倡议。倡导构建人类命运共同体，促进全球治理体系变革。我国国际影响力、感召力、塑造力进一步提高，为世界和平与发展作出新的重大贡献。全面从严治党成效卓著。全党理想信念更加坚定、党性更加坚强。党的凝聚力、号召力、战斗力空前增强。我国经济实力、科技实力、国防实力、综合国力进入世界前列，国际地位实现前所未有的提升，党的面貌、国家的面貌、人民的面貌、军队的面貌、中华民族的面貌发生了前所未有的变化，中华民族正以崭新姿态屹立于世界的东方。

中国政治、经济、文化、社会和生态文明建设等方面的成功，让全世界人民刮目相看，称赞这是世界发展的奇迹，证明了马克思主义的科学性、正确性，证明了社会主义制度的优越性。一些发展中国家共产党也赞赏中国共产党正确的应用了马克思主义，有许多可以吸取的有益的经验。

而美国最近几届政府的当权者并不反省自己，而是采取遏制中国发展，加强对中国的围堵、挑拨离间中国与世界各国人民的关系，还用金钱利诱和军事威胁想走中国道路的国家。

中国人讲"谦虚使人进步，骄傲使人落后"，一个国家看到别国比自己好，不知学习反省自己，反而采取诽谤、造谣、武力威胁阻止别国发展，这是愚蠢无效的做法，表明这个制度的领导人不仅狂妄自大，而且思想腐朽霸道，把自己看成是世界的霸主为所欲为。但是时代在前进，社会在发展，是任何人阻挡不住的。觉醒了的人民当然要斗争要反抗，霸权者的倒行逆施必然要碰得头破血流，最终退出历史舞台。

2. 美国模式受到了威胁

中国以自己的成功和工作作风产生的影响力越来越大，美国靠强大军力和美元的霸权形成的影响力以及走美国道路的国家不断地造成了国内动乱和经济增长缓慢，引起了世界人民对美国道路的怀疑。美国两大资产阶级政党对中国的成功、影响力之大十分震惊、嫉妒、仇恨。认为影响了美国对世界的霸权，影响了美国一厢情愿建立的世界秩序，所以抛出了"中国威胁论"。其实一些敏锐的政治家早已看出这是欺骗美国老百姓，让他们忍受增加军费，维护美国世界霸权地位的现实。

事实上，中国从来没有用武力威胁过任何国家。正如习近平总书记在 2020 年 10 月 23 日《在纪念中国人民志愿军抗美援朝出国作战 70 周年大会上的讲话》中指出的那样："中华民族是爱好和平的民族，中国人民是爱好和平的人民。近代以后，中国人民饱受列强侵略之害、饱经战火蹂躏之苦，更是深深懂得战争的残酷、和平的宝贵。"新中国成立之初，就向全世界提出了和平共处五项原则，主张国家不论大小一律平等。中国希望世界和平以利各国发展，从本质上说人民要求和平，只有帝国主义分子才要战争。美国的一些人说，任何一个国家强大了都会发动战争侵略别国，实际上这是帝国主义分子以资本主义之心度中国社会主义之腹。

美国老牌政治家，美国众议院议长，南希·佩洛西在 2020 年 2 月德国慕尼黑安全会议上的讲话说："我毫不犹豫地告诉你们，你们要非常小心走这条道路，除非你们想要中国那样的社会。"①威胁欧洲国家不能用中

---

① 《参考消息》2020 年 2 月 19 日。

国华为公司的 5G 技术。

中国华为公司的 5G 技术在世界上领先，说明中国在科学技术上也在快速前进，现在，中国在科学技术研究上发表的论文、申请的专利都超过美国，而且把科研成果转化为生产力的速度也超过了美国。

用华为技术就是走中国社会主义道路，想要搞中国社会主义制度。这似乎不沾边，只是老牌政治家看到了本质，若采用华为技术就等于让各国人民看到了中国的发展速度，看到了中国道路的优越性。佩洛西女士的说法是掩耳盗铃，好像她不承认华为的 5G 技术，世界就看不到中国的发展了。这实际上纯粹是主观唯心主义，狂妄自大。这是衰落大国的普遍特性，害怕别国扩大影响力！其实更让人们进一步看到美国的霸道行径和不打自招地让人们看清美国技术发展开始走向衰退时的霸道的形态以及每况愈下的影响力。

影响力是别人愿不愿意学习效仿你的思想和行为。一个国家对别国的影响力，主要是该国的意识形态、人民的道德情操，政治、经济、社会制度和经济、政治、军事、科学技术实力，这两者是相辅相成的。一些人把前者叫软实力，后者叫硬实力，这是借用的计算机技术的软硬件的说法用作政治术语。事实上制度是第一位的，实力是第二位的，实力又是制度的表现，先看到实力后看到制度，先看到形式后看到本质。影响力应该是学习者自觉自愿的行为，但资本主义国家在他们的世界观的支配下更相信实力，让枪炮征服殖民地推行他们的制度，让枪炮开路推行其价值观，所以才会遭到世界上爱好和平、正义的国家和人民的唾弃。

我们可以把靠实力产生的影响力叫有形的影响力。把政治制度、社会文明叫无形的影响力。

有形的影响力可以说美国世界第一，原因是：（1）它有世界第一的经济实力；（2）它有世界第一的军事技术和军事力量；（3）有美元操控世界经济；（4）它有世界领先的科学技术及其形成的产品；（5）农业劳动生产率高。在全世界的产业链上，经济环节上世界各国离不开美国的产品和提供的服务。

中国的有形影响力仅次于美国：（1）中国进出口总量世界第一，但军事技术高精尖的最先进科学技术及产品尚不如美国，虽然进步较快，但还有一定的差距。（2）中国与世界各国形成了紧密的产业链，在世界经济整体环节中，是最重要的一环。可以说中国经济发展速度影响世界经济发展速度。这不仅是由于中国国内生产总值（按平价购买力计算）已占到全球国内生产总值的19.55%—20%[①]。最重要的是中国对世界经济增长贡献较大，发挥着世界经济增长的引擎作用。（3）中国对发展中国家提供的经济技术援助是真诚的，他们需要中国的产品和技术，也向中国出口他们的产品，是很多国家的第一、第二大贸易国。（4）中国为世界上经济发达国家生产的最先进的手机提供零件和总组装，为飞机、汽车提供零部件以及各种日用品、玩具，甚至假发等日常生活用品。（5）中国已经是世界第一的旅游大国，发达国家的农业、制造业、服务业也都离不开中国。

一个国家的影响力的大小根本的是靠它的社会制度。在资本主义发展早期，资本主义制度优于皇权的君主制度，促使了资本主义经济的快速发展，对世界具有极大的吸引力和影响力，使世界大多数国家效仿资本主义制度。如日本"明治维新"后资本主义制度取得了很大发展。中国在一百多年前遭受西方资本主义国家的压迫和侵略，不断的割地赔款。面对这种状况，中国的一些有识之士也曾经想学习资本主义制度，改变中国贫穷落后任人欺负的局面。一些人提出了"中学为本，西学为用"的"洋务运动"，有人搞"康梁变法"。这些失败后，孙中山先生提出了"三民主义"，得到了人民群众的拥护，推翻了腐败的满清政府，建立了"中华民国"。但由于中国的民族资产阶级还弱小软弱，受到袁世凯军事威胁后，孙中山先生把大总统的位置让给了袁世凯，袁世凯很快又复辟了封建皇权制度，但这时已觉悟了的人民已不允许了，很快就把袁世凯推翻了。

---

① 《参考消息》2020年2月26日。

苏联十月革命的成功给中国送来了马克思主义，世界人民看到了苏联虽然还很贫穷，但它的社会制度保证了经济实力快速发展，人民生活水平快速提高。苏联的社会主义制度远比资本主义制度优越。人民群众对苏联社会主义制度认识、赞扬，就成了信仰马克思主义，信仰社会主义才能救国的共产党人发动群众革命的基础。

苏联的社会主义制度对中国的影响极其深广，同时在 20 世纪 30 年代中国共产党在全国城市工人中也展开了工人运动，其中原因除了共产党的纲领能得到人民的拥护外，就是社会主义的苏联制度对中国人民的影响，让当时识字率不高的工农大众知道苏联的制度对劳苦大众好，对穷人好，愿意跟着中国共产党干革命，中国的无产阶级的革命运动得到了迅速发展。可见枪炮可以让一个国家的政府屈服，但不能赢得该国民心。只有优越的社会制度才能赢得民心。

3. 社会主义制度优越性的新例证

2020 年初，百年不遇的新冠肺炎疫情突然暴发，始终坚持以人民为中心的中国共产党人，坚持人民至上、生命至上，习近平总书记亲自指挥、亲自部署，因应疫情形势变化，及时调整优化防控策略和举措。在疫情暴发蔓延之时，快速打响疫情防控的人民战争、总体战、阻击战，全力以赴抗击疫情，果断采取最全面、最严格、最彻底的防控措施，同时不失时机推动局部复工复产。在疫情得到有效控制之后，又及时建立健全常态化防控机制，着力推进经济稳步恢复。经过艰苦努力，我们最大限度地保护了人民生命安全和身体健康，创造了人类同疾病斗争史上又一个英勇壮举，也为恢复经济和社会秩序创造了必要条件，走出了一条中国特色的最优路径。同时，我国还为世界控制疫情做出了贡献。面对疫情冲击，各国都在答同一张考卷，而分数高低、成绩优劣却让全世界人民看得清清楚楚。打错了算盘的美国政客们被事实打脸后，恼羞成怒的美国前总统特朗普置美国人民的生死于不顾，扭曲事实，更加疯狂的攻击世界卫生组织、攻击中国，到处甩锅，丑态百出，遭到世界正义人民的批评和耻笑。丢了人格，也丢了国格，同时失去了美国人民的信任。

世界上一切能够公平、客观看问题的学者、记者、政治家们都赞扬中国采取的抗疫措施积极有效。中国在这场战胜疫情的战斗中，不仅表现出中国文化道德的优势和中国党和政府的高度责任感，正确的应对措施，充分地发挥了集体主义精神，全民动员，集体奋斗抗击疫情。其根本原因是优越的社会主义制度和有一个马克思列宁主义为指导的中国共产党，有以习近平同志为核心的党中央坚强、英明领导。中国共产党以人民为中心，全心全意为人民服务为宗旨，广大党员干部尽职尽责，处处起模范带头作用，出现了很多可歌可泣的英雄模范人物。如，有年过七旬、八旬的老党员老专家奔向一线抗击疫情，更有成千上万的医学专家、院士和80后90后年轻医护人员和战士在勇敢忘我的抗击疫情，也有为疫情无私奉献的平民百姓志愿者们奋斗在抗击疫情的最前线。相信疫情过后，我们的国家在中国共产党的领导下会更团结更勇敢，我国人民的思想觉悟、道德水平进一步提高，为实现我们国家的繁荣富强更加充满信心和力量。我们伟大的祖国更能抗击各种来自自然的、人为的政治上经济上等一切干扰，奔向美丽幸福的明天。

疫情过后，人们更深入地讨论：为什么中国能够比较快比较好的控制疫情，而医疗设备最好的美国反而成疫情最严重的国家？任何谎言都将被揭穿，事实将教育人民，马克思主义必将让更多人有正确认识，学习、接受、尊重和实践。

中国特色社会主义取得巨大成功、让全世界为之点赞的大事好事很多，脱贫攻坚取得全面胜利又是一个鲜明的事例。2020年，全国5575万农村贫困人口实现脱贫、832个贫困县全部摘帽，易地扶贫搬迁960多万人。建档立卡贫困人口人均纯收入从2928元增加到10740元。困扰中华民族几千年的绝对贫困问题得到历史性解决，创造了人类减贫史上的奇迹。

（二）中国特色社会主义进入新时代，产生了习近平新时代中国特色社会主义思想

1. 时代向前发展，需要有一个新的奋斗目标

2017 年，党的十九大庄严宣布："经过长期努力，中国特色社会主义进入了新时代，这是我国发展新的历史方位。"作为一个入党多年的老共产党员，听到这个重大政治判断，我感到十分鼓舞，十分振奋。

我国在政治经济社会文化生态文明建设取得巨大成功后，需要有一个进一步发展的清晰的新目标，以及实现新目标的更完善的制度体系，要求有说明新目标的理论根据，完成新目标的政策、措施、方法，以利凝聚全国人民的力量在党的领导下团结奋斗实现新的发展目标。与此同时，我国的社会主义建设的外部环境也发生了显著的变化，对我国社会主义建设，有有利的一面，也有不利的一面，有促进的一面，也有阻碍的一面，有新的机会，也有更大的风险。

我国社会主义建设进入了一个新阶段，一个新的时代。这个新时代的形成既有内因又有外因，从根本上说是我国社会主义建设发生了时代性变化。

这个新时代就是即将全面建成小康社会向着把我国建成富强、民主、文明、和谐、美丽的社会主义现代化强国迈进的新时代。

我国落后的生产力形成的短缺经济，供应不足的状态发生了根本的转变，人民追求幸福生活的需求，进入了一个新的层次，要求有更好的教育、更稳定的工作、更满意的收入、更可靠的社会保障、更高水平的医疗卫生服务、更舒适的居住条件、更美丽的环境、更丰富的精神生活、更多更有效的参与国家、社会管理等多样化、多层次、多方面的需求。需求的新发展，要求生产从侧重量的发展转变为侧重质的发展，要求创新发展思路满足需求。

2. 这个新时代的主要标志

（1）我国生产力发展到了一个新阶段

我国生产力发展水平，已由绝对落后发展到相对落后，改革开放后

到现在，我国已有少数部门的技术水平达到了世界领先水平，有不少部的生产力水平已与世界水平看齐。高新科学技术能够紧跟领跑国家或齐头并进，甚至领先。我国基础设施建设比一些发达国家还要好，如高速铁路、高速公路、港口建设等。在生物学技术、航天领域、深海技术、金融技术、电动汽车、无人驾驶、量子技术、高级计算机技术、机器人技术已经都不"落后"。人工智能紧跟最先进的国家，高新技术发展很快，很多方面已达到世界领先水平。但我国有些产品虽然能大量生产，而质量与发达国家相比还有较大差距，有些产品我国有自主知识产权，但其中有些关键性的零部件还不能生产。按照列宁的说法：社会主义国家的劳动生产率只有高于资本主义国家，才能战胜资本主义。总体来看，我国我国生产力发展水平，劳动生产率与发达的资本主义国家相比仍有差距。

（2）在政治领域和精神文明建设上取得了巨大成就

有坚定的马克思主义信仰的有铁的纪律的中国共产党已有9000多万党员，党领导社会主义建设的能力近乎成熟，基本认识了我国社会主义建设的规律，不论国内外局势发生什么巨大变化都能沉着应对，按照经济发展规律进入稳中求进的高质量发展阶段。

党的建设也有了新的发展。以人民为中心成为制定政策的出发点、以人民满意不满意作为评价标准、深入密切联系群众、开展批评与自我批评推向一个新的高点、遵守党纪国法已成为广大党员的行为准则。党员马克思主义理论水平普遍提高。党员干部作风明显好转、社会主义核心价值观逐渐深入人心、见义勇为成为日常现象。敬老、友善、扶贫、扶弱爱国、敬业已成为越来越多的人行为道德。社区民主协商不断创新形成新的制度，社会主义文学艺术蓬勃发展，主旋律更加响亮，正能量更加强劲。既有自由又有纪律，既有民主又有集中，团结活泼的政治局面已经形成。中国已成为当今全世界最稳定的国家。

（3）国际社会出现了百年未有之大变局

这个大变局突出的特点是：以中国特色社会主义建设成功产生了巨大的影响，推动了世界战略格局的深度调整。中国特色社会主义道路的成功，是世界大变局的主要方面。面对中国社会主义建设的成功，彰显出资本主义社会的全面衰退。资本主义社会出现的全面衰退，并不是说资本主义私有制已无生命力，而是说资本主义制度，对生产力发展的促进作用已经过了鼎盛时期。进入 21 世纪，资本主义制度已到了下午 2 点，就像俗话说的天已过午一样，热度开始下降了，但是还是相当热。我们看：现在世界上最富裕的国家，还是那几个实行资本主义制度最早的国家。世界最强的国家仍然是百年前的强国。20 世纪前期他们能用武力想开战就开战，想打弱国、小国随时出兵入侵。到 20 世纪下半期想打大国已无力，只能打小国。到 21 世纪打小国也不能取胜。美国打伊拉克虽然推翻萨达姆政权，但没有取得真正胜利，人民抵抗不断并出现了"伊斯兰国"，扶植建立的新政权也并不唯美国之命是从。打阿富汗打了 10 多年不能取胜。想让叙利亚总统下台，自己无力出兵，支持打内战也无济于事。想更换伊朗政权再也无力出兵入侵，用武力威胁不起作用，只好用经济制裁，盟友也不支持。

头号资本主义强国的美国，为了维持霸权造成庞大的军费开支，压的直不起腰来不怕撕破脸皮压盟友增加军费，而且要签订对美国有利的贸易协定，否则要增加关税。它对中国日益增长的实力和影响力也是想尽一切办法遏制打压、军事威胁、支持中国的反叛势力搞"颜色革命"都毫无作用。与中国开展软实力竞争，现在看来已失去色彩。打又打不赢，遏制也遏制不住。美国前总统特朗普就把国内一再失败的政策，工人阶级的诸多不满，编造是中国造成的谎言，扬言要打容易取胜的经济战、提高关税、指中国为货币操纵国。虽然给中国经济增长造成一定影响，但中国利用社会主义制度的优越性仍可以做到稳定增长。反观美国利用大幅度降税，极低利率的刺激措施，这些刺激作用很有限。大部分美国经济学家认为：只有短期效果，很快就要失去作用。专家预测在今后一两年内又会出现经济衰退。财政手段、货币手段解决不了制度造成的衰退。也即生产关系阻碍生产力发展只能用改革生产关系的方法解决。上层建筑阻碍经济基础的发展，只能改造、创新上层建筑的方法适应经济价值基础，小打小闹的修补只有短期效应，可能会带来更大报复。

习近平总书记根据国内外新形势，审时度势，高瞻远瞩，指出了我国进入了中国特色社会主义新时代。国内、国外都为我国社会主义建设创造了新的机遇和条件。特别是国内在政治、经济、社会文化等各方面为稳中有进的，提高质量和效率的全面发展提供了一个更加坚实的政治、经济基础，创造了一个能够抵抗各种风险，实现速度较高、质量更好的经济、政治、文化、社会、生态文明全面发展的能力。

国际社会，大多数国家与我国建立伙伴关系。为我国开展国际合作，发展全方位的对外经济贸易提供了有利条件。特别是"一带一路"的倡导，受到发展中国家欢迎，实现了合作共赢，扩大了对外贸易提高了国际影响力。

（三）学懂弄通做实习近平新时代中国特色社会主义思想

1. 学好理论才能有正确的行为

中国特色社会主义进入了新时代。习近平新时代中国特色社会主义思想运用了马克思主义立场观点方法，聚焦新的时代命题，凝结新的思想精华，总结开创性独创性的实践经验，以崭新的思想内容丰富和发展了马克思主义，形成了一个系统全面、逻辑严密、内涵丰富、内在统一的科学理论体系。这一思想的核心内容是"八个明确"和"十四个坚持"。学懂弄通做实这个思想，必将全面加速我国社会主义现代化建设，是我们把握好时代脉搏极为重要的思想武器。

2. 学习认识新时代的主要矛盾

习近平总书记全面分析了国内、国际形势，特别是我国生产力的发展和国内人民需求层次的提高，以及国内、国际危险因素，提出了我国社会主要矛盾进入新阶段，以及为解决主要矛盾提出的总体战略，近期、远期的任务、目标，完成战略任务的政策和方法。他在党的十九大报告中强调：中国特色社会主义进入新时代，我国社会主要矛盾已经转化为人民日益增长的美好生活需要和不平衡不充分的发展之间的矛盾。

习近平总书记提出新时代我国社会的主要矛盾，是对社会主义社会发展的重大理论贡献。只有首先明确今后我国社会的主要矛盾并准确地表达出来，才能明确我国社会主义建设今后的方向，制定发展战略、方针政策。

从理论上说生产能力（物质和精神）与人民追求幸福生活的需求是一对矛盾，生产能力没有顶点，需求也没有顶点，生产能力不会停止，需求欲望也不会停止。生产能力与需求之间只能是一个时间阶段的相对满足，或者说供求之间的一个相对平衡。有时候生产力走在前面创造了一个新的产品，如手机出现之前，人们希望有顺风耳，手机生产出来了，创造了人们的一个新的需求。有时候需求走到前面，推动生产创新。生产能力与人们需求这一对矛盾推动着人类社会发展和进步。一对矛盾的均衡是暂时的、相对的。不均衡才是永久的、绝对的。

发现不平衡不充分，找出短板、找出不足，满足人们对幸福的追求是一个永久性的问题，就要不断地发现、不断地解决，既要制定长期战略，又要根据形势的发展调整方针、政策。这不是一时的工作、一个阶段的工作，而是党的一生的事业。用主要矛盾明确党的工作方向，是共产党领导革命和建设的特有方法。它是由以下两点决定的：第一，共产党是为人民服务，把人民利益放在第一位的政党；第二，用马克思主义的辩证唯物的方法论进行工作的。第一条说明只有共产党才能把人民的幸福作为党的事业，党是实现这一事业的战斗集体。这与资产阶级政党把党看作是选举工具是根本不同的。第二条共产党是马克思主义的唯物辩证法作为世界观、方法论，用以观察世界，发现问题，解决问题。唯物辩证法的核心就是矛盾论。矛盾分析法是对马克思主义世界观和方法论的具体应用，是中国共产党人认识世界和改造世界的根本方法，也是中国革命建设总是能取得胜利的秘诀。

3. 人民的幸福就是党的事业

马克思、恩格斯在《共产党宣言》中开宗明义地说明共产党"他们没有任何同整个无产阶级利益不同的利益"。共产党在工人阶级运动中始终是最坚决，推动运动前进的部分。共产党人最近的目的，就是由无产阶级夺取政权。无产者首先摆脱压迫。然后，利用政权，一边大力发展生产，并根据发展的需要一步步夺取或取消资本主义私有制。①

中国共产党正是依据马克思主义的建党思想组织起来工人阶级的先锋队。首先夺取政权，进行土地改革，动员起占人口 90% 的农民参加工人阶级领导的新民主主义的反帝反封建的斗争。那时谈幸福生活显然遥远而不切实际。而如今中国特色社会主义进入新时代，情况不同了。习近平总书记及时提出了："人民对美好生活的向往就是我们的奋斗目标。"人民过幸福生活是党的事业，既不脱离群众，又不超出现实。在新时代我们党应该为全面满足人民的需要继续努力奋斗。人民也知道了生活将会更加美好，也会信心百倍跟随党的领导奋勇前行。

4. 必须全面加强党的领导

党的领导是人民过幸福生活的根本保证。在我国主要以外延式扩大再生产向内涵式扩大再生产转变中，如何实现奋斗目标，如何规避风险，党的领导是根本保证。

在中国共产党的领导下，中国人民实现了从站起来、富起来到强起来的伟大飞跃。在新时代我国的社会主义建设，既有有利条件，又有风险因素，必须全面加强党的领导，要以踏石留印抓铁有痕的精神抓紧工作。不要以为，我们生活好了，有吃有喝就放松了。抓而不紧等于不抓，放松懈怠就有危险，也可能停滞不前。

在以习近平同志为核心的党中央坚强领导下，各级党委和政府要研究本身所在地的特殊矛盾。主要矛盾是我国新时代的普遍矛盾，而普遍寓于特殊矛盾之中，每一个特殊都包含着普遍矛盾。这就要求全党必须与党中央保持高度一致。党中央要领导解决主要矛盾和主要矛盾方面，又要领导解决特殊矛盾。以习近平同志为核心的党中央根据新时代的主要矛盾和特殊矛盾，提出必须加强党的全面领导，更好发挥政府作用。

---

① 《马克思恩格斯选集》第一卷，人民出版社 1972 年版，第 264 页。

只有这样才能保证市场活动健康发展。

5. 坚决维护习近平总书记党中央的核心、全党的核心地位

中国革命和建设的一条铁的纪律，就是一切行动听党指挥。不允许闹宗派、闹分散，更不允许脱离中央领导另搞一套。这是无产阶级革命斗争中制胜的基本经验之一。这是民主集中制的要求，无产阶级政党要有高度的民主，也要有高度的集中。党中央领导必须有一个核心，没有核心就不能形成领导集体。

中国共产党形成的各个重大决策，首先是发挥全国人民、全党的聪明智慧提出各种意见，经加工、提炼、再加工，由党的领袖，政治局常委的核心拍板、进行试点。试点成功再到全国推行。

党的领导核心领导制定的战略、方针、政策，每一次重要讲话都是人民意志、人民利益的集中反映。全党各级组织、全体党员都必须认真学习，领会精神实质，认真执行，把人民的事业办好，在实践中创新，不能曲解。要维护这个核心、尊从这个核心，保证党的统一行动，抵制各种来自"左"的右的干扰。

党中央的领导核心是在工作、战斗中形成的，是在全党逐渐认识了他的马克思主义理论水平，特别是在结合中国实际，创造性地运用马克思主义解决中国现实的问题的能力得到全党的认可和党中央的认可。学习贯彻习近平新时代中国特色社会主义思想，是新时代团结全党全国人民，凝聚全国人民力量拧成一股绳奋力前行的需要。

现在我们进入新时代，以习近平新时代中国特色社会主义思想为指导，在短短的几年我国政治、经济、文化、社会、生态文明等都有了奇迹般的发展。实践证明，习近平新时代中国特色社会主义思想是正确的，以习近平同志为核心的党中央的领导是坚强有力的。忠于这个思想，学习这个思想，修正自己不符合这个思想的思想、观念，统一在习近平新时代中国特色社会主义思想下形成全党的意志，一定会再创人间奇迹，夺取新时代更伟大的胜利，把我国建成富强民主文明和谐美丽的社会主义现代化强国。

6. 一定要全面从严治党

把党建设好是加强党的领导的一个根本性问题，惩治腐败虽说要常抓不懈，但党的建设的根本是把党建设成一个坚定的马克思主义政党，每个党员都要成为一个坚定的马克思主义者，成为一个真正的共产主义战士，心中只有人民的利益而忘我的工作。真正是先天下之忧而忧，后天下之乐而乐。一定要把学习马克思主义基本原理、学习当代中国的马克思主义——习近平新时代中国特色社会主义思想放在首位。只有学好马克思主义经济学原理，我们才能明白剩余价值学说，明白为什么资本主义社会必然灭亡，明白为什么工人阶级是资本主义社会的掘墓人，人类社会必然走向共产主义社会的道理。我们必须学习马克思主义哲学——辩证唯物主义。学习《实践论》《矛盾论》，才能树立起共产主义社会是人类社会发展的规律，树立起共产主义人生观、世界观，才能从根本上理解毛泽东思想、邓小平理论、"三个代表"重要思想、科学发展观、习近平新时代中国特色社会主义思想。才能自觉地与党中央保持高度一致，自觉地维护党中央的领导核心，自觉地抵制批判错误思想，抵制歪风邪气。学习习近平新时代中国特色社会主义思想，我们就掌握了新时代的政治、经济、文化、社会、生态文明等的发展规律，提高自己的工作能力、思想能力、判断是非的能力、判断国内外产生各种风险的能力，在任何风险中党都能挺得住、站得稳、能够正确对待。

建成一个伟大的马克思主义政党，每一个党员都应有高度或一定程度的马克思主义的思想素质，共产主义事业，就会一代一代地干下去，直到实现共产主义社会。

加强党的领导就要把党建成一个一切行动听指挥、能够带领亿万人民群众建设社会主义的战斗集体。每一个党员心中只有人民的利益，只有大局、遵守法律、遵守纪律，每个党员都能为党的事业不计较个人得失，发挥积极性、主动性、创造性，自觉地完成党交给的任务，为党的事业贡献自己的智慧和力量。

加强党的领导就必须提高党组织、各级党委的工作能力、执政能力。

在习近平新时代中国特色社会主义思想指导下结合本身工作的创新能力，提高执政能力，首先要学好习近平新时代中国特色社会主义思想，坚持、做好民主集中制，在自己身上力行党的三大作风，以人民群众满意为标准，遇事与人民群众商量，努力工作、努力创新。党的各级组织的领导要起模范作用，党员必然跟着领导起模范带头作用，群众必然跟着党奋勇前行。

7. 全面依法治国

全面依法治国是新中国成立后在社会主义革命、建设和改革中的经验、教训中得出的重要结论。新民主主义革命时期要推翻半殖民地半封建的旧社会，自然不能因统治阶级为维护自己的统治制定的法律而束缚自己的手脚，可以无法无天。革命胜利了，建立人民了自己的政权，如何维护好政权，如何进行建设和发展，必须是既要有民主又要有集中，既要自由又要有纪律，既要充分调动每个阶层、每个地区、每个部门、每个人的积极性创造性，又要防止被推翻的阶级复辟，防止地方闹独立、闹宗派，闹个人利益至上。要制定各种行为的底线。这就要求创建一个保护人民的政权以保护人民的利益和限制行为的底线的纪律，让各种行为有法可依违法必究，形成既有民主又有集中，既有自由又有纪律，既有统一的意志又有个人心情舒畅的生动活泼的政治局面。

社会主义的法律是保护人民利益的法律，必须由代表人民利益的共产党领导制定法律。法律有法律的规律，但它是上层建筑，由经济基础决定。社会主义制度前的奴隶社会、封建社会、资本主义社会，虽然社会形态不同，但它们有共同点即私有制，剥削阶级占统治地位。社会主义社会虽然也有资本主义私有制，而资产阶级是人民中间的一部分，拥护工人阶级领导，它们的政党在共产党领导下组成统一战线，参政议政。但政权是工农联盟为基础的人民民主专政的政体。社会主义法律就要为巩固发展这个政体服务。

社会主义国家执法，只能以事实为依据，不受金钱、权力所左右。法官和律师不能因为畏惧原被告权力或收受了原被告的金钱就把有罪说成无罪或重罪说成轻罪，等等。社会主义国家执法要公正，法官判决要公正。律师要为委托方辩护目的是判决公正。不能违背律师的道德，帮助委托者制造假象加深受害者伤痕和痛苦。法律一经人民代表大会通过，任何组织和个人都必须在法律允许的范围内活动，不能违法。

8. 要把生态文明建设放在与经济、政治、文化、社会建设同等重要的位置

生态环境好是人民希望过美好生活的要求。在对物质、文化生活的需要提高质量的今天，对环境的要求已提高到很重要的地位。

治理环境必须坚决。有些地方为了追求国民生产总值，放松对环境的监管，有些企业为了追求利润，对污水、毒气不治理或偷排。必须转变观念，国民生产总值不是反映经济建设成就的唯一指标，更不是最好的指标。当然也不能放弃这个指标，因为它毕竟表示人均国民财富富裕程度。但在人民已要求过美好幸福生活的今天，环境建设与经济建设显得同样重要。因此要加大对一些污染企业的监控，不应该因为它是地区纳税大户，怕关、停、并、转会影响本地区工人就业、地区收入而姑息迁就，不敢认真执法。

习近平总书记指出："只有实行最严格的制度，最严密的法治，才能为生态文明建设提供可靠的保障。""推动绿色发展方式和生活方式，是发展观的一场革命。"他要求"全党，全国人民要像保护眼睛一样保护生态环境，像对待生命一样对待生态环境。生态环境没有替代品，用之不觉，失之难存"。[①]为此要加快全覆盖不留死角地制定完善环保的法律、制度。向群众宣传环保法律，发动群众监督管理，把习近平生态文明思想深入到每个人心中，发动前者监督管理，全民合力建设美丽、清洁的美好家园。

9. 构建人类命运共同体

当前国际社会处于一个大变局时代，习近平总书记提出了构建人类

[①]《习近平新时代中国特色社会主义思想学习纲要》，学习出版社人民出版社 2019 年版，第 174、171、169 页。

命运共同体的思想观念，构建人类命运共同体，这是把马克思主义的共产主义思想与21世纪出现的世界大变局的实际相结合的最新发展。用简洁的语言反映世界人民心意，它通俗易懂，各阶层人民一听就明白。

这一观念包含着多层次的含义，它既包含着全世界人民反对战争、反对恐怖主义、要求和平、要求安全的愿望，又包含反对单边主义、要求继续推进全球化发展经济，共同繁荣，改善生活的愿望。还包含着最后实现没有剥削、压迫，全世界人民都过上幸福美好生活的愿望。

构建人类命运共同体是因为：可能会爆发战争、自然灾难、经济全球化等把全球人类命运联系在一起了。

其一，可能爆发战争。政治、思想右倾化带来了危险。资本主义政治家对政治右倾化比我们（主要是普通人民）感觉敏感。不妨看一下法国前总理拉法兰的文章摘录如下：暴力正不断找到一些新的表达渠道，并让那些最相信人性和人道主义价值观的人们感到绝望。好战的紧张局势在全球蔓延，已经到了让人们感受到笼罩在真正战争威胁的气氛中。暴力和战争这两个现象似乎在单独发展，但两者结合加大了我们的风险。

种种政治或地区紧张局势也在不断增多。多边对话受到了极大削弱，世界贸易组织受到封锁，安理会被冻结，诸多国际协定已开始遭到破坏。由于战争工业正在变成世界经济的一个关键性领域和技术创新的动力之一，各种威胁才显得更加严重。军事好像比外交更具创新性，它还不受预算限制。国际关系正在恶化，对国家的尊重、不干涉、文明对话无国界行动，都逐渐变成了要离开国际舞台的"价值观"。民粹主义还与社会的极端化并肩而行。拒绝复杂性，简化解决办法，指定替罪羊，被国家化的善恶二元论，痛斥外国人，这都让人越来越失望，仇恨和愤怒，直至采取暴力。群体暴力升级往往是因为怒气上升。根源可能是多种多样的，如饥荒、不公正、镇压、缺乏民主、不遵守和平协议腐败和非法交易，一种暴力循环开始出现了。为了从这样的局势中得到好处，一些政治力量往往力图将这种怒气先是变成愤怒，然后再变成造反。从暴力到战争这种连续性可以是循环的，就好比"暴力国家"如同战争。暴力制造了战争的条件，然后在战争中盛开。这可解释为暴力和战争就像双胞胎。暴力是战争的前兆，然后会成为战争的中心。真正的警报是暴力战胜了政治家。战争既非偶然，也非必然。意识到战争可为和平制造力量。今天的暴力应唤醒我们沉睡的意识。由此开始和平教育。和平的理想大概不会与屈服并存。相反，问题在于建设一种文明理想，它把和平视为一种努力、一项工作、一条甚至与一些威慑性战略或力量对比组合在一起的道路，其最终目的就是局势缓和。①

拉法兰先生提醒世界人民要注意到群体日益频繁的暴力活动，而且国家暴力也正在回归，真正的战争威胁气氛已笼罩在世人头上。指出暴力是战争的前兆，人们要为和平斗争，建设一种文明的理想是一条道路。②

一些学者认为当前世界局势和第一次世界大战一样，有人认为和二战前一样，认为是民族主义、民粹主义兴盛导致欧洲两次大战。当时德国总理希特勒每天都对犹太人展开恶意的谩骂。今天的美国让黑人、拉美裔"从哪儿来，就回哪儿去"。一些中国在英国留学生在大街上走着就会有人在他（她）耳边说"滚回去"。侮辱少数族裔挑起种族仇恨是美、英等国白人主义、排外情绪上升的原因，也是一些发达资本主义国家的政党利用种族主义拉选票。不少西方国家今天仍然弥漫着种族主义、民粹主义会不会引起新的世界战争呢？这导致了人们的思想焦虑、迷茫。

其二，气候灾难与不可控自然灾害。气候变化是 21 世纪最具影响的大事，因为它会影响整个人类的基本生存环境，带来巨大的未知性。据皮尤中心的调查，在受访的 2 万多人中大多数把气候变化作为头等威胁。据研究到 21 世纪中期，即 2050 年，如果不能控制住温度升高，那将是灾难性的。事实上，气候极端变化的趋势还在发展。南北极冰川融化，喜马拉雅山冰川融化，气候的极端化的加剧所造成的综合影响，将进一步凸显，未来令人们越来越担心。③气候灾难是当今世界人类共同命运的

---

① 《参考消息》2019 年 7 月 31 日。
② 《参考消息》2019 年 6 月 24 日。
③ 《参考消息》2019 年 3 月 28 日。

第二个大问题。甚至是头等威胁。

联合国虽然在 1992 年就通过了《联合国气候变化框架公约》，随后又在 1997 年通过《京都议定书》，参加《联合国气候变化框架公约》的已有 192 个缔约方。2015 年又通过《巴黎协定》。这三个文件都具有法律效力的共同承诺，但真正遵守协议的并不多，行动迟缓。美国总统特朗普宣布退出巴黎协定公开支持煤炭使用，声称气候灾难是谎言。据德国之声电台 10 月 17 日报道了多国爆发了"反抗灭绝"气候抗议行动。在柏林、悉尼等地游行、静坐导致了部分交通瘫痪。"反抗灭绝"运动要求：各国政府宣布进入气候紧急状态；有悖于努力战胜气候危机的企业政策都必须修正；2025 年必须实现人类温室气体零排放。[①]执行气候协定，涉及生产方式和人们的生活方式；涉及企业成本，影响企业利润，涉及人民生活成本和国家的公共支出。而此时又是资本主义开始经济衰退、增长放缓，国家债权债务增加的时期。但从根本上说，当前的环境污染、生态灾难、气候灾难是资本主义生产方式造成的。联合国一份关于全球生物多样性的重磅报告详细说明了经济系统是如何导致上百万个物种走向灭绝并危及人类生存的。其中一句话很犀利地进行了概括："可能对自然有害的经济手段包括补贴、财政转移、补贴信贷、减税、大宗商品和工业品价格，它们掩盖了环境和社会成本，有利于不可持续的生存，其结果是可能助长滥砍滥伐、过度捕捞、城市扩张和浪费水"。"自然系统之所以被完全忽视，也许主要是因为大自然所提供的生态系统服务的经济收益并没有被纳入我们做生意时所计算的成本中。从经济上讲，资产负债表中遗漏了破坏大自然所造成的损失。报告摘要暗示，这些损失最终将导致系统崩溃"。"报告显示自 1970 年以来，全球农作物产量增长了约 300%。但施肥和单一栽培等现代的做法会使土壤退化。从全球来看，这降低了地球表面 23% 的土地的生产力，使得每年价值高达 5770 亿美元的全球农作物面临失去授粉昆虫的风险。据报告估算，如果考虑到燃

---

① 《参考消息》2019 年 10 月 9 日。

料开采活动导致大自然对世界经济的贡献减少，那么全球各国政府每年提供的 3450 亿美元化石燃料补贴实际上导致全球损失 5 万亿美元。"① 今天已经没有人会否定，资本主义经济的真实历史演进与自然环境之间存在强烈矛盾，不可否认的是，近几个世纪以来，在资本主义框架下发展的工业化和社会关系商业化正在促成一场生态危机。这种持续增长与资源有限的自然现实必然产生冲突。最重要的是，对于资本来说，环境遭到破坏只是外部性结果。资产阶级经济学家认为外部性结果是生产过程中一系列必要成本，但这些成本不会在公司的财务报表中出现，因而不必为此付钱，例如，工厂造成的空气污染会给整个社会带来一系列经济成本（疾病导致医疗费用增加以及生产力下降，当地生态系统丧失多样性等），但工厂不必支付任何费用。因此，经济活动变得更加"有利可图"。② 生态系统中重要生物灭亡，恢复起来是很慢的，甚至要几百万年。世界几所著名大学研究发现 6600 万年前小行星撞击地球引发环境灾难后地球上有大约四分之三动植物物种灭绝。该研究的作者之一，古生物学家萨曼莎吉布斯补充说，这项研究凸显了多样性损失——诸如目前在世界各地发生的物种灭绝——带来的风险。她说："今天的物种流失可能会令生态系统中的重要生物灭亡。今天生物多样性的减少，正增加失去重要的生物系统角色的风险，而其中许多生物，其重要性我们尚未完全了解"。2017 年，科学家警告说由于最近数十年中人口过多和资源过度消耗造成的野生动植物流失，我们正在经历地球历史上第六次生物大灭绝。2018 年一项独立研究说，要恢复今后半个世纪中预计将要流失的生物多样性，可能要花 300 万至 500 万年的时间。③ 环境问题是涉及人类命运的大问题，人类必须解决这个大问题，如果造成了不可挽回的生态灾难，是不可想象的。也许比灾难电影片描述的还严重。英国著名物理学家霍金教授在一部新纪录片中警告说，在今后一个世纪里，我们的世界会变

---

① 《参考消息》2019 年 5 月 8 日。
② 《参考消息》2019 年 5 月 8 日。
③ 《参考消息》2019 年 10 月 8 日。

得越来越不宜居，未来几代人必须在太空中寻找新的生存空间。^①环境污染造成的气候问题，不是一个国家单独可以解决的。全世界必须统一行动。需要人民团结起来一起斗争。资产阶级是人类的一部分，灾难来了谁也逃躲不了，是一个威胁人类命运的大问题。

其三，人口与地球资源有限的矛盾。今天世界上有十亿人挨饿，尽管人口增长已经放缓，但仍在增长。专家预测，到 2050 年世界人口将达到 90 亿，到 2100 年将达到顶峰 105 亿人。此后，将下降。

人口与地球资源有限的矛盾、与地球生态生物多样性的矛盾已相当突出，向月球寻找资源已进入专家的议程。一些专家认为，现有地球上的人都像美国人那样生活，就需要三到五个地球。有些资源可以再生，有些不能再生，即便能建设一个资源节约型社会，有些资源也会缓慢被耗尽。向外星移居，开采外星资源也许是不可避免的选择，但现在的问题是我们为什么要保持这么庞大的人口？一些专家预测到 2050 年粮食将不够吃，目前有将近十亿人挨饿，全球食物系统是温室气体的最大排放源，生物多样性流失的最大推动者。农业使地球将近一半的地表发生了改变，还消耗了全球 70% 的淡水。^②朱利安克里布教授在《即将到来的饥荒：全球粮食危机以及我们怎样才能避免它》一书中警告："现在一系列不利因素令可以持续养活全人类成为我们最紧迫的任务，全世界忽视了这些因素，即便在经济和气候危机爆发之时也是如此它（全球粮食危机）到来的速度甚至比气候变化还要快。"全球丰收倡议组织（GHI）发布一份报告称，现在就必须采取行动，以解决迫在眉睫的危机。^③我认为粮食问题是可以解决的。而人口与地球资源、生态矛盾也许会加重。饥饿会引起社会动荡和暴力，局部地区饥饿引起的动荡也会给全球带来沉重的影响。

其四，经济全球化。产品生产、交换已经把世界联系在一起谁也离

---

① 《参考消息》2017 年 5 月 5 日。
② 《参考消息》2019 年 1 月 18 日。
③ 《参考消息》2017 年 5 月 16 日。

不开谁。这里以苹果手机为例，一部苹果手机是这样诞生的：首先，要从非洲、中国或美国的矿山中获取原材料。这些原材料随后被提炼成有用的金属。金属接下来被制作成智能手机的部件，有些金属还需先用化学品加以处理。包括美国、韩国在内的 45 个国和地区数百家零部件制造商。这些企业通过一个遍布全球的供应商、组装商、冶炼厂和其他小企业的网络相互关联，数以百万计的员工最终依靠苹果公司维持生计。这条庞大的供应链最终通向中国深圳，大部分苹果产品在这里组装。数以百万计的工人直接或间接参与苹果产品的生产。根据苹果向美国证券交易委员会提交的冲突矿产报告，与该公司合作的第三方冶炼公司和精炼厂数量达 250 家之多。从澳大利亚到巴西、从印度尼西亚到乌兹别克斯坦、从俄罗斯的钨到哈萨克斯坦的黄金，都在这份名单上。苹果公司的报告说该公司会对全部供应商进行评估和审计。[①] 生活消费的每一件产品，几乎都是世界性的，我们日常吃的如蔬菜是本地或本国产品，但有的菜种子、肥料、农药，用作塑料大棚的塑料，制作塑料的机械等等可能是从外国进口的。产品生产把世界各国联系在一起。经济全球化把世界各国人民的命运联系在一起。西方右翼政治家把中产阶级和大量普通劳动者收入不增长归罪于全球化，其实这是谎言，是欺骗人民掀起反全球化的一种鼓噪，是资产阶级国家推行新自由主义经济政策特别是美国所做的损人不利己的需要。是美国与对象国签订只有利于美国的不平等贸易协定的需要。美国是世界上最大的经济体，在贸易谈判上占有有利的条件。世界各国都不愿意失去这个对象国，谈判中只能做些适当的让步。但中国不同，两国间贸易量，在两国对外贸易间都占有第一、第二的位置。中国的巨大贸易顺差美国政府自然不会放过。而中国又不是软柿子，对核心利益绝不让步，为压中国屈服，动武威胁中国不怕，损失太大，只好用加征关税等经济手段。中国明白美国的目的，采取针锋相对的政策，又不让谈判中断。拖长的谈判让美国的经济受到的损失越来越大，

---

① 《参考消息》2019 年 9 月 12 日。

美国的态度只好软了下来，美国态度的转变中国是预知的，看到条件成熟觉得也可以做些让步，贸易协定最终会签订的。因为当今世界经济已经全球化了互相依赖，特别是大国之间经济更是谁也离不开谁。中国的优势是具有巨大的市场，有 14 亿人口，有齐全的经济部门体系，即使对中国进行全面封锁，中国也仍可以较好地独立发展经济。而世界上其他国家，特别是经济发达的资本主义大国，失去巨大的市场是绝对不允许的。当今的世界经济全球化不是 20 世纪初期，那种强制性的单向贸易。今天的全球化是独立国家之间的贸易基本上是市场交易，等价交换。只有因发达国家的货币是可以自由兑换的储存货币，与发展中国家货币比较，币值往往高估，发达国家利用汇率搞不等价交换掠夺财富。在今天全球化要求摆脱美元，不是逆全球化，而是摆脱不等价交换的正当要求。经济全球化已不可逆转了，它能有效地推动全球化发展，制定逆全球化的政策必然被经济发展所推翻。

经济全球化，是生产力发展的要求，是人们过美好生活愿望的要求，是人类发展的要求。全球经济必将统一发展、统一调配资源、统一安排生产，充分满足全球人民的生活需要，满足全面、自由发展的需要。这不仅能够充分合理地利用全球各地的优势资源，还可以用最低成本生产出满足人们过美好生活的全面需求，并把人类命运紧密地联系在一起。

人类命运共同体蕴含着传承千年的中国智慧，指明了人类文明的前进方向，中国共产党是为中国人民谋幸福的政党，也是为人类进步事业而奋斗的政党。我们相信，在以习近平同志为核心的党中央坚强领导下，中国共产党始终把为人类作出新的更大的贡献作为自己的使命，中国将与各国人民一道，一如既往为世界的和平发展汇聚力量，一以贯之推动构建人类命运共同体，始终不渝做世界和平的建设者、全球发展的贡献者、国际秩序的维护者。

（四）真理的光芒永远不会熄灭

2018 年 5 月 4 日，习近平总书记在纪念马克思诞辰 200 周年大会上发表重要讲话指出："马克思是全世界无产阶级和劳动人民的革命导师，是马克思主义的主要创始人，是马克思主义政党的缔造者和国际共产主义的开创者，是近代以来最伟大的思想家。两个世纪过去了，人类社会发生了巨大而深刻的变化，但马克思的名字依然在世界各地受到人们的尊敬，马克思的学说依然闪烁着耀眼的真理光芒！"

习近平总书记同时指出："推动马克思主义不断发展是中国共产党人的神圣职责。我们要坚持用马克思主义观察时代、解读时代、引领时代，用鲜活丰富的当代中国实践来推动马克思主义发展，用宽广视野吸收人类创造的一切优秀文明成果，坚持在改革中守正出新、不断超越自己，在开放中博采众长、不断完善自己，不断深化对共产党执政规律、社会主义建设规律、人类社会发展规律的认识，不断开辟当代中国马克思主义、21世纪马克思主义新境界！"

著名学者颜晓峰在其研究文章中说："科学社会主义创立至今已有170年，社会主义经历了从空想到科学、从理论到实践、从一国实践到多国实践的转变。中国特色社会主义不仅没有像西方某些人预言的如同'多米诺骨牌'那样倒下，反而呈现出蓬勃生机，不仅把社会主义这面大旗举住了、举稳了，而且使得世界范围内两种意识形态、两种社会制度的历史演进及其较量发生了有利于马克思主义、有利于社会主义的深刻转变。"

这就是说，只要始终坚持马克思主义，只要始终高举中国特色社会主义这面大旗，中国就会越来越强大强盛，中国人民的生活就会越来越幸福，我们一定会实现中华民族伟大复兴的中国梦。

最后，我想用习近平总书记在纪念马克思诞辰200周年大会上的重要讲话作为本书的结语："今天，我们纪念马克思，是为了向人类历史上最伟大的思想家致敬，也是为了宣示我们对马克思主义科学真理的坚定信念。恩格斯说：'只要进一步发挥我们的唯物主义论点，并且把它应用于现时代，一个强大的、一切时代中最强大的革命远景就会立即展现在我们面前。'前进道路上，我们要继续高扬马克思主义伟大旗帜，让马克思、恩格斯设想的人类社会美好前景不断在中国大地上生动展现出来！"